복 있는 사람

오직 여호와의 율법을 즐거워하여 그 율법을 주야로 묵상하는 자로다.
저는 시냇가에 심은 나무가 시절을 좇아 과실을 맺으며 그 잎사귀가 마르지 아니함 같으니
그 행사가 다 형통하리로다. (시편 1:2-3)

오늘 우리가 직면하고 있는 위기는 신앙의 본질과 내용을 상실함에 있으며, 그것이 영적 우둔함과 도덕적 타락으로 나타나고 있다. 이런 상황에서 토머스 왓슨의 『경건』은 우리에게 시사하는 바가 크다. 이 책이 강조하고 있는 경건은 성도의 내면을 돌아보고 가꾸는 것뿐 아니라 삶의 자리에서 이를 구체적으로 실천하는 것이기도 하다. 토머스 왓슨은 이 책에서 성도가 마음 중심에 그리고 구체적인 행실에 어떤 특징을 가져야 하는지 상세히 설명하면서, 경건을 지키며 배양할 구체적인 방법을 제시한다. 우리는 이 책을 천천히 묵상하며 읽어서 마음과 몸에 배도록 해야 할 것이다. 이 책은 오늘의 조국 교회를 새롭게 하고 부흥케 하는 귀한 도구가 될 것이라 믿기에 적극 추천하는 바이다.

화종부 남서울교회 담임목사

토머스 왓슨의 글은 참된 신앙이 어떠해야 하는지에 대해 명제적으로 진술하는 것에 그치지 않는다. 특히 그의 대표작 『경건』은 신자가 그리스도와 어떠한 관계를 맺고 있는지를 묻고 교훈하며 이에 대한 적용을 이끄는 면모를 보여준다. 오늘날 한국 교회 신자들에게 신앙생활이란 무엇인지 질문할 때, "경건한 삶"이라고 대답할 이는 많지 않을 듯하다. 이 염려가 단순한 기우가 아니라면 이 책은 더없이 우리에게 필요하다. 그는 명목상의 신자가 진정한 신자가 아님을 말하며, 신앙생활과 경건한 삶이 분리될 수 없음을 역설한다. 그는 경건한 삶을 촉구하지만 동시에 그것이 우리 스스로의 노력으로 얻어 내는 것이 아님을 강조한다. 그가 제시하는 경건한 삶이란 그리스도의 신부로서의 마음가짐이며, 사랑 고백이자 헌신이다. 이 책에서 독자들은 그의 신부로서의 영적 정체성을 누리는 기쁨을 얻게 될 것이다. 또한 끊임없는 자아 성찰을 통해 회개함으로 그리스도의 크신 용서와 사랑을 다시금 깨닫게 될 것이다.

김병훈 합동신학대학원대학교 조직신학 교수

신앙의 시대적 추락에 순응하지 않고 말씀의 진리를 끝까지 고수하다 기도 중에 열조에게 돌아간 토머스 왓슨의 『경건』은 책의 갈피마다 경건의 향기가 진동하는 경건 서적의 표본이다. 책의 가치와 무게는 언어의 현란함이 아니라 저자 자신의 경건으로 가늠된다. 이 책은 저자의 경건이 언어로 출고된 결과이다. 기발한 생각과 깊은 통찰도 책의 묘미이지만 이 책의 가장 큰 매력은 17세기의 경건한 청교도 왓슨과의 인격적인 독대를 경험하게 해준다는 사실에 있다.

한병수 전주대학교 선교신학대학원 교의학 교수

토머스 왓슨은 청교도 시대를 복음주의 문학의 황금기로 만들었다. 그의 모든 작품에는 건전한 교리와 가슴을 파고드는 준엄한 체험과 실용적인 지혜의 행복한 결합이 있다.

찰스 스펄전

교리에 대한 깊은 이해, 명확한 표현, 따뜻한 영성, 적용에 대한 사랑, 탁월한 예증 능력 등으로 인해 토머스 왓슨의 설교가요 작가로서의 명성이 강화되었다. 그의 책은 오늘날에도 여전히 폭넓게 읽힌다.

조엘 비키

나는 지금도 그렇거니와 여러 해 동안 청교도들을 사랑했다. 나는 그들의 책을 읽음으로써 후히 영적인 자양분을 취한다. 하지만 청교도라 해서 모두 같은 것은 아니며, 청교도들의 저작들 또한 그 가치가 한결같지는 않다. 토머스 왓슨 같은 이들은 강렬한 설교자요 전달자였다. 그림을 보듯 생동감 넘치는 서술로 그의 글은 시간이 흘러도 변함없이 탁월하다.

제임스 패커

선택이 쉽지는 않다! 하지만 토머스 왓슨의 책들은 지금까지 애독자가 많은데, 이는 다양한 교리를 뚜렷하게 배열해 내고, 대단히 쉬운 문체로 분명하게 제시해서(물론 그는 어려운 고전 작가들을 인용하고 독자들에게 그들을 알리고 싶어한다!) 마지막에는 모든 것을 놀랍도록 실제적인 적용으로 끝내기 때문이다.

싱클레어 퍼거슨

청교도의 저서를 처음 접하고자 하는 이들은 토머스 왓슨의 책으로 시작해야 한다.

이안 머레이

경건

Thomas Watson

The Godly Man's Picture

: Drawn with a Scripture Pencil
or Some Characteristic Marks of a Man who is Going to Heaven

경건

토마스 왓슨 지음 김동완 옮김

오늘을 위한 퓨리턴 02

북이는 사람

경건

2015년 9월 21일 초판 1쇄 발행
2022년 12월 26일 무선판 1쇄 인쇄
2023년 1월 2일 무선판 1쇄 발행

지은이 토머스 왓슨
옮긴이 김동완
펴낸이 박종현

(주) 복 있는 사람
주소 서울특별시 마포구 연남동 246-21(성미산로23길 26-6)
전화 02-723-7183, 7734(영업·마케팅) 팩스 02-723-7184
이메일 hismessage@naver.com
등록 1998년 1월 19일 제1-2280호

ISBN 979-11-92675-35-0 03230

The Godly Man's Picture
by Thomas Watson

Copyright © 1992 by The Banner of Truth Trust
Originally published in English as *The Godly Man's Picture*
by THE BANNER OF TRUTH TRUST, 3 Murrayfield Road, Edinburgh EH12 6EL, UK
P.O. Box 621, Carlisle, PA 17013, USA
All rights reserved.

This Korean translation edition © 2015 by The Blessed People Publishing Inc.,
Seoul, Republic of Korea.
This Korean edition is published by arrangement of The Banner of Truth Trust
through rMaeng2, Seoul, Republic of Korea.

이 한국어판의 저작권은 알맹2 에이전시를 통하여 The Banner of Truth Trust와 독점 계약한 (주) 복 있는 사람에 있습니다. 신저작권법에 의하여 한국 내에서 보호받는 저작물이므로 무단 전재와 무단 복제를 금합니다.

차례

해설의 글 010　저자 서문 015

chapter 01. **경건한 사람** 019

chapter 02. **경건의 본질** 024

chapter 03. **경건한 체하는 사람들을 책망함** 028

chapter 04. **경건한 사람의 특징** 035

- ❶ 지식이 있음 035
- ❷ 믿음으로 행함 048
- ❸ 하나님을 향한 사랑으로 불타오름 051
- ❹ 하나님을 닮음 054
- ❺ 예배에 대해 철저함 058
- ❻ 사람이 아닌 하나님을 섬김 061
- ❼ 그리스도를 귀하게 여김 073
- ❽ 눈물을 흘림 090
- ❾ 말씀을 사랑함 096
- ❿ 성령께서 내주하심 107
- ⓫ 겸손 122
- ⓬ 기도 137
- ⓭ 진실함 151
- ⓮ 천국에 속함 162
- ⓯ 열정 175
- ⓰ 인내 185
- ⓱ 감사 200
- ⓲ 성도들을 사랑함 216
- ⓳ 죄 안에 거하지 않음 228
- ⓴ 타인과 선한 관계를 맺음 239
- ㉑ 영적인 일을 영적인 방식으로 행함 250
- ㉒ 철저히 경건을 익힘 259
- ㉓ 하나님과 동행함 270
- ㉔ 다른 이들의 경건을 위해 노력함 283

chapter 05. **두 가지 결론** 291

chapter 06. **경건을 권면함** 294

chapter 07. **경건에 도움이 되는 몇 가지 처방** 314

chapter 08. **굽힘 없이 경건에 힘쓰기를 권면함** 319

chapter 09. **경건에 굳건히 서도록 하는 동기** 329

chapter 10. **경건한 사람들을 위한 조언** 336

chapter 11. **경건한 사람들에게 주는 위로** 339

chapter 12. **그리스도와 성도들의 신비한 연합** 365

해설의 글 아직도 청교도를 읽다니!

청교도라는 이름은 많은 이들에게 호감을 주지는 않는다. 청교도 하면 숨 막힐 정도로 삶의 세부적인 부분까지 엄격한 윤리적인 잣대로 규제하는 도덕적인 결벽주의자, 인생의 모든 즐거움과 재미를 말살해 버리는 금욕주의자, 독선적이고 폭력적인 정죄와 비판을 일삼는 바리새인의 이미지를 떠올리는 이들이 적잖다. 이런 부정적인 선입관이 청교도의 진가를 발견하여 음미하는 길을 원천적으로 봉쇄한다.

그렇다면 왜 지금도 청교도를 읽어야 할까? 그것은 그들 안에 시대를 초월하는 영성의 보화가 듬뿍 담겨 있기 때문이다. 특별히 영적으로 어두운 시대에 더욱 영롱하게 빛날 보석들이 영적인 방향감각을 상실한 이들의 좌표가 되며 그들의 발걸음을 밝혀 주는 빛이 된다. 청교도 고전은 현재 우리의 영적인 상태가 어떤지, 우리가 서 있는 영적인 현주소가 어디인지를 보게 해준다. 그래서 비교의 대상이 없을 때 한없이 낮은 영적 수준에 안주했던 우리를 심히 불편하게 한다. 우리의 신앙이 얼마나 심각하게 성경적인 기준으로부터 하향 조정되었는지, 우리의 영성이 얼마나 얄팍하고 천박해졌는지, 그 뼈아픈 사실 앞에 무릎 꿇게 만든다. 본인도 젊은 날 리처드 백스터의 『참된 목자』*The Reformed Pastor*라는 책을 읽고 평생 지워지지 않은 강한 충격과 도전을 받았다. 그동안 당대의 어떤 책에서도 찾아볼 수 없었던 참된 목사의 선명한 기준을 처음으로 발견하였고, 그것이 지금까지 내가 추구해 온 목사상의 변함없는 척도가 되었다.

영적으로 암울한 시대의 비극은 우리를 선도해 줄 멘토, 우리에게 본이 될 만한 선생이 부재하다는 것이다. 만약 현시대에서 그런 영적 모본과 안내자를 찾을 수 없다면 과거에서 찾아야 한다. 우리는 동시대의 인물뿐 아니라 유구한 교회역사 속에 존재했던 수많은 영적 거장과 스승들과도 진리 안에서 시대를 초월한 성도의 교제를 누리는 특권을 소유하였다. 특별히 청교도들의 주옥같은 글은 우리를 지나간 시대의 위대한 영혼들과 교통하는 장으로 초대한다.

청교도운동은 16-17세기에 종교개혁의 정신과 원리를 가톨릭적 요소와 혼합하여 희석시키려는 엘리자베스 여왕의 중도주의에 대항하여 영국교회를 더 철저히 개혁하고 새롭게 하려던 운동이었다. 곧 종교개혁을 영국교회 안에 온전히 실현시켜 보려 했던 움직임이었다. 비록 청교도들 안에는 사상적인 다양성이 존재했지만 그들이 근본적으로 개혁주의 신학과 삶을 추구했다는 점에서는 일치한다고 볼 수 있다. 그들의 주된 관심은 교회개혁과 영적인 부흥 두 가지로 집약될 수 있다. 그들은 종교개혁이 단순히 이론과 교리로만이 아니라 교회의 제도와 직분과 실제 삶 속에서 구체적으로 실현되는 데 역점을 기울였다. 그래서 신학과 경건, 교리와 삶, 객관적인 진리와 주관적인 체험 사이의 긴밀한 연합을 추구하였다.

오늘날 한국교회가 안고 있는 근본 문제, 즉 신앙과 삶, 믿음과 행함, 교리와 체험 사이의 심각한 괴리를 극복하고 신앙의 균형을 회복하기 위해서 우리에게 그들의 가르침이 절실하게 필요하다. 청교도들은 바른 교리의 중요성을 강조했을 뿐 아니라, 그 교리에 부합한 경건과 영성에도 지대한 관심과 열심을 기울였다. 그들은 믿음으로 구원받은 것에 결코 안주하지 않고 하나님과의 더 깊고 풍성한 영적인 교통을 누리며 삶의 모든 영역에서 거룩하게 살려는 불타는 열정에 사로잡혔다. 그들에게 종교개혁의 칭의론은 성화의 중요성을 조금이라도 약화시키는 것이 아니라, 오히려 참된 경건과 거룩의 열정을 고취시키며 성화를 역동적으로 촉진하는 교리였다. 이런 청교도들의 신앙관은 오늘날 교회의 구원관이 얼마나 해괴하게 변질되었는지를 깨닫게 해준다. 한국교회에서는 종교개혁의 칭의론이 거룩함의 열매가 전혀 없어도 믿기만 하면 구원받는다는 식으로 곡해되었다. 그리하여 교인들의 나태와 방종을 조장하며 교회를 타락케 하는 교리로 남용되곤 한다. 이런 점에서도 한국교회가 청교도를 읽어야 할 이유가 분명해진다.

청교도 고전이 현대를 살아가는 영혼들에게 여전히 호소력이 있는 것은, 신학적인 깊이뿐 아니라 우리 모든 인생들이 공통적으로 겪는 실존적 고뇌와 아픔의 깊이를 고스란히 담아내는 메시지를 전달하기 때문일 것이다. 그들은 성경의 이상을 현실에 타협하지 않으면서도 이 땅의 엄연한 현실의 토양에 뿌리내린 영성을 전한다. 그들의 가르침은 편안한 신학의 상아탑에서 안일한 사색을 통해 나온 것이 아니라, 거친 세파에 부대끼며 모진 고난과 핍박과 유배의 상황에서 빚어진 작품이다. 청교도들이 자주 다룬 주제, "땅위의 천국"Heaven on earth이 시사하듯, 그들의 메시지는 아골 골짜기 같은 고통스러운 이 땅의 현실 속에 임하는 하늘의 영광스러운 세계를 증거함으로써 고난받는 이들에게 큰 위로를 안겨 준다. 청교도들은 신자의 폐부를 찔러 죄악을 드러내는 날카로운 외과의인 동시에 상한 갈대를 꺾지 않는 주님의 온유한 마음으로 상처 입고 병든 심령과 영혼을 섬세하고 자상하게 위로하고 싸매어 주는 따뜻한 치유자이기도 하다.

청교도의 깊고 풍성한 영성의 샘에서 조나단 에드워즈, 조지 윗필드, 찰스 스펄전, 마틴 로이드 존스를 비롯한 수많은 설교자들과 성도들이 생수를 마시고 영혼의 만족을 얻었으며, 앞으로 그들의 저서를 읽는 독자들에게도 이런 영적인 해갈과 부흥이 계속될 것이다. "오늘을 위한 퓨리턴"The Puritans for Today 시리즈는 놀랍고 두려운 하나님의 임재 의식과 이에 수반되는 심오한 죄의식에서 나오는 깊은 회개로 우리를 인도할 것이다. 동시에 영광스러운 구주의 은혜와 사랑을 전적으로 의존하는 믿음과, 죄에서 우리를 자유케 하는 복음의 능력에 대한 확신을 갖게 할 것이다. 더불어 거룩한 삶에 대한 갈망과 추구, 하나님 나라에 대한 강렬한 열정의 불꽃을 우리 심령에 불러일으키는 영적 부흥의 촉매제가 될 것이다.

박영돈
고려신학대학원 교의학 명예교수

저자 서문

그리스도인 독자들이여, 영혼이 그토록 귀하고 구원이 그토록 영광스러우니 다음 세상을 준비함이 무엇보다 현명하다 하겠습니다. 우리가 빛 가운데서 받을 상속이 있음은 명백하며, 따라서 그 상속에 합당한 자가 되어야 함을 성경은 부단히 주장합니다.골 1:12 "누가 주님의 산에 오를 수 있느냐?"고 묻는다면 "깨끗한 손과 해맑은 마음을 가진 사람"시 24:4이라고 대답하겠습니다. 그러한 사람을 묘사하는 것이 앞으로 펼쳐질 이 글의 목적입니다. 이 글에 경건한 사람의 모습이 제시되어 있으니 여러분은 그 사람의 모습이 구체적이고 세밀하게 그려지는 과정을 보게 될 것입니다.

경건은 참으로 귀합니다! 경건은 과시하고 거드름 피우는 표면적인 것이 아니라 마음과 정신을 다 바쳐야 하는 내실 있고 견고한 것입니다. 경건은 거룩한 신념과 실천의 온전한 조화에 있습니다. 오, 하나님의 섭리로 이 책을 접하게 된 모든 이들이 부디 경건에 마음을 빼앗겨 이를 가슴 깊이 받아들였으면 좋겠습니다. 경건은 진정으로 고결한 것이어서 천사가 연필을 쥔다 해도 그 완벽한 빛과 광채를 다 그려 낼 수 없습니다. 경건은 우리의 지혜입니다. "주님을 경외하는 것이 지혜요."$^{욥\ 28:28}$ 경건 없는 지혜는 심히 어리석은 것입니다. 경건은 영적인 여왕이니, 누구든 이 여왕과 혼인하는 자는 여왕은 물론 여왕이 가져온 막대한 지참금마저 덤으로 얻을 수 있습니다. 경건은 이 세상과 장차 올 세상의 생명을 약속해 줍니다.$^{딤전\ 4:8}$ 경건은, 그렇습니다, 하나님 안에서 거둘 거룩한 승리를 보장해 줍니다. 이 얼마나 달고 향기로운 열매인지요.$^{사\ 32:17}$ 래티머가 이런 말을 했습니다. "가끔씩 혼자 앉아서 내 영혼의 상태에 대해 확신하며 하나님이 내 하나님이심을 되새기노라면, 온갖 어려움이 우스워 보이고 아무것도 더는 두렵지 않습니다." 경건은 때가 되기도 전에 이미 그 사람을 천국에 있게 합니다.

그리스도인들이여, 경건을 열망하십시오. 이는 부끄러울 것이 없는 열망입니다. 이제 이 글에서 성도들의 특징을 보고, 그 특징이 여러분의 영혼에 도장처럼 찍히기 전까지는 결코 자리를 뜨지 맙시다. 이 경건은 여러분의 시간과 생각을 모두 바쳐야 하는 위대한 일입니다. 이 외에 다른 생각들은 아무리 유별하고 좋아 보여도 영혼에 득 될 것이 없습니다. 그러한 생각들은 웨이퍼 과자와 같아서 무늬도 섬세하고 색깔도 그럴 듯하지만 너무 얇아 부서지기 쉽고 아무런 영양가도 없습니다.

　사실 경건한 사람의 특징을 한 가지만 논한다 해도 책 한 권의 분량은 족히 되고도 남을 것입니다. 하지만 여러 사람에게 두루 읽히고자 하는 뜻에서 내용을 줄이고 간단한 요약집으로 내놓게 되었습니다. 이 글이 여러분의 영혼에 유익이 되었으면 더 바랄 것이 없겠습니다. 은혜로우신 하나님께서 이 일을 온전히 이루시기를 기도합니다.

토머스 왓슨

※ 일러두기 본서의 성경 인용은 주로 새번역과 개역개정판을 따랐으며, 간혹 옮긴이의 사역(私譯)도 있다.

chapter **01.**

경건한 사람

경건한 사람이 고난을 받을 때에 모두 주님께 기도하게 해주십시오. 시 32:6

거룩한 다윗은 시편 32편 첫머리에서 진정한 행복이 어디에 있는지 우리에게 보여줍니다. 행복은 아름다움과 명예와 부(이 셋은 세상의 삼위일체입니다)에 있지 않고, 죄를 용서받는 데 있습니다. "복되어라! 거역한 죄 용서받고 허물을 벗은 그 사람!"[1절] "용서하다"는 히브리어로 "안 보이는 곳으로 가져가다"라는 뜻입니다. 이는 예레미야의 말과도 잘 부합합니다. "그날이 오고 그때가 되면……내가 살아남게 한 사람들을 용서할 터이니……유다의 죄를 아무리 찾아도 발견하지 못할 것이다. 나 주의 말이다."[렘 50:20] 죄를 용서받는다는 것은 말할 수 없는 축복이며 우리가 받는 다른 모든 자비의 토대가 됩니다. 죄 용서에 대해 잠시 살펴보며 다음 다섯 가지를 주장하고자 합니다.

1. 죄 용서는 하나님의 값없는 은혜의 행위입니다

"용서하다"라는 단어를 그리스어로 새겨보면 카리조마이 용서의 출처가 명백해집니다. 용서는 애초부터 우리 안에 있는 어떤 것으로 인해 발생하는 것이 아니라 값없이 주시는 은혜카리스의 결과입니다. "내가 너를 용서한 것은 너 때문이 아니다. 나의 거룩한 이름을 속되게 하지 않으려고 그렇게 한 것일 뿐이다."사 43:25 채권자가 채무자의 빚을 탕감해 줄 때는 값없이 거저 탕감해 줍니다. 죄 용서는 값없는 은혜의 마음에서 자아내는 고운 실입니다. 바울이 외칩니다. "하나님께서 나에게 자비를 베풀어 주셨습니다."딤전 1:13 즉, "나는 자비로 뒤덮였습니다." 용서받은 사람은 온통 자비로 뒤덮입니다. 주께서 죄인을 용서하시면, 빚을 갚아 주시는 것이 아니라 아예 유산을 상속해 주십니다.

2. 하나님께서는 죄를 용서하실 때 죄책과 형벌을 사해 주십니다

죄책은 정의를 찾아 부르짖습니다. 아담은 금단의 열매를 먹자마자 "불 칼"을 보았고 저주를 들었습니다. 하지만 하나님께서는 용서하심으로 죄인을 너그러이 봐주십니다. 죄인에게 이처럼 말씀하시는 듯합니다. "너는 나의 정의의 손에 떨어졌고 죽어 마땅하나 이제 내가 너를 용서하리니 무슨 죄를 저질렀든 사함을 받으리라."

3. 죄 용서는 그리스도의 피를 통해서 옵니다

근본적으로 죄 용서가 가능한 것은 값없이 주시는 은혜 때문입니다. 여기에는 그리스도의 피의 공로가 있습니다. "피를 흘림이 없이는 죄를 사함이 이루어지지 않습니다."히 9:22 피 흘림이 없다면 죄인 혹은 그 보증인에게 정의의 응보가 뒤따랐을 것입니다. 모든 용서는 피의 대가입니다.

4. 죄를 용서받기 전에 회개가 있어야 합니다

따라서 회개와 죄 사함은 하나로 묶입니다. "그의 이름으로 죄 사함을 받게 하는 회개가 모든 민족에게 전파될 것이다."눅 24:47 교황주의자들이 말하듯 회개 자체에 용서의 공로가 있다는 뜻이 아닙니다. 그리스도의 피가 우리의 눈물을 씻어 내야 하고, 회개는 용서를 이끌어 내는 원인이 아니라 용서받기 위한 자격일 뿐입니다. 자신의 죄를 자각하여 겸손해질수록 용서의 자비를 귀하게 여길 것입니다. 영혼에 슬픔의 구름만 가득한데 하나님께서 용서를 들고 오시니—이는 그 구름 위로 무지개를 세우심으로써 이제 진노의 홍수로 그 죄인을 휩쓸어 버리는 일은 없으리라는 뜻입니다—이 무지개를 보는 죄인은 얼마나 기쁜지 모릅니다! 전에는 눈물에 잠겨 살던 영혼이 이제는 하나님을 향한 사랑에 잠겨 삽니다.눅 7:38, 47

5. 하나님께서는 한 번 용서하신 죄는
더 이상 기억하지 않으실 것입니다 렘 31:34

주께서 면책법을 제정하실 것입니다. 그분께서는 이전에 우리가 불충했다 해서 나무라지도, 계약을 파기했다 해서 고소하지도 않으실 것입니다. 주께서는 우리의 모든 죄를 저 바다 밑 깊은 곳으로 던지십니다.미 7:19 던져도 다시 떠오르는 코르크를 던지듯 아니하시고 밑바닥까지 가라앉는 납을 던지듯 하십니다. 우리가 아무리 노력한다 한들, 죄 용서라는 이 언약의 축복을 얻을 수 있겠습니까!

죄 용서를 얻지 못하면 얼마나 슬픕니까! 용서를 얻지 못한 악인들은 당연히 곤경에 처할 것입니다. 하나님의 모든 저주가 용서받지 못한 죄인을 향해 있는 대로 달려듭니다. 그분의 축복이 저주로 바뀝니다.말 2:2 카이사르는 자신의 병사들 중 하나가 빚을 지고도 즐거워하는 모습을 보고 기이하게 여겼습니다. 하나님의 모든 저주를 상속하게 될 죄인이 즐거워할 수 있습니까? 이제 곧 지옥에 떨어져 그곳의 거주민이 될 텐데 그것도 모르고 희희낙락할 수 있습니까?

죄 용서를 얻으면 얼마나 기쁩니까! 용서받은 영혼은 지옥의 사정거리에서 벗어나 있습니다.롬 8:33 사탄이 고발하겠지만 그리스도께서 사면장을 보여주실 것입니다. 또한, 용서받은 영혼은 기도로 담대히 하나님 앞에 나아갈 수 있습니다. 죄책은 기도의 날개를 꺾어 그 기도가 은혜의 보좌로 날아가는 것을 막지만 용서는 담대한 마음을 길러 냅니다. 사면받은 사람은 자신의 왕의 얼굴을 편안히 바라볼 수 있습니다.

   시편 32:5에서 보듯, 다윗은 바로 이 크나큰 용서의 자비를 얻었습니다. "주님께서는 나의 죄악을 기꺼이 용서하셨습니다." 그리고 하나님을 "용서하시는 하나님"느 9:17 으로 알았으므로 다른 이들 또한 그 하나님을 찾도록 다음과 같은 말로 권면했습니다. "경건한 사람이 고난을 받을 때에 모두 주님께 기도하게 해 주십시오."

chapter **02.**

경건의 본질

먼저 "경건이 무엇이냐?"는 질문이 있을 것입니다. 일반적으로 대답하자면 "경건은 하나님께서 사람 안에 찍으시고 만들어 내시는 거룩한 인장이요 작품이며, 이로써 사람은 육에서 영으로 변화하게 됩니다." 한 사람 안에서 경건의 변화가 일어나면 그는 새 영을 받는 것이 아니라 "다른 영(마음)"을 받습니다.^{민 14:24} 기능이 새로워지는 것이 아니라 그 기능에서 나오는 질이 새로워지는 것입니다. 현악기로 치자면, 줄은 예전 그대로이지만 음이 달라지는 것입니다. 경건과 관련하여 다음의 일곱 가지 원리 혹은 명제를 제시하고자 합니다.

1. 경건은 실제적입니다

경건은 환상이 아니라 사실입니다. 경건은 열병에 걸린 듯 헛것을 찾지 않습니다. 그리스도인은 신앙에서 오로지 환상만을 추구하는 광신자가 아닙니다. 경건은 진실에 기반하고, 따라서 "진리의 길"시 119:30, 한글성경 "성실한 길"이라고 합니다. 경건은 하나님에게서 나오는 빛이요 광선입니다. 하나님께서 참되시면 경건도 참됩니다.

2. 경건은 내적입니다

경건은 주로 마음에 있습니다. "성령으로 마음에 받는 할례."롬 2:29 이슬은 잎 위에 맺히지만 나무를 지탱하는 수액은 뿌리에 감추어져 있습니다. 도덕주의자들의 신앙은 나뭇잎 위에 맺힐 뿐이지만, 경건은 영혼 깊은 곳에 스며 있는 거룩한 수액입니다. "제 마음 깊은 곳에 주님의 지혜를 가르쳐 주셨습니다."시 51:6 갈대아어 성경은 이 구절 앞부분을 "마음의 은밀한 곳에"라고 해석해 놓고 있습니다.

3. 경건은 초자연적입니다

태어나면서부터 우리가 물려받는 것은 악뿐입니다. "이전에 우리가 육신을 따라 살 때에는, 율법으로 말미암아 일어나는 죄의 욕정이 우리 몸의 지체 안에서 작용해서."롬 7:5 우리는 어머니의 젖을 빨 듯 죄를 빨아들입니다. 하지만 경건은 "위에서 오는 지혜"약 3:17입니다. 경건은 하늘에서부터 우리에게 내려오는 것입니다. 하나님께서 우리 마음에 은혜의 등불을 밝혀 주셔야 한다는 것입니다. 잡초는 저절로 자라지만 화초는 심어야 합니다. 경건은 새 예루살렘에서 내려온 천상의 식물입니다. 그러니 "성령의 열매"라고 합니다.갈 5:22 사람은 스스로를 창조할 수 없듯 자신을 바꿀 능력 또한 없습니다.

4. 경건은 광범위합니다

경건은 영혼 전체에 스미는 거룩한 누룩입니다. "평화의 하나님께서 친히 여러분을 완전히 거룩하게 해주시고."살전 5:23 그러니 지식에는 빛이 있고, 감정에는 질서가 있으며, 의지에는 유연함이 있고, 삶에는 모범이 있습니다. 이가 희다 하여 흑인을 백인이라 할 수 없습니다. 일부분만 온전한 사람은 경건한 사람이 아닙니다. 은혜는 "새 사람"골 3:10이라고 합니다. 새 눈이나 새 혀가 아니라 새 사람입니다. 경건한 사람은 모든 면에서 온전합니다. 아직은 부분적으로 새롭게 된 사람이라 해도, 경건은 그 사람의 모든 부분에 미칩니다.

5. 경건은 열정적입니다

경건은 굳어 버린 형식주의나 냉담함에 있지 않습니다. 경건은 활기차고 열정적입니다. "성령으로 뜨거워진 마음을 가지고."롬 12:11 우리는 물이 어지간히 뜨거워서는 뜨겁다 하지 않습니다. 불붙듯 뜨겁게 헌신하는 사람은 경건하니, 그 마음은 이미 거룩한 감정으로 끓어오릅니다.

6. 경건은 영광스럽습니다

하나님 보시기에 경건은 반지에 아로새긴 보석처럼 영혼을 빛나게 합니다. 우리는 이성이 있어 사람이 되고 경건이 있어 지상의 천사가 됩니다. 경건으로 우리는 하나님의 성품에 참여합니다.[벧후 1:4] 경건은 거의 영광에 가깝습니다. "영광과 덕."[벧후 1:3] 경건은 영광의 씨앗이요 영광은 경건의 꽃입니다.

7. 경건은 영구적입니다

아리스토텔레스는 "명칭은 습관에 의해 부여된다"고 했습니다. 한 번 얼굴이 붉어졌다 해서 혈색이 좋다고 할 수는 없습니다. 언제나 얼굴이 붉고 용모가 준수해야 합니다.[삼상 17:42] 그러니 일시적인 경건의 홍조를 참된 그리스도인의 특징으로 삼을 수는 없습니다. 경건은 영혼의 기질이요 안색이 되어야 합니다. 같은 나무이되 울타리의 말뚝과 울타리 안 정원의 나무는 천양지차입니다. 말뚝은 썩어 무너지지만 정원의 나무는 생명이 있는 까닭에 여전히 남아 번성합니다. 경건이 영혼에 뿌리내리면 영구히 남아 지속됩니다. "하나님의 씨가 그 사람 속에 있기 때문입니다."[요일 3:9] 성령에 의해 우리 마음에 다이아몬드 촉으로 새기듯 새겨진 경건은 영원히 지워질 수 없습니다.

chapter **03.**

경건한 체하는 사람들을 책망함

이제 "번쩍이는 찌꺼기"에 불과한 그리스도인들을 엄히 꾸짖고자 합니다. 이들은 경건을 가장하는 자들로서, "침대에 우상을" 놓아두고 사울의 사자들을 속인 미갈과 같은 사람들입니다.삼상 19:16 우리 구주께서는 이들을 "회칠한 무덤"이라고 부르셨습니다.마 23:27 이들의 아름다움은 온통 도색에 의한 것입니다. 옛날 이 섬나라 거주민의 삼분의 일이 "픽트족"이라는 이름으로 불렸습니다. 얼굴에 "칠을 했다"는 뜻입니다. 그러나 지금도 여전히 그들이 그 옛 이름을 고수하고 있음은 우려스러운 일입니다. 신앙고백이라는 붉은 안료만으로 도색한 자들이 얼마나 많은지 모릅니다. 겉보기에는 눈이 부실 만큼 화려하지만 속에는 썩은 것들뿐입니다. 위선자들은 백조와 같아서 깃털은 희지만 그 안의 피부는 검습니다. 아니면 색깔은 아름답지만 고약한 냄새를 풍기는 백합과 같습니다. "너는 살아 있다는 이름은 있으나 실상은 죽은 것이다."계 3:1 이 위선자들을 유다 사도는 "비를 내리지 않는 구름"에 비유합니다.유 12절 자신들은 성령이 가득하다고 주장하지만 실상은 빈 구름일 뿐입니다. 그러니 그들의 미관은 신앙적 속임수입니다.

질문 1 하지만 왜 사람들은 경건한 체하는 것으로 만족합니까?
대답 그것이 그들의 명예를 유지하는 데 도움이 되기 때문입니다. "나의 백성 이스라엘과 백성의 장로들 앞에서 제발 나의 체면을 세워 주시기 바랍니다."삼상 15:30 사람들은 명성에 대한 욕망이 있고, 의당 세상에서 평판을 얻고자 합니다. 따라서 경건의 옷을 걸쳐 입고 남들에게 성도로 인정받고자 합니다. 하지만 안에서 양심이 책망하는데 밖에서 남들에게 칭송을 받아 좋을 일이 무엇입니까? 자신은 정작 지옥에 있는데 남들이 아무리 천국에 갔으리라고 생각해 준들 무슨 소용입니까? 부디 이 점에 유의합시다! 거짓 경건은 곱으로 죄를 짓는 행위입니다.

첫째, 경건한 체하기만 하는 것은 하나님을 진노하게 하는 죄입니다. 속에서 이미 허울뿐이라고 하는데도 성도인 양 가장하는 사람은 그리스도를 성경 속에 넣고 다닐 뿐 가슴에 품고 다니지는 않습니다. 그들은 간교한 목적으로 하나님의 길을 걷습니다. 신앙을 하인으로 삼아 자신의 육신적 이득을 도모하는 것입니다. 이것이 대놓고 하나님을 모독하는 행위가 아니면 무엇입니까? 그리스도의 제복을 입고 마귀를 섬기는 행위가 아니면 무엇입니까? 위선자들은 노골적으로 하나님의 진노를 치밀어 오르게 하는 자들입니다. 그러니 하나님께서는 그런 자들을 "나를 분노하게 한 백성"이라고 부르십니다.^{사 10:6} 하나님께서는 그들을 지옥으로 보내 위선의 대가를 치르게 하실 것입니다.

둘째, 경건한 체하기만 하는 것은 자기를 속이는 행위입니다. 아이아스는 광분해서 양떼를 사람으로 착각했습니다만, 거짓 은혜를 은혜로 착각하는 것이야말로 더욱 치명적인 실수입니다. 이는 여러분 자신을 기만하는 행위입니다. "자신을 속이는 사람이 되지 마십시오."^{약 1:22} 가짜 금을 진짜 금으로 알고 소유해서 가장 크게 피해를 보는 사람은 자기 자신입니다. 위선자들은 살아서는 남들을 속이지만, 죽을 때 보면 결국 자기 자신을 속인 셈입니다.

셋째, 허울만 내세우며 경건한 체하는 것은 하나님과 사람 모두가 싫어하는 행위입니다. 위선자는 슬픈 별에서 태어났습니다. 모두가 혐오하니 말입니다. 악인들은 위선자가 (자신들처럼 드러내놓고 악을 행하는 것이 아니라) 가장하므로 싫어하고, 하나님께서는 위선자가 가장하기만 할 뿐이므로 싫어하십니다. 악인들은 위선자가 다른 것도 아닌 경건의 가면을 쓰고 있으므로 싫어하고, 하나님께서는 위선자가 경건의 가면만 쓰고 있으므로 싫어하십니다. "그대가……나를 설복해서 그리스도인이 되게 하려고 하는가!"^{행 26:28} 악인들은 위선자가 거의 그리스도인처럼 행세하므로 싫어하고, 하나님께서는 위선자가 거의 그리스도인처럼 행세하기만 하므로 싫어하십니다.

넷째, 반짝하고 사라지는 혜성이 되어 경건한 체하기만 하는 것은 헛된 일입니다. 위선자들은 그동안 자신들이 해온 모든 일들을 무익하게 합니다. 그들이 흩뿌린 눈물은 하나님의 병에 담기지 못하고 땅에 떨어집니다. 그들의 기도와 금식은 결실을 맺지 못합니다. "너희가……금식하며 애곡하기는 하였으나 너희가 진정 나를 생각하여서 금식한 적이 있느냐?"슥 7:5 하나님께서는 게으른 종에게 보상하지 않으시듯 불충한 종에게도 보상하지 아니하십니다. 위선자들이 받을 것은 이 세상에 있습니다. "그들은 자기네 상을 이미 다 받았다."마 6:5 이를 데 없이 초라한 상, 말하자면 한낱 숨결에 불과한 것입니다. 위선자들은 아마 그 허무한 것을 받고 "전액수령"이라고 영수증을 써 줘야 할 것입니다. 아우구스투스는 크게 승리했지만 원로원은 그에게 집정관, 곧 원로원 의원의 지위를 허락하지 않았습니다. 위선자들은 세상 사람들의 찬사를 얻을 것입니다. 하지만 그들이 이러한 승리를 얻는다 해도 천국의 원로원에 앉을 수 있는 특권은 얻지 못할 것입니다. 자신들이 신앙을 팔아먹는 야바위꾼임을 스스로 아는데 어찌 하나님의 승인을 기대할 수 있겠습니까?

다섯째, 경건한 체하기만 해서는 임종 시에 위로를 얻을 수 없습니다. 금덩이를 그려서 부자가 될 수 있습니까? 포도주를 그려서 갈증을 해소할 수 있습니까? 경건을 그린다고 여러분에게 뭐 하나 도움이라도 되는 것이 있습니까? 보란 듯이 등불을 켜 놓고 있던 어리석은 처녀들은 기름이 떨어졌을 때 어찌되었습니까? 은혜의 기름이 없는 신앙고백의 등불이 무슨 소용입니까? 거짓 경건밖에 없는 자가 얻을 것은 거짓 행복뿐입니다.

여섯째, 허울 좋은 핑계와 경건의 가면밖에 없는 여러분은 사탄의 비웃음에 직면하게 될 것입니다. 여러분은 삼손이 그러했듯,삿16:25 마지막 날에 마귀 앞으로 불려 나가 조롱거리가 될 것입니다. 마귀는 이처럼 말할 것입니다. "너의 맹세와 눈물과 고백은 다 어찌되었느냐? 네 모든 신앙이 결국 이것이었더냐? 마귀를 그토록 비난하더니 이제는 나와 함께 살자고 여기 왔단 말이냐? 다른 칼은 다 피하고 하필 복음의 칼에 찔렸더냐? 독을 빨 데가 없어서 거룩한 의식과 규례에서 빨았더냐? 경건한 체하는 것 말고는 지옥으로 올 방도가 없었더냐?" 사람이 이처럼 마귀에게 책망을 받는다면 얼마나 낭패스러운 일이겠습니까? 살아서 패배의 모욕을 당한다는 것은 슬픈 일입니다. 이집트의 여왕 클레오파트라는 적의 승리를 기념하는 포로가 되었음을 알고, 치욕을 당하지 않으려 가슴에 독사를 갖다 대 목숨을 끊었습니다. 하물며 마지막 날에 마귀가 사람인 우리를 상대로 개가를 올리는 일이 있다면 이 얼마나 치욕스러운 일이겠습니까!

그러므로 부디 경건을 가장한 겉치레와 연극을 조심합시다. 우리가 특별히 더 두려워해야 할 사실이 있으니, 교회의 거목들이 위선으로 벌레 먹어 썩고 있다는 것입니다. 예언자 발람, 왕 예후, 사도 유다, 이들은 모두 오늘날까지 위선자로 알려져 있습니다. 뛰어난 사람들에게도 이 위선이라는 죄의 씨앗이 있음은 사실입니다. 그러나 율법 시대의 문둥병자의 경우에서 보듯, 피부에 발진이나 종기가 있다고 해서 모두 다 부정한 자로 판정되어 진 밖으로 격리되는 것은 아니듯이,레 13:6 위선의 종기가 있다 해서 모두 다 위선자로 판정되는 것은 아닙니다. 이러한 종기는 하나님의 자녀들에게도 있을 수 있기 때문입니다.신 32:5 하지만 한 사람에게서 위선이 온몸에 퍼진 종기처럼 현저하다면 그를 위선자로 판명할 수 있습니다.

질문 2 사람이 위선의 지배를 받고 있음을 어느 때 알아 볼 수 있습니까?

대답 위선의 지배를 받고 있다는 두 가지 징표가 있습니다. 첫째, 곁눈질할 때. 즉 사악한 목적으로 하나님을 섬길 때입니다. 둘째, 우호적인 눈일 때. 즉 너무 소중해서 도저히 결별할 수 없는 죄가 있을 때입니다. 이 두 가지는 내가 아는 한 무엇보다 명백한 위선자의 징표입니다.

오, 다윗의 등불을 들고 이 누룩을 찾아 하나님 앞에서 살아 버립시다.

그리스도인들이여, 여러분이 위선을 슬퍼하되 이 죄가 너무 뿌리 깊어서 이길 수 없다는 생각이 들거든 그리스도 앞으로 갑시다. 부디 여러분 영혼에 그분이 왕권을 행사하시어 이 죄를 누르고 굴복시켜 달라고 간청합시다. 여러분을 영적으로 치료해 달라고 그리스도께 간청합시다. 여러분의 가슴을 찔러 터뜨리고 썩은 살을 도려내 달라고, 그분의 피로 만드신 약을 발라 여러분의 위선을 치유해 달라고 부탁합시다. 다윗이 드렸던 그 기도를 수시로 드립시다. "내 마음이 주님의 율례들을 완전히 지켜서 내가 수치를 당하지 않게 해주십시오."시 119:80 "주님, 어떻게든 위선자만큼은 되지 말게 하소서." 두 마음을 품은 자는 스스로 하늘을 차단할 것입니다.

chapter **04.**

경건한 사람의 특징

다음으로, "어떤 사람을 일러 경건한 사람이라 하느냐?"는 질문이 있을 것입니다. 이에 경건한 사람의 몇 가지 특별한 징표와 특징을 제시함으로써 상세히 답하고자 합니다.

❶ 지식이 있음

가장 근본적인 징표로는 먼저, 경건한 사람은 지식이 있는 사람이라는 점을 들 수 있습니다. "슬기로운 사람은 지식을 면류관으로 삼는다."잠 14:18 성도들은 "슬기로운 처녀들"이라고 불립니다.마 25:4 육에 속한 사람도 하나님에 대하여 다소 논리적인 지식을 가지고 있을 수 있지만, "마땅히 알아야 할 방식대로" 알지는 못합니다.고전 8:2 구원과 관련한 방식으로는 하나님을 알지 못하는 것입니다. 이성의 눈은 뜨고 있겠지만 영적인 방식으로는 하나님의 일을 분간하지 못합니다. 물은 그것이 흘러나온 발원지보다 높이 거슬러 올라갈 수 없습니다. 수증기는 태양이 끌어올리는 높이 이상으로 올라갈 수 없습니다. 자연에 속한 사람은 자신의 행동반경을 넘어설 수 없습니다. 그러므로 그는 맹인이 색을 판단할 수 없듯 거룩한 일들을 판단할 능력이 없습니다. 먼저, 그는 자기 마음의 악을 볼 수 없습니다. 얼굴이 아무리 검고 흉측해도 너울로 가리면 보이지 않습니다. 죄인의 마음이 지옥을 방불케 할 만큼 검다 해도 무지의 너울이 가리고 있으면 보이지 않는 것입니다. 또한, 그는 구주의 아름다움을 볼 수 없습니다. 그리스도는 진주이되, 숨겨진 진주입니다.

하지만 경건한 사람은 하나님의 가르침을 받습니다. "그가 기름 부어 주신 것이 여러분에게 모든 것을 가르쳐 줍니다."요일 2:27 모든 것, 말하자면 구원에 필요한 모든 것입니다. 경건한 사람은 주님에 관해 능숙한 지식을 소유하고 있습니다.대하 30:22 그는 건전한 지혜를 간직하고 있습니다.잠 3:21 그는 그리스도 안에서 하나님을 압니다. 그리스도 밖에서 하나님을 안다면 그분을 적으로 아는 것이지만, 그리스도 안에서 안다면 그 앎은 달고 향기롭습니다. 은혜로운 영혼에게는 그리스도를 아는 지식의 향기가 있습니다.고후 2:14 책이나 지도를 통해 어떤 고장을 아는 것과 직접 그 고장에 살며 그곳의 과일과 향료를 맛보기까지 하는 것은 차원이 다릅니다. 경건한 사람을 빛나게 하는 지식은 다음의 여덟 가지 특징을 가지고 있습니다.

1. 터가 굳건한 지식입니다

"그러므로 여러분은 믿음에 튼튼히 터를 잡아 굳건히 서 있어야 하며."골 1:23 교회가 믿는 방식대로 믿는 지식이 아닙니다. 이 지식은 두 기초 위에 서 있으니, 곧 말씀과 성령입니다. 말씀은 안내자요 성령은 증인입니다. 구원의 지식은 변하거나 불확실한 것이 아니며 오로지 확고할 뿐입니다. "우리는 선생님이 하나님의 거룩한 분이심을 믿고 또 알았습니다."요 6:69 "그러므로 우리는 언제나 마음이 든든합니다."고후 5:6 경건한 사람은 목숨 바쳐 지킬 것이 아니면 붙들지 않습니다. 순교자들은 이 진리의 지식을 그토록 확신했으니 피로써 이 지식을 지키고자 했던 것입니다.

2. 분별의 지식입니다

보석의 가치를 평가할 줄 아는 세공인은 보석을 안다고 할 수 있습니다. 하늘의 영광과 지상의 안식보다 하나님을 귀하게 여기는 사람은 그분을 아는 사람입니다.시 73:25 하나님을 다른 무엇과 비교하는 것은 신성을 모독하는 일이니, 개똥벌레의 빛을 태양빛에 견줌과 같습니다.

3. 생명력 있는 지식입니다

"주님께서 주님의 법도로 나를 살려 주셨으니, 나는 영원토록 그 법도를 잊지 않겠습니다."시 119:93 육에 속한 사람의 머리에 든 지식은 죽은 자의 손에 들린 횃불과 같습니다. 참된 지식은 활기차게 살아 있습니다. 경건한 사람은 세례 요한과 같으니, "타오르면서 빛을 내는 등불"입니다. 그는 깨달음으로 빛나고 사랑으로 타오릅니다. 아가서의 여인은 사랑하는 이를 앎으로써 병들었습니다. "사랑하다가 나는 그만 병들었다오."^{아 2:5} 나는 화살 맞은 사슴과 같이 이토록 피를 흘리고 있으니, 내 영혼이 사랑하는 분을 뵙는 것 말고는 나을 길이 없습니다.

4. 활용할 수 있는 지식입니다

"내가 알기에는 나의 대속자가 살아 계시니."^{욥 19:25, 개역개정} 약은 발라야 쓸모 있습니다. 이처럼 발라서 활용할 수 있는 지식이 얼마나 반가운지 모릅니다. 그리스도는 "보증하시는 분"이라고 합니다.^{히 7:22} 내가 빚더미에 앉았는데 그리스도께서 나를 위해 보증하시는 분이 되신다니, 이 앎이 얼마나 반가운지요! 그리스도는 "변호해 주시는 분"이라고 합니다.^{요일 2:1} 그리스어로 "파라클레토스", 곧 변호자는 "위로해 주는 자"를 뜻합니다. 오, 내가 힘겨운 송사에 휘말렸는데, 한 번도 패소하신 적 없는 그리스도께서 나의 변호자가 되신다니, 이 앎이 얼마나 위로가 되는지요!

질문 하지만 내가 그리스도를 올바로 활용하고 있는지 어떻게 알 수 있습니까? 위선자들도 실제로는 그렇지 않음에도 자신들은 그리스도를 올바로 활용하고 있다고 생각할 수 있습니다. 예를 들어, 발람은 무당이었음에도 여전히 "나의 하나님"이라고 말했습니다.^{민 22:18}

대답 첫째, 그리스도를 올바로 활용하는 사람은 예수와 주님을 하나로 결합합니다. 즉, "내 주 예수 그리스도"빌 3:8입니다. 많은 이들이 그리스도를 예수로 인정하지만 주님으로는 인정하지 않습니다. 여러분은 "영도자와 구주"행 5:31를 하나로 결합합니까? 그리스도의 피로 구원받은 만큼 그분의 법의 지배 또한 기꺼이 받아들이고자 합니까? 그리스도는 보좌에 앉으신 제사장입니다.슥 6:13 여러분의 마음을 그분께서 홀을 쥐고 앉으실 보좌로 내어 드리지 않으면 결코 그분께서는 여러분을 위해 중보하시는 제사장이 되지 아니하실 것입니다. 그리스도를 우리의 신랑으로 받아들여 주님이신 그분께 우리 자신을 완전히 내어 드릴 때 비로소 우리는 그분을 참되게 활용한다 할 수 있습니다.

둘째, 그리스도를 올바로 활용하는 사람은 그분에게서 효능을 이끌어 냅니다. 복음서의 그 여인은 그리스도를 만지고서 그분에게서 효능이 나오는 것을 느꼈고, 따라서 출혈의 근원이 마르게 되었음을 알았습니다.막 5:29 이것이 바로 그리스도를 활용함이니, 이때 우리는 그분에게서 죄를 죽이는 효능이 나옴을 느낍니다. 자연학자들이 말하는바, 다이아몬드와 자철광은 서로 배척하는 성질이 있어서, 어떤 쇠붙이를 다이아몬드 옆에 두면 자철광이 그 쇠붙이를 끌어갈 수 없다고 합니다. 활용의 지식 또한 죄를 배척하는 성질이 있으니, 죄가 우리 마음을 끌어갈 수 없도록 막아 줄 것입니다.

5. 변화의 지식입니다

"우리는 모두 너울을 벗어 버리고 주님의 영광을 바라봅니다. 이렇게 해서 우리는 주님과 같은 모습으로 변화하여."고후 3:18 화가가 사람의 얼굴을 보고 똑같은 얼굴을 화폭에 그려내듯, 우리는 복음의 거울에 비친 그리스도를 보고 그분과 닮은 모습으로 변화할 수 있습니다. 우리는 세상의 영광스러운 다른 대상들을 볼 수 있지만, 그로 인해 우리가 영광스러워지지는 않습니다. 흉한 얼굴은 아름다운 것들을 볼 수 있지만, 그로 인해 그 얼굴이 아름다워지지는 않습니다. 부상당한 사람이 의사를 본다고 상처가 낫지는 않습니다. 하지만 이 거룩한 지식의 뛰어남이 있으니, 곧 우리로 그리스도의 모습을 보게 하여 그분의 성품에 참여할 수 있게 한다는 것입니다. 모세의 경우가 그렇습니다. 그는 하나님의 뒷모습만 보고도 얼굴이 빛났습니다. 하나님의 영광스러운 빛과 광채가 그를 비추었던 것입니다.

6. 자기를 비우는 지식입니다

육신의 지식은 교만으로 들뜨게 합니다.고전 8:1-2 참된 지식은 자기애를 벗어나게 합니다. 알면 알수록 자신의 무지를 부끄러워하는 것입니다. 다윗은 하나님의 교회의 빛나는 별이었음에도 여전히 자신을 별보다는 구름으로 여겼습니다.시 73:22

7. 자라나는 지식입니다

"여러분이……하나님을 점점 더 알고."골 1:10 참된 지식은 새벽

빛과 같으니, 지평선에서부터 서서히 자라나 한낮의 찬란한 빛에 이릅니다. 영적인 지식은 말할 수 없이 향기로워서 성도는 이 지식을 알수록 이 지식에 더 목말라 합니다. 이 지식은 풍족한 지식입니다.^{고전 1:5} 사람은 부를 쌓을수록 더 많은 부를 욕망합니다. 바울은 그리스도를 알고 있었지만 더욱더 그분을 알고 싶어 했습니다. "내가 바라는 것은 그리스도를 알고 그분의 부활의 능력을 깨닫고······."^{빌 3:10}

8. 실천하는 지식입니다

"그는 앞서서 가고 양들은 그를 따라간다. 양들이 목자의 목소리를 알고 있기 때문이다."^{요 10:4} 하나님께서는 "불살라 바치는 제사보다는······나 하나님을 더 알기를" 바라시지만,^{호 6:6} 이 경우 하나님을 안다 함은 순종을 동반한 앎을 뜻합니다. 참된 지식은 그리스도인의 시력을 키워 줄 뿐 아니라 발걸음 또한 올바르게 붙들어 줍니다. 그리스도인으로서 자신이 알고 있는 바와 모순되게 사는 것은, 엄격하고 거룩하게 살아야 함을 알면서도 나태하게 사는 것은 수치스러운 일입니다. 불순종은 무지와 완벽히 하나입니다. "엘리의 아들들은 행실이 나빠 여호와를 알지 못하더라."^{삼상 2:12, 개역개정} 남들에게 주님에 대한 지식을 가르친 이들이 하나님을 모를 리 없었습니다. 하지만 성경은 이들을 일러 하나님을 모르는 자들이라고 합니다. 순종하지 않았기 때문입니다. 지식과 실천이 쌍둥이처럼 붙어 다닐 때 많은 행복을 불러옵니다.

적용 1 다음의 특징으로 우리 자신을 평가해 봅시다.

첫째, 여전히 무지와 어둠의 영역에 있는 사람들을 경건한 사람들이라 할 수 있습니까? "지식이 없는 열심은 좋은 것이라 할 수 없고"잠 19:2 무지한 사람들은 하나님께 "합당한 예배"롬 12:1를 드릴 수 없습니다. 의로운 해가 우리의 반구를 그토록 오래 비추었음에도 사람들이 여전히 어둠의 권세 아래 있다는 것은 슬픈 일입니다. 그들은 아마 세상일이라면 누구에게도 뒤지지 않을 만큼 잘 알고 있을 테지만, 하나님의 일에 대해서는 아무런 지식이 없습니다. 나하스는 "너희의 오른쪽 눈을 모조리 빼겠다"는 조건으로 이스라엘과 계약을 맺고자 했습니다.삼상 11:2 마귀는 사람들의 왼쪽 눈―세속적인 지식―은 남겨 두었지만 오른쪽 눈은 모조리 빼 버렸습니다. 그러니 사람들은 경건의 신비를 이해하지 못합니다. 유대인들을 가리켜 했던 말은 이 사람들에게도 해당될 수 있습니다. "오늘날까지도 그들은……그 마음에 너울이 덮여 있습니다."고후 3:15 세례만 받았을 뿐 이교도에 불과한 그리스도인들이 많습니다. 지식이 없다는 것이 얼마나 부끄러운 일인지요! "여러분을 부끄럽게 하려고 내가 이 말을 합니다만, 여러분 가운데서 더러는 하나님을 아는 지식이 없습니다."고전 15:34 사람들은 자신들의 사업적 지식에 대한 무지는 수치스럽게 생각하지만 하나님에 대한 무지는 수치로 여기지 않습니다. 눈을 가리고 천국에 갈 수는 없습니다. "이 백성이 이렇게 지각이 없으니, 그들을 만드신 조성자 하나님께서 그들을 불쌍히 여기지 않으실 것이며."사 27:11 이즈음에는 확실히 무지가 자랑입니다. 알지 못하는 것과 알고 싶어 하지 않는다는 것은 다릅니다. "사람들이……빛보다 어둠을 좋아하였다."요 3:19 어둠은 부엉이가 사랑합니다. 죄인들은 에티오피아의 아틀란티스 족과 같습니다. 이들은 태양을 저주하는 부족입니다. 사악한 자들은 의도적으로 눈을 감고,마 13:15 하나님께서는 심판으로 이들의 눈을 뜨지 못하게 하십니다.사 6:10

둘째, 지식은 있으나 "마땅히 알아야 할 방식대로" 알지 못하는 사람들을 경건하다 할 수 있습니까? 그들은 하나님을 경험적으로 알지 못합니다. 박식하나 무지한 사람들이 얼마나 많습니까? 그들은 계몽되었으나 성화되지는 못했습니다. 그들의 지식은 자신들의 발전에 아무런 영향을 미치지 못합니다. 정원에 횃불을 무수히 밝혀 둔다고 꽃이 자라는 것이 아니니, 꽃의 성장은 해가 주관합니다. 많은 이들이 지식으로 성장하는 것이 아니라 오히려 더 나빠집니다. "너의 지혜와 너의 지식이 너를 잘못된 길로 들어서게 하였고."사 47:10 대다수 사람들이 자신들의 지식으로 더욱 간교히 죄를 짓습니다. 그러니 그 지식을 자랑스러워해야 할 이유가 없습니다. 압살롬은 자신의 머리를 장식한 탐스러운 머리털을 자랑스러워했겠지만, 그 머리털로 인해 죽었습니다. 그러므로 이들도 자신들의 머릿속에 든 지식이 자랑스럽겠지만, 바로 그 지식으로 인해 스스로 멸망할 것입니다.

셋째, 약간의 지식은 있으나 그리스도를 충실히 활용하지 않는 사람들을 경건하다 할 수 있습니까? 저 옛 시대의 많은 이들이 방주의 존재를 알았지만 그 안에 들어가지 않아 물에 빠져 죽었습니다. 활용하지 않는 지식은 지옥으로 가는 길을 밝힐 뿐입니다. 복음을 듣고도 끝내 불신자로 죽느니 미개인으로 사는 것이 낫습니다. 믿어지지 않는 그리스도는 끔찍합니다. 모세의 지팡이는 그의 손에 있을 때 훌륭한 일을 수행했으니, 바로 거기서 기적이 나왔던 것입니다. 하지만 모세의 손을 떠난 지팡이는 뱀이 되었습니다. 그러므로 그리스도 또한 믿음의 손으로 붙들고 있을 때는 위로가 가득하지만, 붙들지 아니하였을 때는 물어 죽이는 뱀이 될 것입니다.

적용 2 우리가 경건한 사람임을 나타내고자 할진대, 주님에 대한 이 뛰어난 지식을 얻기 위해 노력합시다. 육에 속한 지식을 습득하는 일만 해도 얼마나 많은 고통이 따르는지요! 나는 여덟 번째 행성의 움직임을 밝혀내는 데 사십 년을 바쳤다는 벤초라의 이야기를 읽어 본 바 있습니다. 하물며 우리가 그리스도 안에서 하나님에 대한 지식을 밝혀내기 위해서는 얼마나 더한 노고를 들여야 하겠습니까! 이 지식은 마치 은 광맥을 찾듯이 파고들어가 찾아야 할 것입니다. "은을 구하듯 그것을 구하고 보화를 찾듯 그것을 찾아라." 잠 2:4

이 지식이 가장 뛰어난 지식입니다. 이 지식은 다이아몬드가 수정을 능가하듯 여타의 모든 지식을 완벽히 능가합니다. 우리가 걸친 어떠한 보석도 이 지식만큼 우리를 빛내 주지는 못합니다. "지혜는 진주보다 더 값지고."잠 3:15 "사람은 어느 누구도 지혜의 참 가치를 알지 못한다. 깊은 바다도 '나는 지혜를 감추어 놓지 않았다' 하고 말한다. 지혜는 금을 주고 살 수 없고 은으로도 그 값을 치를 수 없다. 지혜는 오빌의 금이나 값진 루비나 사파이어로도 그 값을 치를 수 없다."욥 28:13-16 그 암흑의 혼돈은 무지한 영혼의 상징이었습니다.창 1:2 하지만 하나님께서 마음에 지식의 등불을 밝혀 주시니, 보십시오, 전혀 새로운 피조물이 되었습니다! 이제 영혼은 해처럼 찬란히 빛납니다.

이 지식은 희망을 줍니다. 육에 속한 지식에 대해서는 솔로몬처럼 말할 수 있을 것입니다. "지혜가 많으면 번뇌도 많고 아는 것이 많으면 걱정도 많더라."전 1:18 세상 학문을 알고자 함은 지푸라기를 잡으려는 것과 같고, 그리스도 안에서 하나님을 알고자 함은 진주를 모으는 것과 같습니다. 이 지식이 우리를 구원의 길로 안내합니다.딤전 2:4

질문 하지만 우리는 어떻게 구원의 지식을 얻을 수 있습니까?
대답 육신의 능력으로는 되지 않습니다. 제대로 사용하기만 하면 이성의 힘이 지극히 심오한 데까지 미칠 수 있다고 말하는 이들이 있습니다. 하지만 이성의 측심줄은 너무도 짧아서 하나님의 깊은 경륜을 감히 재 볼 생각조차 할 수 없습니다. 사람이 이성의 힘으로 하나님의 구원의 지식에 이르려는 시도는 난쟁이가 손을 뻗어 피라미드 꼭대기에 닿으려는 것과 같습니다. 자연의 빛에 의지해서는 그리스도를 볼 수 없으니, 이는 마치 촛불의 조명으로 영적인 일을 이해하려는 시도와 다를 바 없습니다. "자연에 속한 사람은 하나님의 영에 속한 일들을 받아들이지 아니합니다. 그런 사람에게는 이런 일들이 어리석은 일이며, 그는 이런 일들을 이해할 수 없습니다."고전 2:14 그렇다면 우리가 영혼을 구원하는 방식으로 하나님을 알기 위해서는 어떻게 해야 합니까? 대답하노니, 하나님의 성령의 도우심을 간청합시다. 바울은 하늘에서 쏟아져 내리는 빛을 보고서야행 9:3 비로소 자신이 그동안 눈멀어 있었음을 알았습니다. 하나님께서 우리 눈에 먼저 기름을 발라 주셔야 우리가 볼 수 있습니다. 그렇게 안 해도 멀쩡히 볼 수 있다면 그리스도께서 무엇 때문에 라오디게아 교회에 명하여 안약을 발라야 한다고 말씀하셨겠습니까?계 3:18 오, 그러니 계시의 영이신엡 1:17 성령께 간청합시다. 구원의 지식은 이론이 아니요 영감으로 되나니, 곧 "전능자의 숨결이 사람에게 깨달음을" 주십니다.욥 32:8, 개역개정

우리에게는 신학적으로 뛰어난 개념들이 있겠지만, 중요한 것은 우리가 성령을 힘입어 그러한 개념들을 영적인 방식으로 깨달아야 한다는 것입니다. 우리는 해시계의 숫자를 볼 수 있지만 해가 뜨지 않으면 하루가 어떻게 가는지 알 수 없습니다. 우리는 성경에서 많은 진리의 말씀을 읽을 수 있습니다. 하지만 하나님의 성령께서 빛을 비추어 주지 아니하시면 우리는 그 말씀들을 구원의 방식으로는 알 수 없습니다. "성령

은 모든 것을 살피시니, 곧 하나님의 깊은 경륜까지도 살피십니다."고전 2:10 성경은 그리스도를 "우리에게" 나타내 보여주지만 성령께서는 "우리 안에" 나타내 보여주십니다.갈 1:16 성령께서는 세상이 알려 줄 수 없는 것, 곧 하나님의 사랑이 무엇인지 알게 해주십니다.

적용 3 이 구원과 성화의 지식이 여러분 안에서 영글어 가고 있음을 인하여 하나님을 찬양합시다. 이는 하늘의 기름 부음입니다. 아무리 뛰어난 것이라 해도 어둠 속에서는 볼 수 없으니, 빛이 나타난 연후에야 모든 꽃이 본래의 아름다움으로 빛납니다. 그러므로 사람이 육신의 암흑에 있는 동안은 거룩의 아름다움이 가려져 보이지 않지만, 성령의 빛이 구원의 방식으로 올 때는 이전에 우리가 경시했던 그 진리의 말씀들이 광채를 드러내며 나타나 우리를 경이와 사랑에 휩싸이게 합니다.

성도들이여, 하나님께서 여러분의 영적인 눈에 백내장처럼 낀 막을 걷어 내시고 육신의 안경으로는 볼 수 없었던 것들을 보게 하셨으니, 찬미합시다. 이 일을 두고 그리스도께서 아버지께 얼마나 감사를 드렸는지 모릅니다! "하늘과 땅의 주님이신 아버지, 이 일을 지혜 있고 똑똑한 사람들에게는 감추시고 어린아이들에게는 드러내어 주셨으니 감사합니다."마 11:25 하나님께서 여러분에게 빛을 주셨을 뿐 아니라 그 빛을 볼 수 있는 눈마저 주셨으니, "예수 안에 있는"바 그대로의 진리를 알게 하셨으니,엡 4:21 여러분의 깨달음의 눈뿐 아니라 양심의 눈

또한 뜨게 하셨으니, 이 값없이 주시는 은혜가 얼마나 여러분에게 놀라운 것인지요! 하나님께서 여러분에게 깨달음의 빛을 주시어 "죽음의 잠에 빠지지 않게" 하심은 여러분이 그 어떠한 감사의 말로도 갚을 길 없는 자비입니다.

❷ 믿음으로 행함

경건한 사람은 믿음으로 행하는 사람입니다. 금속으로는 금이 가장 귀하듯, 은혜 중에서는 무엇보다 믿음이 귀합니다. 믿음은 육신의 올리브나무에서 우리를 잘라 내 그리스도에게 접붙입니다. 믿음은 영혼의 동맥입니다. "의인은 믿음으로 산다."합 2:4 믿음이 없는 사람들도 숨을 쉬겠지만 생명력이 미약합니다. 믿음은 각양의 은혜를 살아 숨 쉬게 합니다. 믿음이 뒷받침되지 아니하면 어떠한 은혜도 약동할 수 없습니다. 영혼에 믿음이 있음은 육신에 기운이 있음과 같습니다. 이 기운이 육신을 움직인다면, 이 믿음은 회개를 불러일으킵니다. 말하자면 믿음은 증류기를 가열하는 불과 같습니다. 이 불로 인해 눈물 같은 증류수가 떨어져 내리는 것입니다. 나를 향하신 하나님의 사랑을 믿을 때, 나는 그토록 좋으신 하나님을 거슬러 범죄했음을 깨닫고 눈물을 떨구지 아니할 수 없습니다. 믿음은 소망의 어머니입니다. 우리는 먼저 약속을 믿고, 그 다음에야 그 약속의 실현을 소망합니다. 믿음은 소망의 등불을 채우는 기름입니다. 믿음과 소망은 부부처럼 다정한 은혜입니다. 하나를 떠나보내면 나머지 하나가 비통해합니다. 육신의 힘줄이 잘리면 수족을 쓸 수 없습니다. 이 믿음의 힘줄이 잘리면 소망은 불구가 됩니다. 믿음은 인내의 토대입니다. 하나님이 하나님이심을 믿는 사람, 그분의 모든 섭리가 결국에는 선을 이룰 것임을 믿는 사람은 인내로써 자신을 하나님의 뜻에 내어 드립니다. 그러므로 믿음은 살아 있는 법칙입니다.

성도의 삶이란 오로지 믿음의 삶입니다. 성도의 기도는 믿음의 호흡입니다.약 5:15 성도의 순종은 믿음의 결과입니다.롬 16:26 경건한 사람은 믿음으로 그리스도 안에 사는데, 이는 마치 태양 광선이 태양 속에 사는 것과 같습니다. "이제 살고 있는 것은 내가 아닙니다. 그리스도께서 내 안에서 살고 계십니다."갈 2:20 그리스도인은 믿음의 능력으로 이성 너머까지 보고 불가능을 넘어서까지 거래합니다.고후 4:18 믿음으로 그의 마음은 평화를 되찾습니다. 자신과 자신의 모든 일을 하나님께 맡기는 것입니다.시 112:7 전쟁이 나면 사람들이 성채로 들어가 자신을 비롯한 일체의 귀중품을 의탁하듯, "주님의 이름은 견고한 성루이므로"잠 18:10 신자는 자신의 모든 것을 이 성루에 맡깁니다. "나는 내가 믿어 온 분을 잘 알고 있고, 또 내가 맡은 것을 그분이 그날까지 지켜 주실 수 있음을 확신합니다."딤후 1:12 하나님께서는 바울에게 당신의 복음을 맡기셨고, 바울은 하나님께 자신의 영혼을 맡겼습니다.

믿음은 모든 질환에 듣는 만병통치약입니다. 믿음은 경건한 사람에게 있는 최후의 닻입니다. 하나님의 자비의 바다에 이 닻을 던져 절망의 심연에 빠지지 않게 하는 마지막 수단입니다.

"믿음만 강하면 어떠한 파멸도 두렵지 않습니다."

적용 이 믿음이라는 특징으로 우리 자신을 평가해 봅시다. 안타깝게도 경건과는 너무나 동떨어진 사람들이 있으니, 바로 믿음 없는 사람들입니다! 이들은 감각에 온전히 매몰되었습니다. 대다수 사람들이 영적인 근시라서 눈앞에 있는 것만 볼 뿐입니다.^{벧후 1:9} 나는 한 눈만 가지고 태어난다는 인도의 어느 부족에 대해 읽은 바 있습니다. 이성의 눈은 있지만 믿음의 눈은 없이 태어난 자들도 이 부족 사람들과 다를 바 없습니다. 그들은 육신의 눈에 하나님이 보이지 않으므로 믿지 않습니다. 그들은 아마 영혼이 눈에 보이지 않으므로 자신들에게 영혼이 있다는 것도 믿지 않을 것입니다.

오, 어디 하나라도 높은 곳에 사는 사람은 없습니까? 저 위로 올라가 보이지 않는 것을 보는 사람은 정녕 없습니까?^{히 11:27} 크리소스토무스가 말했듯이 "사람들이 믿음으로 산다면 생계를 위해 죄악스러운 수단을 사용하겠습니까?" 믿음이 있다면 그토록 많은 속임수가 있겠습니까? 그들의 믿음이 산 믿음일진대, 과연 죽은 물고기처럼 강물을 따라 떠내려가겠습니까? 이 시대에는 사람들에게서 믿음을 찾느니 마귀들에게서 찾는 편이 나을지 모르겠습니다. 마귀들은 적어도 "믿고 두려워" 떨기라도 하니 말입니다.^{약 2:19} 그린햄의 엄중하고도 진지한 평이 있었으니, 그는 가톨릭교를 두려워하지 않는다고, 오히려 영국을 망치는 것은 무신론이라고 했습니다. 그러나 이 문제에 대해서는 다른 곳에서 이미 길게 썼으므로 덧붙이지 않겠습니다.

❸ 하나님을 향한 사랑으로 불타오름

경건한 사람은 하나님을 향한 사랑으로 불타오릅니다.^{시 116:1} 믿음과 사랑은 신앙의 두 회전축입니다. 참된 성도는 "사랑으로 가득 찬"^{아 3:10} 병거를 타고 갑니다. 믿음이 모든 신앙의 의무에 활력을 부여한다면 사랑은 향기를 더합니다. 해가 과일을 익히듯, 사랑은 모든 신앙의 행위들을 익히고 거기에 풍미를 더합니다. 경건한 사람은 사랑으로 병들어 있습니다. "내가 주님을 사랑하는 줄을 주님께서 아십니다."^{요 21:16} "사랑하는 구주여, 나 비록 당신을 부인하였으나 이는 힘이 없어서였지 사랑이 없어서가 아니었습니다." 하나님은 선하심의 근원이요 본질입니다. 그분의 아름다움과 향기로움은 은혜로운 마음을 사랑으로 속박합니다. 하나님은 성도의 분깃입니다.^{시 119:57} 분깃보다 사랑스러운 것이 무엇입니까? 아우구스티누스는 말합니다. "내 영혼이 하나님을 사랑하지 아니하면 비록 내 영혼일지라도 나는 미워하리라." 경건한 사람은 하나님을 사랑하고, 따라서 하나님과 함께 있기를 즐거워합니다. 하나님을 사랑하는 까닭에 그분 없이는 어떠한 것에서도 위로를 구하지 않는다는 것입니다. "사랑하는 나의 임을 못 보셨어요?"^{아 3:3}

경건한 영혼은 하나님을 사랑하므로 그분을 갈망합니다. 하나님을 알수록 더 갈망합니다. 성령의 포도주를 한번 맛보면 들이켜고 싶은 갈증이 일어납니다. 영혼은 하나님을 사랑하므로 "주의 나타나심"을^{딤후 4:8} 생각하며 즐거워합니다. 그는 하나님을 사랑하는 까닭에 그분과 있기를 소망합니다. 그리스도는 바울의 마음속에 계셨고, 바울은 그리스도의 품속에 있고 싶어 했습니다.^{빌 1:23} 영혼이 한번 하나님을 닮으면, 즐거이 그분과 함께 있고 싶어 합니다. 은혜로운 영혼이 외칩니다. "오, 내게 날개가 있었으면 높이 날아올라 사랑하는 그리스도와 함께 있을 터인데." 새장을 진주로 장식해 준다 해도 새는 거기서 나가고 싶어 합니다. 은혜로운 영혼이 하나님을 사랑하는 열망이 이와 같으니, 이 사랑의 불은 강물을 가져다 부어도 끌 수 없습니다. 그는 얼굴을 찌푸리시는 하나님도 사랑합니다.

> 당신께서 나를 외면하시고, 나를 아주 잊으셨다 하여 내가 당신을 사랑하지 않는다면, 아예 당신을 사랑도 말게 하소서.
> — 조지 허버트

경건한 사람은 곤경에 처할지라도 하나님을 사랑합니다. 어떤 어머니와 아홉 살 난 자식이 굶주림으로 죽어가고 있었습니다. 아이가 어머니를 보고 말했습니다. "어머니, 하나님께서 우리를 굶겨 죽이실까요?" "아니다, 애야. 하나님은 그러지 않으실 거야." 아이가 다시 대답했습니다. "하나님께서 우리를 굶겨 죽이신다 해도 우리는 하나님을 사랑하고 섬겨야 해요."

적용 다음의 기준으로 우리의 경건을 평가해 봅시다. 즉, 우리는 하나님을 사랑합니까? 그분이 우리의 보화요 중심입니까? 우리도 다윗처럼 하나님을 우리의 기쁨이라고, 그렇습니다, 우리의 "큰 기쁨"이라고 부를 수 있습니까?시 43:4, 개역개정 우리는 그분께 더 가까이 가기를 즐거워하고, "환호성을 올리면서 그 앞으로" 나아갑니까?시 100:2 그분께서 우리를 사랑하지 아니하시는 듯 보일 때도 우리는 그분을 사랑합니까?

이것이 경건한 사람의 징표일진대, 이에 부합하는 사람들이 어찌 이토록 없단 말입니까! 하나님 사랑하는 마음이 한량없이 큰 이는 정녕 없단 말입니까? 많은 이들이 그분께 아첨하지만 그분을 사랑하는 이들은 적습니다. 사람들은 거개가 자기사랑에 빠져 있습니다. 그들은 일신의 편리와 세속적 이득과 자신들의 쾌락은 사랑하지만 하나님을 향한 사랑은 털끝만큼도 없습니다. 그들이 정녕 하나님을 사랑한다면 그분에게서 못 달아나 그토록 안달이 날 리가 있겠습니까? "악한 자들은 자기들을 그냥 좀 내버려 두라고 하나님께 불평을 한다."욥 21:14 그들이 진정 하나님을 사랑한다면 그분을 빗댄 욕설로 그분의 이름을 더럽히겠습니까? 자기 아버지의 가슴에 못질을 하는 자가 그 아버지를 사랑합니까? 그들은 하나님을 예배하지만 사랑하지는 않습니다. 그들은 그리스도 앞에 무릎을 꿇고 그분을 조롱한 군인들과 같습니다.마 27:29 하나님의 사랑을 죽여 자신들의 가슴에 매장한 자들에게는 이와 같은 저주의 묘비가 어울립니다. "저주를 받으라! 마라나 타."고전 16:22 하나님의 사랑이 없는 영혼은 사실 저주받은 영혼들과 완전히 부합하는 체질이라고 할 수 있습니다. 하지만 이 문제는 유보하고 다음으로 넘기겠습니다.

❹ 하나님을 닮음

경건한 사람은 하나님을 닮습니다. 그의 판단은 하나님의 판단과 같습니다. 그는 하나님께서 생각하시는 대로 생각합니다. 그의 성품은 하나님의 성품과 닮아 있습니다. 그는 "하나님의 성품에 참여"합니다.[벧후 1:4] 경건한 사람은 하나님의 이름과 모습을 지니고 있습니다. 그러니 경건이란 하나님을 닮는 일입니다. 하나님을 믿는다고 공언하는 것과 그분을 닮는 것은 전혀 다른 문제입니다.

경건한 사람은 거룩함으로 하나님을 닮습니다. 거룩은 하늘의 왕께서 쓰신 왕관에서 가장 빛나는 진주입니다. "거룩함으로 영광스러우며."[출 15:11, 개역개정] 하나님께서는 권능이 있으시니 강하시고 자비가 있으시니 사랑하시지만, 그분의 거룩하심은 그분을 영광스럽게 합니다. 하나님의 거룩하심은 그분 성품에 본질적으로 내재한 정결함이며 죄를 혐오하심입니다. 경건한 사람은 이 점에서 하나님과 어느 정도 유사합니다. 그는 머리 위에 성별의 기름 부음을 받은 사람입니다. "주님의 거룩한 자 아론."[시 106:16] 거룩함은 그리스도의 백성들의 휘장이요 제복입니다. "주님의 거룩한 백성."[사 63:18] 경건한 사람들은 왕과 같은 제사장이요[벧전 2:9]

거룩한 제사장입니다. 그들은 겉만 아름다운 이집트의 신전들처럼 외관만 거룩하게 돋보이는 자들이 아니요, 내부까지 황금으로 지은 솔로몬의 성전처럼 내면도 거룩한 사람들입니다. 그들의 마음에는 이와 같이 새긴 명판이 있습니다. "주님께 거룩." 성도의 거룩함은 하나님의 뜻에 순종하는 데 있으니, 이는 모든 거룩함의 규칙이요 모범입니다.

거룩함은 사람의 영광입니다. 아론은 영화롭고 아름다운 예복을 입었습니다.출 28:2 그러므로 사람이 거룩의 옷을 입을 때는 영광과 아름다움을 위해서 입습니다.

그리스도인의 미덕은 거룩함에 있습니다. 공기의 미덕이 깨끗함에 있고 금의 가치가 순도에 있음과 같습니다.

질문 경건한 사람의 거룩함은 어떤 면에서 드러납니까?
대답 첫째, 정욕으로 더럽혀진 사람들의 속옷까지도 미워하는 데서.유 23절 경건한 사람들은 생각으로나 행동으로나 악에 적대적입니다. 그들은 털끝만큼이라도 죄와 같아 보이는 것이라면 무조건 두려워합니다.살전 5:22 약한 그리스도인은 악의 모양만 보고도 해를 입을 수 있습니다. 악의 기미가 보인다 해서 자신의 양심이 더러워지지는 않겠지만 형제의 양심에는 해가 될 수 있습니다. 그리고 그 형제의 양심을 거슬러 그에게 죄를 짓는 것은 그리스도께 죄를 짓는 것입니다.고전 8:12 경건한 사람은 자칫 범위를 벗어날까 두려워 될 수 있는 한 멀리 가지 않습니다. 그들은 다른 이들이 (사람들에게 칭찬받을 생각으로) 옹호하는 것들을 무턱대고 받아들이지는 않습니다. 썩어 버린 것에 금칠을 하기는 쉬운 법입니다.

둘째, 거룩함을 옹호하는 데서. "왕들 앞에서 거침없이 주님의 증거들을 말하고 부끄러워하지 않겠습니다."시 119:46 세상에서 신심이 모독당하면 성도들이 일어나 지킬 것입니다. 그들은 신앙의 얼굴에 뿌려진 비방의 흙먼지를 닦아 냅니다. 거룩함은 경건한 사람들을 지키고 경건한 사람들은 거룩함을 지킵니다. 거룩함은 경건한 사람들이 위험에 빠지지 않도록 지키고, 경건한 사람들은 거룩함이 치욕당하지 않도록 지키는 것입니다.

적용 1 하나님을 닮지 않은 자들을 어찌 경건하다 할 수 있겠습니까? 그들에게는 하나님의 모습이 전혀 없고, 거룩함 또한 전혀 없습니다. 그들은 스스로 그리스도인이라 하면서 거룩함이라는 단어는 완전히 지워 없앴습니다. 차라리 밤을 낮이라 하는 편이 낫습니다.

어떤 자들은 너무도 뻔뻔해서 자신들은 거룩한 사람들이 아니라고 자랑하고 다닙니다. 그리스도의 양을 염소와 구별하시는 이가 거룩하신 성령 아니십니까? "여러분도……약속하신 성령의 날인을 받았습니다."엡 1:13 그럴진대, 자신들은 성령의 날인을 받지 않았다는 것이 과연 자랑할 만한 일이겠습니까? "거룩해지지 않고서는 아무도 주님을 뵙지 못할 것입니다"히 12:14 하고 사도가 말하지 않았습니까? 거룩하지 않다고 자화자찬하는 자들은 차라리 가서, 이제 하나님을 뵐 일이 없게 되었다고 종을 치며 알리는 편이 가장 좋습니다.

이외에도, 거룩함을 미워하는 사람들이 있습니다. 죄와 거룩함은 만나기만 하면 싸웁니다. 거룩함은 죄를 대적하는 불같은 열정을 토해 내고, 죄는 거룩함의 얼굴에 원한의 독을 뱉습니다. 많은 이들이 그리스도를 구주로 사랑하는 체하지만 정작 그분께서 의로우신 분이므로 미워합니다.^{행 3:14}

적용 2 거룩함으로 하나님을 닮기 위해 노력합시다. 이것이 바로 하나님께서 세상에서 추진하시는 크나큰 계획입니다. 이것이 선포되는 말씀의 목적입니다. 성소에 이슬이 내림은 은혜의 씨앗에 물을 대고 거룩함이라는 식물의 싹을 틔우기 위함입니다. 거룩함을 증진하기 위함이 아니라면 하나님의 그 모든 섭리의 목적이 무엇입니까? 주께서 추위와 더위를 비롯한 연중의 모든 계절을 활용하여 수확을 거두시듯, 번영의 섭리와 징계의 섭리 모두가 영혼에 거룩함을 촉진하기 위함입니다. 우리의 마음을 거룩하게 하려는 뜻이 아니면 성령께서 오신 목적이 무엇입니까? 안개와 연무로 공기가 탁해지면 바람이 공기를 정화하는 역할을 합니다. 그러므로 하나님의 성령의 바람이 우리 마음에 부는 것은 이 마음을 정화하여 거룩하게 하시려는 목적입니다.

하나님께서 기뻐하시는 것으로 거룩함에 비할 것이 없습니다. 누군가 티무르에게 금 한 상자를 바치자, 그는 그 금에 자기 아버지의 직인이 찍혀 있는지 물었습니다. 하지만 그 금에는 로마의 직인이 찍혀 있었고, 그는 그 금 상자를 거절했습니다. 거룩함은 하나님의 직인이요 압인입니다. 우리에게 이 거룩함의 직인이 찍혀 있지 않으면 하나님께서 보시고 우리를 거절하실 것입니다.

우리는 거룩해야 하나님과 교제하기에 합당한 사람들이 됩니다. 세상 사람들이 보기에 하나님과 교제한다는 것은 어불성설입니다. 궁정을 서성거린다고 모두가 왕을 만나 담소하는 것은 아닙니다. 우리는 기도나 예배를 비롯한 신앙적 의무를 행하면서 하나님께 다가갈 수 있지만, 말하자면 하늘의 궁정을 거닐 수 있지만, 반드시 하나님과 교제할 수 있는 것은 아닙니다. 하나님과의 지속적인 교제를 가능하게 하는 것은 거룩함입니다. 거룩한 마음은 하나님의 임재를 많이 누립니다. 그래서 어떤 규례를 지켜 행할 때 마음이 따뜻해지고 위로가 되는 효능을 느끼는 것입니다. 하나님께서는 당신과 닮은 모습이 보이면 그곳에 당신의 사랑을 보내 주십니다.

❺ 예배에 대해 철저함

경건한 사람은 하나님을 예배하는 것에 엄격하고 철저합니다. 그리스어로 "경건한 사람"은 "하나님을 참되게 예배하는 사람"을 뜻합니다. 경건한 사람은 하나님께서 제정하신 것들을 공경하며, 예배의 화려함보다는 정결함에 마음을 씁니다. 거룩한 것에 섞어 넣은 혼합물은 술에 타는 첨가제와 같습니다. 이 첨가제로 술의 색은 화려해질지 모르겠으나 질은 떨어집니다. 주께서는 모세가 다음과 같은 말씀에 따라 성막을 짓기를 원하셨습니다. "내가 이 산에서 너에게 보여준 모양 그대로 만들도록 하여라."출 25:40 모세가 이 모양과 달리 뭔가를 빼거나 더했다면 하나님의 진노를 초래했을 것입니다. 언제나 주께서는 당신의 예배를 더럽히는 자들에게 진노하신다는 교훈을 주셨습니다. 나답과 아비후는 (하나님께서 제단에 성별하신 불이 아닌) "다른 불"을 피워 올렸고, 이로 인해 그들은 주님 앞에서 불에 타 죽고 말았습니다.레 10:1-2 하나님께서는 당신의 예배에 친히 정하신 것이 아니면 무엇이 됐든 "다른 불"로 여기십니다. 그러므로 당신께서 노여워하심은 너무도 당연합니다. 하나님이란 분이 스스로 예배받으실 방식조차 정하지 못하신 것처럼 보이니 말입니다. 사람들은 하나님을 지도하려 할 테고, 그분의 예배 규정에 결함이라도 있다는 듯 원래의 예배를 수정하고 자신들의 생각을 보태려 할 것입니다.

경건한 사람은 하나님께서 성경에 제시하신 그 모양을 감히 바꾸지 못합니다. 이것이 아마 다윗이 "하나님의 마음에 드는 사람"으로 불리는 주된 이유일 것입니다. 그는 하나님께 드리는 예배의 근원을 순수하게 보존했고, 거룩한 일들과 관련해서는 무엇 하나 임의대로 덧붙이지 않았던 것입니다.

적용 다음의 특징으로 우리가 경건한 사람인지 스스로 평가해 볼 수 있습니다. 즉, 우리는 하나님의 일에 철저합니까? 하나님의 권위의 직인이 찍힌 예배 방식을 준수합니까? 신앙에 잡스러운 것을 섞어 넣으면 결과가 위험합니다.

하나님께서 정하신 예배의 어떤 부분에 무엇을 더하는 자들은 언제든지 또 어떤 부분을 뺄 것입니다. "너희는 하나님의 계명을 버리고 사람의 전통을 지키고 있다."막 7:8 전통 하나를 도입하는 자들은 곧 계명 하나를 버릴 것입니다. 교황주의자들이 바로 이와 같은 잘못을 저지르고 있습니다. 그들은 각종 제단과 십자가를 들여오고, 두 번째 계명은 버립니다. 세례식에 기름을 들여오고, 주님의 만찬에서는 잔을 제외합니다. 그들은 죽은 자를 위한 기도를 들여오고, 산 자들에게 알기 쉽게 성경을 낭독하는 일은 빼 버립니다. 하나님께서 명하지 아니하신 것을 그분의 예배에 도입하는 자들은 그분께서 명하신 것 또한 언제든지 지워 없앨 것입니다.

하나님의 예배에서 외부적인 혼합물에 마음 쓰는 자들은 대체로 신앙의 본질적인 요소들에 무관심합니다. 믿음으로 사는 삶, 철저히 죄를 죽이는 삶 등, 그들은 이러한 일에 관심이 없습니다. 말벌도 벌집이 있지만 거기에는 꿀이 없습니다. 많은 이들의 신앙이 곧 지푸라기가 될 쭉정이와 같습니다.

우상숭배와 불경죄는 근친입니다. 기둥 앞에 무릎 꿇은 자들이 술에 취해 기둥을 잡고 비틀거렸다는 것은 누구나 다 아는 사실 아닙니까?

우상숭배에 몰두하는 자들이 회심하는 경우는 대단히 드뭅니다. "내가 진정으로 너희에게 말한다. 세리와 창녀들이 오히려 너희보다 먼저 하나님의 나라에 들어간다."마 21:31 이는 강고하기 이를 데 없는 형식주의자들인 고위 성직자들을 일러 하신 말씀이었습니다. 그들 안에서 구원의 역사가 일어나지 않는 이유는 그들이 경건의 능력을 은밀히 혐오하기 때문입니다. 뱀은 색이 화려하지만 독니가 있습니다. 형식과 외관을 중시하는 사람들이 겉으로는 대단히 독실해 보이겠지만 그 마음에는 선한 것에 대한 미움의 독니가 있습니다. 그러므로 우상숭배에 몰두하는 자들은 핍박에도 몰두합니다. 로마 교회는 (순결의 상징인) 흰옷을 입고 있었지만 하나님의 성령께서 붉은색으로 칠하셨습니다.계 17:4 왜 그렇습니까? 그 교회가 붉은 겉옷을 입었을 뿐 아니라, 성도들의 피에 손을 적심으로써 그 육신 또한 붉게 물들었기 때문입니다.계 17:6

그러므로 우리가 경건을 보이고자 할진대, 예배의 규범을 엄격히 지키고, 여호와의 일과 관련해서는 "기록되었으되"라는 말씀으로 제한하신 범위를 넘어서지 않아야 하겠습니다.

❻ 사람이 아닌 하나님을 섬김

경건한 사람은 하나님의 종이지 사람의 종이 아닙니다. 이 특징은 다음의 뚜렷한 두 항목으로 나뉩니다. 이 두 가지를 순서대로 설명하겠습니다.

1. 경건한 사람은 하나님의 종입니다

우리는 하늘과 땅의 주이신 하나님을 섬기는 사람입니다.^{스 5:11}
그리스도 [예수]의 종인 에바브라.^{골 4:12}

질문 경건한 사람은 어떤 점에서 하나님의 종입니까?
대답 일곱 가지 관점에서 보겠습니다. 첫째, 종은 모든 것을 버리고 오직 한 주인에게만 자신을 한정합니다. 그러므로 경건한 사람은 죄의 종노릇을 그만두고 하나님의 종이 됩니다.^{롬 6:22} 죄는 폭군과도 같으며, 죄인이 스스럼없이 죄를 지으면 이 폭군의 노예가 됩니다. 이처럼 죄의 노예로 살고서 받는 대가라는 것이 더 이상 종노릇을 할 수도 없는 상태, 곧 죽음입니다. "죄의 삯은 죽음이요."^{롬 6:23} 이 얼마나 저주스러운 대가입니까! 경건한 사람은 하나님의 가족으로 들어가 그분의 종이 됩니다. "주님, 진실로 나는 주님의 종입니다."^{시 116:16} 다윗은 거듭 자신을 하나님의 종이라고 말하고 있습니다. 그것은 거의 이런 정도의 뜻이 아닌가 합니다. "주님, 내가 맹세하였사오니, 어느 누구도 나를 자신의 종이라고 주장할 수 없습니다. 나는 문설주에 귀를 대고 뚫어 영원히 당신의 종이 되었습니다."

둘째, 종은 매인 몸이니 제 뜻대로 하지 않고 주인의 뜻대로 합니다. 종은 제가 하고 싶은 대로 하지 않고 주인의 의지에 따라야 합니다. 그러므로 경건한 사람은 하나님의 종입니다. 그는 온전히 하나님의 뜻에 따라 움직입니다. 그에게는 자신의 뜻이라는 것이 없습니다. "당신의 뜻을 땅에서도 이루어 주십시오." 경건한 사람들에게 이처럼 말하는 사람들이 있을 것입니다. "왜 당신은 다른 사람들처럼 행동하지 않는가? 왜 당신은 다른 이들처럼 취하고 욕하고 주일을 범하지 않는가?" 경건한 사람들은 하나님의 종입니다. 그들은 자신이 원하는 대로 하지 않고, 자신이 속한 집안 전체의 규범 아래 있어야 하며, 자기 주인이 허락한 것이 아니면 행하지 않아야 합니다.

셋째, 종은 속박되어 있습니다. 종과 그 주인 사이에는 서로 도장을 찍은 계약서가 있습니다. 세례 시에 작성되는 계약서가 있고, 회심할 때는 그 계약서가 갱신되어 다시 도장이 찍힙니다. 이 계약서에서 우리는 하나님께 서원한 종이 되겠다고 맹세합니다. "주님의 의로운 규례들을 지키려고 나는 맹세하고 또 다짐합니다."시 119:106 경건한 사람은 서원으로 자신을 주님께 붙들어 맸으니, 양심을 걸고 그 서원을 지킵니다. 그는 서원을 버리고 거짓으로 사느니 박해받아 죽고자 합니다.시 56:12

넷째, 종은 주인의 제복을 입을 뿐 아니라 주인의 일도 합니다. 그러므로 경건한 사람은 하나님을 위해 일합니다. 바울은 그리스도를 위해 물질과 몸을 바쳐 희생했습니다.고후 12:15 그는 다른 사도들보다 열심히 일했습니다.고전 15:10 경건한 사람은 죽는 날까지, "마지막 순간까지" 하나님을 위해 움직입니다.시 119:112 그러니 죽어서야 수고를 그치고 쉬게 될 것입니다.계 14:13

다섯째, 종은 주인을 따릅니다. 그러므로 경건한 사람은 하나님의 종입니다. 다른 이들은 경탄하며 그 짐승을 따라가지만, 경건한 사람은 어린양을 따라갑니다.^{계 13:3, 14:4} 그는 그리스도의 발자취를 그대로 밟으며 걷고자 합니다. 주인께서 가시덤불과 개울을 건너시면 종도 그분의 뒤를 따라갑니다. 경건한 사람은 그리스도를 따라 고난의 길을 갑니다. "나를 따라오려는 사람은 자기를 부인하고 날마다 자기 십자가를 지고 나를 따라오너라."^{눅 9:23} 베드로는 그리스도를 따라 물 위를 걷고자 했습니다. 걸음마다 죽음이 놓여 있을지라도 경건한 사람은 그리스도를 따라갈 것입니다. 다른 이들은 악해도 그는 꿋꿋이 선을 지킬 것입니다. 바닷물이 아무리 짜도 물고기가 소금에 절여지는 법이 없듯, 세상 모든 이들이 악하다 해도 경건한 사람은 악에 물들지 아니하니, 그는 언제나 경건을 지킵니다. 그는 아무리 악한 세상에서도 그리스도를 따라갈 것입니다.

여섯째, 종은 주인이 주는 것으로 만족합니다. 그는 이렇게 말하는 법이 없습니다. "나는 이만큼은 받아야겠소." 그는 양식이 부족해도 불평하지 않습니다. 그는 자신이 종임을 아는 고로 주인이 썰어 주는 분량을 이의 없이 받아들입니다. 이러한 면에서, 경건한 사람은 하나님의 종입니다. 기꺼이 그는 하나님께서 주시는 것으로 살고자 합니다. 주인이 먹다 남긴 것밖에 없다 해도 그는 투덜거리지 않습니다. 바울은 자신이 종임을 알고 있었으므로 자신에게 돌아올 몫이 많고 적음에는 관심이 없었습니다.^{빌 4:11} 그리스도인들이 자신의 처지를 비관

할 때는 자신이 종이라는 사실을, 그래서 하늘의 주인께서 주시는 것으로 살아야 함을 망각합니다. 하나님께 한 입이라도 얻어먹은 여러분은 죽을 때까지 그분께 빚진 것입니다.

일곱째, 좋은 주인의 명예를 지킵니다. 종은 누가 자신의 주인을 욕하는 소리를 듣고 있을 수 없으니, 기필코 주인의 명예를 지키고자 할 것입니다. 그러므로 경건한 사람은 누구나 자신의 주인이신 그리스도의 명예를 지키고자 합니다. "내 열정이 나를 불사릅니다."시 119:134 하나님의 종은 그분의 진리를 옹호합니다. 어떤 이들은 하나님의 이름을 비방하는 소리와 그분의 진리를 반대하는 소리가 들려도 침묵으로 일관합니다. 하나님께서는 이러한 종들을 부끄럽게 여기시며, 사람과 천사들 앞에서 이들을 내치실 것입니다.

적용 높으신 하나님의 종이 됨으로써 우리가 경건한 사람들임을 드러냅시다. 다음을 깊이 생각해 봅시다.

첫째, 하나님은 가장 좋은 주인이십니다. 그분께서는 스스로 하신 모든 약속을 어긋남 없이 지키십니다. "위로 하늘에나 아래로 땅에나 그 어디에도 주님과 같은 하나님은 없습니다. 주님은……주님의 종들에게는 세우신 언약을 지키시고 은혜를 베푸시는 분이십니다.……주님께서……선한 말씀을 한 마디도 빠뜨리지 아니하시고 다 이루어 주셨으니."왕상 8:23, 56 하나님께서는 친절하고 관대한 분이시고, "노하기를 더디 하시며",시 103:8 "기꺼이 용서하시는"시 86:5 성품을 가지고 계십니다. 우리에게 무엇이 부족할 때는 친히 채워 구제해 주시고, 우리가 약할 때는 깊은 연민을 보여주십니다. 그분께서는 종들에게 당신의 비밀을 말씀해 주십니다.시 25:14, 잠 3:32 그분께서는 종들의 시중을 들어 주십니다. 어찌 이와 같은 주인이 있단 말입니까? "주인이 와서 종들이 깨어 있는 것을 보면 그 종들은 복이 있다. 내가 진정으로 너희에게 말한다. 그 주인이 허리를 동이고 그들을 식탁에 앉히고 곁에 와서 시중들 것이다."눅 12:37 우리가 몸져누울 때는 병구완도 해주십니다. "주님께서는 그가 병상에 누워 있을 때에도 돌보시며."시 41:3 우리가 약해서 쓰러질 때는 우리의 머리를 받쳐 주십니다. 다른 주인들은 그들의 종을 잊을 뿐 아니라 늙고 병들었다고 내쫓겠지만, 하나님께서는 그리하시지 않습니다. "너는 나의 종이다. 이스라엘아, 내가 너를 절대로 잊지 않겠다."사 44:21 이와 같으신 하나님을 "엄한 주인"이라고 한다면 모독입니다.

둘째, 하나님의 종이 되는 것이 다른 이의 종이 되는 것보다 좋습니다. 하나님의 종이 되면 다음과 같은 여섯 가지 특권이 있습니다.

(1) 자유. 성도들은 하나님의 종으로 매여 있지만 자발적으로 그분을 섬깁니다. "자발적인 마음"을 주시는시 51:12 하나님의 성령께서 종들에게 자유롭고 즐거운 마음으로 순종하게 하십니다. 성령께서는 종들을 기쁨의 날개 위에 태워 가십니다. 의무를 특권으로 만들어 주시는 것입니다. 그분께서는 강제하지 아니하시고 이끌어 내십니다. 종들의 마음을 사랑으로

넓혀 주시고 기쁨으로 채워 주십니다. 하나님의 종이 됨은 완전한 자유입니다.

(2) 영예. 다윗은 왕이었지만 스스로 하나님의 고용인에 불과함을 고백했습니다. "나는 주님의 종입니다."시 143:12 바울은 자신의 영광스러운 신분을, 무엇보다 자랑스러운 그 신분을 자세히 밝히고자 했을 때, 스스로를 일러 "히브리인 중에 히브리인"이라거나 "베냐민 지파의 바울"이라 하지 않고 "예수 그리스도의 종 바울"이라고 했습니다.롬 1:1, 개역개정 테오도시우스는 황제가 되는 것보다 하나님의 종이 되는 것이 한층 더 위엄 있는 일이라 생각했습니다. 그리스도께서는 아버지와 동등하신 분이었음에도 "종"이라는사 53:11 이름을 부끄러워 아니하셨습니다. 하나님의 종은 누구나 아들이며, 하나님의 백성은 누구나 왕입니다. 세상의 왕들을 종으로 거느린다 해도 하나님의 종이 되는 것보다는 영예롭지 못합니다. 하늘의 천사들조차 지상의 성도들의 종입니다.

(3) 안전. 하나님께서는 당신의 종들을 보살피시고 보호해 주십니다. "너는 나의 종이니……내가 너와 함께 있으니, 두려워하지 말아라."사 41:9-10 그분께서는 당신의 종들을 숨겨 주십니다. "주님의 초막 속에 나를 숨겨 주시고 주님의 장막 은밀한 곳에 나를 감추시며."시 27:5 말하자면, 그분께서는 나를 제사장들 외에는 누구도 들어올 수 없는 지성소에 두시듯 안전하게 지켜 주실 것입니다. 그리스도의 날개는 치유하고 숨겨 주는 날개, 곧 우리를 치료하고 안전하게 지켜 주는 날개입니

다.말4:2 하나님께서 당신의 종들 주위로 보이지 않는 장벽을 두르시고 당신의 보호라는 황금날개로 가려 주시지 않는다면시91:4 마귀와 그 앞잡이들이 곧 우리를 삼키려 할 것입니다. "내가 너와 함께 있으니, 아무도 너에게 손을 대어 해하지 못할 것이다."행18:10 하나님의 감찰하시는 눈이 늘 당신의 백성들을 살피고 있으므로 원수들은 그분의 백성들에게 생각대로 해를 가할 수 없는 것입니다. 말하자면 그들은 해치는 자들이 아니라 오히려 의사 노릇을 하는 것입니다.

(4) 유익. 불신자들은 말합니다. "하나님을 섬기는 것은 헛된 일이다.……만군의 주 앞에서 그의 명령을 지키며 죄를 뉘우치고 슬퍼하는 것이 무슨 유익이 있단 말인가?"말3:14 하나님께서 이 세상 삶에 주시는 (양심의 평화 같은) 좋은 것들이 많지만, 그러한 것들 말고도 우리에게 주시려고 마지막까지 아껴 두고 계신 가장 귀한 포도주가 있으니, 바로 당신의 종들에게 주시는 영광스러운 나라입니다.히12:28 하나님의 종들은 한동안 지배당하고 억눌리겠으나 마침내는 높임을 받을 것입니다. "내가 있는 곳에는 나를 섬기는 사람도 나와 함께 있을 것이다."요12:26

(5) 주인의 도움. 다른 주인들은 종들에게 일을 배분할 뿐 종들의 일을 돕지는 않습니다. 하지만 우리의 주인께서는 일을 주실 뿐 아니라 힘도 함께 주십니다. "주님께서는 나에게 응답해 주셨고 나에게 힘을 한껏 북돋우어 주셨습니다."시138:3 하나님께서는 우리에게 당신을 섬기라 하시되 섬길 능력 또

한 주실 것입니다. "너희 속에 내 영을 두어 너희가 나의 모든 율례대로 행동하게 하겠다."겔 36:27 주님께서는 우리가 감당할 만한 일을 주실 뿐 아니라 일을 감당할 능력 또한 주십니다. 그분께서는 명령을 내리시되 그 명령을 이행할 능력도 주시는 것입니다.

(6) 일용할 양식. 주인이라면 종들을 굶게 놔두지 아니할 것입니다. 하나님의 종들은 마땅히 양식을 받을 것입니다. "참으로 네가 양식을 먹으리라."시 37:3, 옮긴이 사역 우리에게 그리스도를 주신 하나님께서 빵 한 덩어리를 못 준다 하시겠습니까? "내가 태어난 날로부터 오늘에 이르기까지 나의 목자가 되어 주신 하나님."창 48:15 하나님께서는 비록 우리가 몹시 바라는 것은 주지 않으실망정 우리에게 꼭 필요한 것은 어김없이 주십니다. 악한 자들, 곧 개들도 배를 채웁니다.빌 3:2 사람이 개에게도 먹을 것을 던져 줄진대, 제 밑의 종이야 당연히 먹일 것입니다! 오, 사람의 종도 이러한 대접을 받거늘, 하나님의 종 됨을 싫어할 자 누구이겠습니까?

셋째, 우리는 하나님의 종으로 고용되었습니다. 우리는 하나님께서 "값을 치르고 사들인 사람"들입니다.고전 6:20 값을 치르고 샀다는 이 비유는 몸값을 치르고 포로들을 감옥에서 빼내는 사람들에게서 유래했습니다. 방면된 포로나 죄수들은 몸값을 지불한 사람들의 종이 되어야 합니다. 이처럼 마귀가 우리를 포로로 잡고 있을 때 그리스도께서 값을 치르고 우리를 사들이셨는데, 그 값은 돈이 아니라 피로 치르셨습니다. 따라서 우리는 오로지 그분의 종이 되어야 합니다. 누가 우리에 대한 소유권을 그리스도보다 더 강하게 주장할 수 있다면 우리는 마땅히 그들을 섬겨야 할 것입니다. 하지만 우리에 대한 소유권은 오직 그리스도께서만 가지고 계시므로 우리는 그분만을 고수하며 영원히 그분의 종이 되어야 합니다.

2. 경건한 사람은 사람의 종이 아닙니다

너희는 값으로 사신 것이니 사람들의 종이 되지 말라.^{고전 7:23,}
개역개정

질문 하지만 사람들을 섬기는 경우가 전혀 없습니까?
대답 사람을 섬기는 경우로는 세 가지를 들 수 있습니다.

첫째, 겸손한 섬김이 있습니다. 이는 낮은 자가 높은 자를 섬기는 경우를 말합니다. 아리스토텔레스가 말했듯이, 종은 살아 있는 도구입니다. "종으로 있는 이 여러분,……육신의 주인에게 순종하십시오."^{엡 6:5}

둘째, 신앙적인 섬김이 있습니다. 다른 이들의 영혼에 유익을 줄 수 있는 경우, 우리는 그들을 신앙적으로 섬겨야 합니다. "우리는 예수로 말미암아 우리 자신을 여러분의 종으로 내세웁니다."^{고후 4:5}

셋째, 죄가 되는 섬김이 있습니다. 이는 다시 세 가지로 나뉩니다. (1) 우리가 하나님의 지시보다 사람의 명령을 우선시

할 경우. 하나님께서 이것을 명하시는데 사람이 저것을 명합니다. 하나님께서 "안식일을 거룩히 지키라" 하시는데 사람이 "안식일을 범하라" 합니다. 우리가 하나님의 가르침보다 사람의 칙령에 더 지배당한다면, 이는 명백히 사람의 종이 되는 경우입니다. (2) 사람들의 불결한 욕망에 자발적으로 우리 자신을 내맡기는 경우. 이때 사람들은 우리의 양심을 지배하는 주인이 됩니다. 우리가 복음을 위해서든 코란을 위해서든 어떤 교리에, 말하자면 알미니안주의자에게든 무신론자에게든 순응적인 태도를 보이는 경우, 또 우리가 남들이 강요하는 기준에 우리 자신을 맞추려 하는 경우, 우리는 잇사갈과 조금도 다를 바 없습니다. "잇사갈은 두 짐 사이에 웅크려 앉은 힘센 나귀이다."^{창 49:14, 옮긴이 사역} 이는 겸손이 아니라 비천한 것이며, 따라서 사람의 종노릇을 하는 경우입니다. (3) 악한 재판의 변호인이 되어 불경하고 정의롭지 못한 행위를 옹호하는 경우. 신앙의 이름으로 죄를 씻겨 주고 아울러 우리의 입으로 마귀의 얼굴을 닦아 주는 경우, 이는 명백히 사람의 종이 되는 처신입니다. 그러나 경건한 사람은 이러한 때에도 사람의 종이 되기를 단호히 거부할 것입니다. 그는 바울처럼 말합니다. "내가 아직도 사람의 환심을 사려고 하고 있다면, 나는 그리스도의 종이 아닙니다."^{갈 1:10} 그리고 베드로처럼 말합니다. "사람에게 복종하는 것보다 하나님께 복종하는 것이 마땅합니다."^{행 5:29}

적용 사람의 종이 되어 경건에서 멀어진 부류들이 얼마나 많은지 모릅니다. 징벌이 두려워서든 높임을 받고자 하는 마음에서든 사람들의 사악한 명령에 순응하는 자들, 양심을 결박하고 이득이 되는 쪽으로만 붙어 다니는 자들이 그러하니, 이들은 모두 "사람의 종"입니다. 이들은 세례의 서원을 저버렸으며, 값을 치르고 자신들을 사신 주님을 부인했습니다. 이 프로테우스 같은 변신의 귀재들, 그래서 머리가 지옥에 닿도록 굽실거리며 사람들의 비위를 맞추는 자들에게 나는 다음의 두 가지를 말하고자 합니다.

첫째, 세상의 처세술을 다 익혀 한 순간에 굴종의 자세를 취할 줄 아는 여러분이여, 다른 날에 그리스도의 얼굴을 어찌 보려 합니까? 여러분이 임종의 자리에 누워 "주님, 당신의 종을 돌아보소서!" 하면, 그리스도께서는 여러분을 부인하시며 말씀하실 것입니다. "네가 나의 종이더냐? 아니다. 너는 내 종이 되기를 거절했다. 너는 사람의 종이었느니라. 내게서 떠나거라. 나는 너를 모른다." 그날 이와 같은 냉대를 어찌 감당하려 합니까!

둘째, 스스로 사람의 종이 되는 죄를 범해서 얻을 것이 무엇입니까? 자신의 이름을 더럽히고, 재산을 결딴내며, 양심을 지옥으로 만들 뿐입니다. 게다가, 자신이 그토록 비굴하게 몸을 숙여 섬겼던 그들에게조차 비웃음을 살 것입니다. 고위 성직자들이 유다를 어떻게 내쳤습니까! "그것이 우리와 무슨 상관이오? 그대의 문제요."마 27:4

그러므로 우리가 사람의 종이 되지 않도록 두려움을 버리고 믿음을 앞세웁시다.에 8:17 믿음은 세상을 이기는 은혜입니다.요일 5:4 믿음은 세상의 회유와 협박을 극복합니다. 믿음은 그리스도인을 강철 같은 거룩한 용기로 덧씌워 저 난바다의 우뚝한 바위로 서게 합니다.

❼ 그리스도를 귀하게 여김

경건한 사람은 그리스도를 귀하게 여깁니다. 이를 설명하기 위해 다음 두 가지 사항을 증명하겠습니다.

1. 예수 그리스도는 본질적으로 귀하신 분입니다
"보아라, 내가 골라낸 귀한 모퉁잇돌 하나를 시온에 둔다."벧전 2:6 본질적으로 귀하신 그리스도는 다음과 같이 비유됩니다.

첫째, 그리스도는 "몰약 향주머니"에 비유됩니다.아 1:13, 개역개정 몰약은 대단히 귀합니다. 이 향료는 거룩한 성별의 예식에 쓰이는 기름의 주요 원료 중 하나였습니다.출 30:25 몰약은 향기를 발산하는 성질이 있습니다. 그러므로 그리스도께서는 우리 자신과 우리의 섬김을 당신의 향기로 물들여 주시는데, 이는 우리를 하나님께서 기뻐하시는 좋은 향기로 내세우시고자 함입니다. 하늘의 신부인 교회가 그토록 그윽한 은혜의 향기를 내뿜고 있는 까닭이 무엇입니까? 몰약나무이신 그리스도께서 그 신부에게 몰약 향유를 뿌려주셨기 때문입니다.아 3:6 또한 몰약은 기운을 북돋우는 성질이 있습니다. 몰약 냄새를 맡으면 마음이 편안해지고 정신이 맑아집니다. 이처럼 그리스도께서는 당신의 백성들이 죄와 고통으로 지쳐 쓰러질 때 그 영혼을 위로해 주십니다.

둘째, 그리스도는 진주에 비유됩니다. "그가 값진 진주 하나를 발견하면……."마 13:46 그리스도, 곧 이 진주는 그분께서 겸손을 보이시어 아주 작게 표현하신 것이었지만 가치는 무한했습니다. 예수 그리스도는 하나님께서 가슴에 품고 계신 진주이며,요 1:18 세상의 영광을 다 가릴 만큼 빛나는 진주,갈 6:14 인간의 천사 같은 부분인 영혼을 부요하게 하는 진주,고전 1:5 하늘을 빛나게 하는 진주,계 21:23 너무도 귀해서 같이 있는 우리마저 하나님의 눈에 귀한 존재가 되게 하는 진주,엡 1:6 위로하고 회복시켜 주는 진주,눅 2:25 하늘보다 귀한 진주골 1:16-17입니다. 그리스도의 귀하심은 다음의 세 가지로 나타납니다.

(1) 그분께서는 본질적으로 귀하십니다. 곧 그분은 아버지의 영광의 광채이십니다.히 1:3

(2) 그리스도께서는 맡으신 여러 직임으로 귀하십니다. 그분의 여러 직임은 의로운 해에서 나오는 여러 광채입니다.

① 그리스도의 예언자적 직임이 귀합니다.신 18:15 그분은 하늘의 대 예언자입니다. 그분의 귀하심은 앞서 간 모든 예언자들을 능가합니다. 그분께서는 귀뿐 아니라 마음까지 가르치십니다. 손에 "다윗의 열쇠"를 쥐신 그분께서는 루디아의 마음을 여셨습니다.행 16:14

② 그리스도의 제사장적 직임이 귀합니다. 이는 우리 위로의 견고한 기반입니다. "그러나 이제 그는 자기를 희생제물로 드려

서 죄를 없이하시기 위하여 시대의 종말에 단 한 번 나타나셨습니다."히 9:26 이 희생제물로 인하여 우리 영혼은 담대히 하나님 앞으로 나아갈 수 있습니다. "주님, 제게 천국을 주소서. 그리스도께서 나를 위해 값을 치르고 하늘나라를 사셨습니다. 그분께서는 나를 보좌에 앉히고자 십자가에 달리셨습니다." 그리스도의 피와 향은 우리의 구원을 세우는 두 돌쩌귀입니다.

③ 그리스도의 왕의 직임이 귀합니다. "그의 옷과 넓적다리에는 '왕들의 왕', '군주들의 군주'라는 이름이 적혀 있었습니다."계 19:16 그리스도의 통치권은 다른 모든 왕들의 통치권을 능가합니다. 그분께서는 가장 높은 보좌, 가장 화려한 왕관, 가장 넓은 영토, 가장 오래된 영지를 가지고 계십니다. "하나님, 주님의 보좌는 영원무궁하며."히 1:8 그리스도를 보좌하는 이들—그분과 함께 앉는 이들엡 2:6—은 많으나 그분을 계승할 자들은 없습니다. 그분께서는 다른 어떠한 왕도 왕권을 행사할 수 없는 곳에서 왕권을 세우시니, 곧 우리의 의지와 감정을 다스리십니다. 천사들도 그분께 충성을 맹세합니다.히 1:6 그리스도의 왕권은 다음의 두 행위로 나타납니다.

먼저, 당신의 백성을 다스리심에서. 그분께서는 관대히 다스리십니다. 왕으로서 가지고 계신 권위의 홀 끝에는 꿀이 발라져 있습니다. 그리스도께서는 자비의 깃발을 내보이시는데, 이로 인해 많은 이들이 즐거이 그분의 기치 아래 모여듭니다.시 110:3 자비 없는 거룩함과 자비 없는 정의는 무섭기만 할 것입니다. 하지만 자비가 있으므로 불쌍한 죄인들은 용기를 내서 그분을 의지합니다.

다음으로, 당신의 원수들을 지배하심에서. 그분께서는 원수들의 교만을 끌어내리시고, 그들의 지혜를 어리석은 것으로 만드시며, 그들의 악의를 제어하십니다. "그 분노에서 살아남은 자들은 주님께서 금하실 것입니다"(혹은 히브리어 원문의 뜻 그대로 그들을 "허리띠처럼 묶어 버릴 것입니다").시 76:10 다니엘서에 설명된 바, 난데없이 날아와서 우상의 발을 쳐서 부서뜨린 그 돌은, 아우구스티누스의 해석에 따르면 원수들을 정복하고 승리하시는 그리스도의 군주적 권능의 상징이었습니다.단 2:34

(3) 그리스도께서는 우리에게 주시는 유익이라는 면에서 귀하십니다. 그리스도로 인해 모든 위험이 제거됩니다. 그리스도를 통하여 모든 자비가 전달됩니다. 그분의 피에는 칭의가 있습니다.행 13:39 또한 깨끗케 하심,히 9:14 열매 맺음,요 15:16 평화,롬 5:1 자녀 됨,갈 4:5 불굴의 인내,히 12:2 영화로움히 9:12이 있습니다. 이는 영원에 이르도록 기뻐할 일이 될 것입니다. 우리가 읽는바, 유리 바다를 건너간 이들이 거문고를 들고 서서 모세와 어린양의 노래를 불렀습니다.계 15:2-3 그러므로 하나님의 성도들이 이 세상의 유리 바다를 건너가면 어린양 앞에서 할렐루야를 부르리니, 이 어린양은 죄와 지옥에서 성도들을 구해 내시어 그 영광스러운 낙원으로 옮겨 주신 분이십니다. 그 낙원에서 성도들은 영원무궁토록 하나님을 뵈올 것입니다.

2. 경건한 사람은 그리스도를 귀하게 여깁니다

"그러므로 이 돌은 믿는 사람들인 여러분에게는 귀한 것이지만······."벧전 2:7 여기서는 "귀하다"라는 뜻으로 번역되어 있지만 그리스어 원문에서는 "영예"라는 단어가 사용됩니다. 믿는 이들은 그리스도를 영예롭게 생각합니다. 시편 기자는 그리스도의 놀라운 아름다움에 사로잡힌 듯 말합니다. "내게 주님밖에 누가 더 있겠습니까? 땅에서라도 내가 무엇을 더 바라겠습니까?"시 73:25 그는 자신이 애초부터 가진 것이 없었다고 말하지 않았습니다. 그는 지상에서 가장 많은 안락을 누렸지만 하나님 말고는 원하는 것이 없다고 했습니다. 마치 아내가, 남편과 함께 있는 것만큼 귀한 것이 없다고 말하기라도 하는 것 같습니다. 다윗은 그리스도를 얼마나 귀하게 여겼습니까? "사람이 낳은 아들 가운데서 임금님은 가장 아름다운 분."시 45:2 아가서의 신부는 그리스도를 세상에서 비길 데 없는 이로 바라봅니다. "나의 임은······만인 가운데 으뜸이다."아 5:10 그리스도는 다른 모든 이들을 능가하십니다. "숲 속 잡목 사이에 사과나무 한 그루, 남자들 가운데서도 나의 사랑 임이 바로 그렇다오."아 2:3 그리스도께서는 숲 속의 사과나무 한 그루가 모든 잡목을 능가하는 정도와는 비교도 할 수 없을 만큼 이 가시적인 세계의 모든 아름다움과 영광을 무궁히 능가하십니다. 바울은 그리스도를 얼마나 귀하게 여겼던지 아예 그분만 알기로 했습니다. "나는 여러분 가운데서 예수 그리스도 곧 십자가에 달리신 그분밖에는 아무것도 알지 않기로 작정하였습니다."고전 2:2 그는 그분 외에 다른 것은 전혀 가치 없는 것으로 여겼습니다. 그는 그리스도를 최고로 알았습니다. "내가 우리 주 예수를 뵙지 못하였습니까?"^고전 9:1 그는 셋째 하늘까지 이끌려 올라가 환상 중에 육신의 눈으로 그리스도를 직접 뵈었고, 또한 그 거룩한 식사에서 믿음의 눈으로 그분을 보았습니다.^고전 11:23 그러니 그에게는 그리스도가 최고였습니다. 그가 그리스도와 비교하여 다른 것들을 얼마나 하찮고 가치 없는 것으로 여겼는지 봅시다. "내 주 예수 그리스도를 아는 지식이 가장 고귀하므로 나는 그 밖의 모든 것을 해로 여깁니다."^빌 3:8 그는 그리스도로 인하여 잃는 것을 유익으로 여겼으며, 황금 따위는 오물로 보았습니다. 실로, 경건한 사람은 그리스도를 높이 평가하지 않고는 견딜 수가 없습니다. 그분 안에서 넘치는 가치를 보는 까닭입니다. 이는 다음과 같습니다.

첫째, 다양함의 넘침. "그리스도 안에는 모든 지혜와 지식의 보화가 감추어져 있습니다."^골 2:3 필수품을 모두 자체적으로 생산하는 나라는 없습니다. 하지만 그리스도께는 온갖 종류의 것이 넘치니, 탁월함이 넘치고 용기가 넘치고 사랑이 넘칩니다. 그분께서는 우리에게 부족한 모든 것을 채워 줄 부를 소유하고 계십니다.

둘째, 정도의 넘침. 그리스도께서 좋은 것을 가지신 정도는 몇 낱이나 몇 줌이 아니니, 태양에 빛이 넘치는 정도보다 넘치게 가지고 계십니다. 그분 안에는 온갖 충만한 신성이 넘칩니다.^골 2:9

셋째, 지속성의 넘침. 피조물의 충만은 사막의 개울처럼 곧 말라 없어지지만, 그리스도의 충만하심은 다함이 없습니다. 그러니 넘쳐흐르는 충만이요 영원한 충만입니다.

그런데 이 충만은 신자들을 위한 것입니다. 그리스도는 (루터가 말하는) 성도들의 보고, 성도들 누구나 사용할 수 있는 저장고입니다. 우리는 모두 그분의 충만함에서 선물을 받았습니다.요 1:16 증류기 아래 유리잔을 가져다 대면 증류수가 한 방울씩 떨어집니다. 그러므로 그리스도와 연합한 사람들은 모두 그분의 은혜의 이슬방울, 그 은혜의 증류수를 받습니다. 그러니 믿는 이들 모두가 그리스도를 높이 찬양함이 마땅합니다.

적용 1 경건한 사람은 그리스도를 높이 평가합니까? 그렇다면 그리스도를 높이 평가하지 않는 자들은 어찌 생각해야 합니까? 그들은 경건한 사람들입니까 아닙니까? 그리스도를 귀하게 여기지 않는 사람들 네 부류가 있습니다.

첫째, 유대인들. 그들은 그리스도를 믿지 않습니다. "오늘날까지도 그들은……그 마음에 너울이 덮여 있습니다."고후 3:15 그들은 그들의 탈무드에 기록된 바와 같이, 아직도 그들의 시대와 그들의 메시아가 오기를 기대하고 있습니다. 그들은 그리스도를 모독합니다. 그들은 전가된 의를 무시합니다. 그들은 동정녀 마리아를 경멸하는데, 조롱 삼아 마리아를 "마라"로 부릅니다. 마라는 "쓰다"는 뜻입니다. 그들은 복음을 비방합니다. 그들은 그리스도인들이 지키는 안식일을 부정합니다. 그들은 그리스도인들을 혐오합니다. 그래서 유대인이 그리스도인에게 약을 받아먹는 행위를 율법에 어긋나는 것으로 여깁니다. 쉐카르두스가 이야기하는바, 벤데마라는 유대인이 뱀에 물리자 어떤 그리스도인이 와서 치료해 주려 했습니다. 하지만 그는 도움을 거절하고, 그리스도인에게 치료 받느니 그냥 죽기로 작정했습니다. 이처럼 유대인들은 그리스도와 그분의 제복을 입은 모든 이들을 미워합니다.

둘째, 소치니 신봉자들(반 삼위일체주의자들). 그들은 그리스도의 인성만 인정합니다. 이는 그분을 천사보다 낮은 존재로 규정하는 행위입니다. 단순히 생각해도 인간의 본성은 천사보다 열등하기 때문입니다.^{시 8:5}

셋째, 이름뿐인 교만한 그리스도인들. 그들은 자신들의 구원이 온전히 그리스도께 있음을 강조하지 않고, 그분의 순금에 자신들의 금속 찌꺼기를, 그분의 공로에 자신들의 종교적 노고를 슬그머니 끼워 넣고자 합니다. 이는 그리스도의 왕관에 박힌 보석을 도둑질하는 행위, 그분께서 완전한 구주이심을 은근히 부인하는 행위입니다.

넷째, 허황한 지식인들. 그들은 그리스도보다 학문 연구를 앞세웁니다. 이와 같은 교양적 지식이 바람직하지 않다는 뜻이 아닙니다. "모세는 이집트 사람의 모든 지혜를 배워서 그 하는 말과 하는 일에 능력이 있었습니다."^{행 7:22} 인간의 지식은 더 고상한 지식을 배우는 준비 과정으로 선용될 수 있습니다. 초벌 염색이 더 깊고 풍부한 염색의 준비 단계인 것과 같습니다. 하지만 문제는 그리스도에 대한 연구가 무시되는 데 있습니다. 그리스도에 대한 지식이 가장 우위에 있어야 합니다. 하나님께서 왜 새와 식물에 관한 솔로몬의 모든 글들이 유실되도록 놓아두셨는지 모르겠지만, 영적인 지혜에 관한 그의 글들은 기적적으로 보존되었으니 이는 하나님께서 우리에게 (참된 지혜이신) 그리스도를 아는 것이 최상의 지식임을 잠 8:12 가르쳐 주시려는 뜻 같기도 합니다. 이 생명나무의 잎사귀 하나만으로도 우리는 임종 시에 인간 지식의 총체적 사상과 강령을 가진 것보다 더한 위로를 얻을 것입니다. 뭇별들의 운행과 영향력을 모두 안다 한들, 우주에서 가장 밝은 샛별이신계 22:16 그리스도를 모른다면 무슨 소용입니까? 세상의 광물이며 온갖 진귀한 돌들의 본질을 이해한들, 참된 모퉁잇돌이신 사 28:16 그리스도를 모른다면 또 무슨 소용입니까? 자석으로 하찮은 쇠붙이나 끌어 모으는 우리가 금덩이를 주시겠다는계 3:18 그리스도를 거부한다면 그것은 그분을 낮게 평가하는, 그렇습니다, 아예 그분을 경멸하는 일입니다.

적용 2 그리스도를 귀하게 여김은 경건한 사람의 징표입니까? 그렇다면 다음으로 우리의 경건을 평가해 봅시다. 즉, 우리는 그리스도를 높이 평가합니까?

질문 우리가 그리스도를 높이 평가하고 있음을 어떻게 알 수 있습니까?

대답 1 우리가 그리스도를 귀하게 여기는 사람들이라면 생각으로 이미 우리는 다른 모든 것들보다 그분을 좋아합니다. 우리는 부와 명예보다 그리스도를 더 중시합니다. 값진 진주는 우리 마음에 있습니다. 그리스도를 귀하게 여기는 사람은 세상의 풍성한 수확보다 그리스도의 이삭을 더 중히 여깁니다. 세상의 뛰어난 것들보다 그리스도의 못난 것들을 더 소중히 생각하는 것입니다. "그리스도를 위하여 받는 모욕을 이집트의 재물보다 더 값진 것으로 여겼습니다."히 11:26 우리도 이러합니까? 이제 세상이 좀 가치 없어 보입니까? 그레고리 나지엔젠은 그리스도를 위해서라면 무엇이든 잃을 수 있음을 인해 하나님께 진정으로 감사드렸습니다. 그러나 슬프게도, 오늘날에는 이 나지엔젠과 같은 사람들을 찾아보기 어렵습니다! 여러분이 들어 알겠지만, 그리스도를 영광스럽게 생각한다는 사람들이 있습니다. 하지만 그들은 자신들의 토지와 재산을 그분보다 소중히 여깁니다. 복음서의 그 젊은이는 그리스도보다 자신의 돈주머니를 더 사랑했습니다. 유다는 은 돈 서른 닢을 그리스도보다 높이 평가했습니다. 그러니 장차 시련의 시간이 오면, 그리스도를 위해 이 세상 소유를 모두 잃어버릴 생각을 하기보다는 이전에 받았던 세례를 포기하고 그분의 제복을 벗어던질 사람들이 많지 않겠습니까?

대답 2 우리가 그리스도를 귀하게 여기는 사람들이라면 그분 없이 살 수 없습니다. 우리는 우리가 귀하게 여기는 것이 없을 경우 어떻게 살아야 할지 모릅니다. 음악이 없어도 살 수 있겠지만 먹을 것이 없이는 살 수 없습니다. 하나님의 자녀는 건강이나 친구가 없어도 되지만 그리스도가 없으면 안됩니다. 그리스도가 없으면 그는 욥처럼 말합니다. "햇빛도 비치지 않는 그늘진 곳으로만 침울하게 돌아다니다가."욥 30:28 내게는 인간의 의식주라는 별빛이 있지만, 사람이 어찌 별빛만으로 살겠습니까. 그래서 내게는 의로운 해가 필요합니다. 라헬은 말했습니다. "나도 아이 좀 낳게 해주셔요. 그렇지 않으면 죽어 버리겠어요."창 30:1 그러므로 영혼은 말합니다. "주님, 내게 그리스도를 주소서. 그렇지 않으면 내가 죽겠나이다. 생명의 물 한 방울이면 나의 갈증이 가시겠나이다." 이로써 평가해 봅시다. 즉, 그리스도 없이도 능히 살아갈 수 있는 자들은 그리스도를 귀하게 여기는 사람들입니까? 장난감에 만족하는 아이는 금덩이를 달라 하지 않습니다. 사람들은 세상의 양식, 곧 "곡식과 포도주"만 있으면 그리스도 없이도 만족합니다. 그리스도는 신령한 바위입니다.고전 10:4 "병에 기름"만 채워 주면 사람들은 이 바위에서 꿀이 나오든 말든 상관하지 않습니다. 그들은 벌이가 시원치 않으면 불평하지만, 하나님께서 만나 곧 그리스도가 숨겨져 있는 증거궤인 복음을 옮겨 가시면 오히려 침묵하고 순해집니다. 그러니 그리스도 없이도 앉아서 만족하는 자들은 그분을 귀하게 여기는 사람들입니까?

대답 3 우리가 그리스도를 귀하게 여기는 사람들이라면 그분을 얻기 위해 치르는 어떠한 고통에도 불평하지 아니할 것입니다. 금이 귀한 줄 아는 사람은 광산에 가서 파낼 것입니다. "이 몸이 주님께 매달리니."시 63:8 플루타르크의 보고에 의하면, 프랑스의 옛 민족 골 사람들은 이탈리아의 고급 포도주를 맛보고서 한시도 쉬지 않고 물어물어 그 나라를 찾아갔다고 합니다. 그리스도를 귀하게 여기는 사람들은 그분을 얻기까지 한시도 쉬지 않습니다. 아가서의 신부는 밤새도록 찾아 헤매다 만난 사랑하는 이를 놓칠세라 꼭 붙들었습니다.^{아 3:1, 4}

이로써 평가해 봅시다! 많은 이들이 그리스도를 존경한다고 하지만, 그분을 얻기 위한 노력은 기울이지 않습니다. 그리스도께서 익은 과일이나 되는 듯 자신들의 입으로 떨어져 들어온다면야 만족할지 모르겠지만, 굳이 애써서 그 과일을 따려고 하지는 않는 것입니다. 약도 안 먹고 운동도 안 하는 자가 자신의 건강을 소중히 여기는 사람입니까?

대답 4 우리가 그리스도를 귀하게 여기는 사람들이라면 그리스도를 말할 수 없이 기뻐할 것입니다. 사람은 자신이 보물로 여기는 것에서 큰 기쁨을 누립니다. 그리스도를 귀하게 여기는 사람은 그분을 자신의 가장 큰 기쁨으로 삼습니다. 다른 모든 즐거움이 사라져도 그는 그리스도로 인해 즐거워할 수 있습니다. "무화과나무에 과일이 없고……외양간에 소가 없을지라도, 나는 주님 안에서 즐거워하련다."^{합 3:17-18} 사람은 마당의 꽃 한 송이가 시들어 죽어도 자신의 돈과 보석으로 인해 즐거워할 수 있습니다. 그리스도를 소중히 여기는 사람은 다른 모든 위안이 시들어 사라져도 그리스도로 인해 위안을 얻을 수 있습니다.

대답 5 우리가 그리스도를 귀하게 여기는 사람들이라면 우리가 가장 아끼는 쾌락을 그분을 위해 버릴 것입니다. 바울이 갈라디아인들을 두고 한 말이 있습니다. 그들이 바울을 얼마나 소중하게 생각했던지 할 수만 있다면 눈이라도 빼서 그에게 주었으리라는 것입니다.^{갈 4:15} 그리스도를 귀하게 생각하는 사람은 그의 오른 눈, 곧 정욕을 빼 버릴 것입니다. 지혜로운 사람은 각성제로 먹는 독약을 쏟아 버릴 것입니다. 그리스도를 높이 평가하는 사람은 그의 교만과 불의한 재물과 죄악된 행실을 던져 버릴 것입니다.^{사 30:22} 그는 자신의 죄를 밟아 멸절하고자 할 것입니다.

이로써 평가해 봅시다! 그리스도를 위해 당연히 버려야 할 그 허영을 버리지 못하는 자들이 과연 그분을 귀하게 여기는 사람들입니까? 그들은 얼굴의 그 짙은 화장도, 불경한 욕설도, 무절제한 음주도 버리지 않습니다. 구원의 그리스도보다 멸망의 쾌락을 더 좋아하는 그들은 주 예수를 비웃고 경멸하는 자들입니다!

대답 6 우리가 그리스도를 귀하게 여기는 사람들이라면 아무리 비싼 값을 치르고 그분을 얻더라도 결코 과하지 않다고 생각할 것입니다. 우리는 금을 너무 비싸게 주고 샀다든가 하는 생각을 할 수 있습니다. 하지만 그분만큼은 우리가 아무리 비싸게 사도 지나치지 않습니다. 그분을 위해 우리의 피를 다 바친다 해도 비싼 거래가 아닙니다. 사도들은 그리스도를 위해 모욕당하는 것을 영광으로 알고 기뻐했습니다.^{행 5:41} 그들은 자신들의 족쇄를 금팔찌보다 귀하게 여겼습니다. 그러므로 자기 십자가 지기를 마다하는 사람은 그리스도를 귀하게 여긴다는

말을 하지 말아야 합니다. "말씀 때문에 환난이나 박해가 일어나면 곧 걸려 넘어진다."마 13:21

대답 7 우리가 그리스도를 귀하게 여기는 사람들이라면 우리는 다른 사람들 또한 그분을 함께 나누어 가질 수 있도록 도울 것입니다. 우리는 귀하게 여기는 것이 있으면 친구들과 나누고 싶어 합니다. 누군가 먼저 샘을 찾아내면 다른 이들을 불러 함께 마시며 갈증을 해소합니다. 우리는 다른 사람들에게 그리스도를 천거합니까? 이것만 봐도 그리스도를 귀하게 여기는 사람들이 얼마나 없는지 알 수 있습니다. 친척들 또한 그리스도를 나누어 가질 수 있도록 노력하는 사람들이 없습니다. 그들은 가족과 근친의 번영을 위해 땅과 재산을 사들이지만, 값진 진주를 그들의 분깃으로 물려주는 일에는 전혀 관심이 없습니다.

대답 8 우리가 그리스도를 귀하게 여기는 사람들이라면 아플 때나 건강할 때나 풍족할 때나 궁핍할 때나 변함없이 그분을 귀하게 여길 것입니다. 친구는 언제나 귀한 법입니다. 샤론의 장미는 언제나 향기롭습니다. 자신의 구주를 올바로 평가하는 사람은, 역경에 처했을 때 그분을 간절히 생각했듯이 번창할 때도 역시 그분이 귀한 줄 압니다. 악한 자들은 곤경에 처했을 때만 그리스도를 이용합니다. 그들은 어려움 당할 때만 입다에게 몰려온 길르앗의 장로들 같습니다.삿 11:7 아테네의 군인 테미스토클레스는 아테네인들이 잠시 폭풍우를 피하기 위해 나무 밑에 몰려들 듯 자신에게 몰려들 뿐이라고 불평했습니다. 죄인들은 그리스도를 피난처로만 원합니다. 히브리인들은 위험이 코앞에 닥쳤을 때가 아니고는 결코 자신들의 판관을 선택하지 않았습니다. 불경한 사람들은 죽을 때가 되어 지옥이 코앞에 닥쳤을 때가 아니고는 결코 그리스도를 찾지 않습니다.

적용 3 우리가 경건의 도장이 찍힌 자들임을 세상에 보이고자 할진대, 부디 예수 그리스도를 귀하게 여기는 사람들이 됩시다. 그분께서는 선택받으신 고귀한 분입니다. 그리스도는 경이롭도록 아름다우신 분입니다. 플리니는 뽕나무를 일러 열매, 잎, 나무껍질 모두 의학적 가치가 높고 유용해서 버릴 것이 없는 나무라 했습니다. 이처럼 그리스도께는 오로지 고귀한 것만 있습니다. 그분의 이름이 고귀하고 그분의 덕성이 고귀하며 그분의 피가 고귀하니, 그분은 세상보다 고귀합니다. 오, 그러니 그리스도께 깊은 애정을 가지고 그분을 우리의 소중한 보화요 기쁨으로 여깁시다. 그리스도를 귀하게 여기지 않아 무수한 사람들이 멸망의 길로 갑니다. 그리스도는 천국으로 들어가는 문입니다.요 10:9 이 문을 모른다거나 너무 교만해서 이 문으로는 몸을 낮추어 들어가고 싶지 않다면 어떻게 구원받을 수 있겠습니까? 다음을 깊이 헤아려 보고 우리 모두 그리스도를 높이 생각하는 사람이 됩시다.

첫째, 우리는 그리스도를 아무리 높이 평가해도 과하지 않습니다. 우리는 다른 것들을 본래의 가치 이상으로 평가합니다. 이것은 죄입니다. 우리는 대체로 피조물을 과대평가합니다. 거기에 뭔가 더 좋은 것이 있다고 생각합니다. 그러므로 하나님께서는 우리의 박을 말라 죽게 하셨습니다.욘 4:7 우리가 그것을 과하게 평가한 탓입니다. 하지만 그리스도에 대해서는 우리의 평가가 아무리 높아도 지나치지 않습니다. 그분은 어떠한 가치보다 높이 계신 분입니다. 보석감정인이 적정한 가격을 매길 수 없는 다이아몬드나 루비는 없습니다. 이를테면, 이 보석은 엄청난 가치가 있다 하는 식으로 말할 수 있습니다. 하지만 그뿐입니다. 그러나 그리스도의 가치는 결코 가늠할 수 없습니다. 천사가 아니라 천사장이 온다 해도 그리스도의 합당한 가치를 책정할 수 없습니다. 그분께서는 헤아릴 수 없이 풍요하신 분입니다.엡 3:8 그리스도는 영혼보다 귀하고 천사들보다 귀하며 하늘보다 귀하십니다.

둘째, 예수 그리스도께서는 우리를 높이 평가하셨습니다. 그분께서는 우리와 같은 육신을 입으셨습니다.히 2:16-17 그분께서는 우리를 위해 당신의 영혼을 속죄의 제물로 내놓으셨습니다.사 53:10 그리스도께서는 우리의 구원을 그토록 귀하게 보셨던 것입니다. 우리를 그토록 귀하게 보신 그분을 우리 또한 마땅히 귀하게 여기고 흠모해야 하지 않겠습니까?

셋째, 그리스도를 귀하게 여기지 않음은 심히 경솔한 일입니다. 그리스도는 우리를 영광으로 인도하는 안내자입니다. 사람이 그분의 안내를 무시함은 어리석은 일입니다. 그분은 우리의 의사입니다.말 4:2 우리의 의사를 경멸함은 어리석은 일입니다. 아니, 그토록 무가치한 것들을 얻고자 그리스도를 무시한단 말입니까? "어리석고 눈먼 자들아!"마 23:17 바보가 달리 바보입니까? 사과 한 알과 금덩이 한 조각을 쥐보면 압니다. 금이 아니라 사과를 선택한다면 그는 바보로 판명 날 테고, 그의 재산도 결딴날 것입니다. 만나보다 돼지밥을, 영광의 왕보다 겉만 번드르르하고 속이 빈 세상의 헛것들을 더 좋아하는 바보들이 얼마나 많은지 모릅니다! 그 어리석음으로 인해 사탄이 결국 그들을 가난뱅이로 만들지 않겠습니까?

넷째, 어떤 이들은 그리스도를 무시하며 이처럼 말합니다. "그에게는……우리가 보기에 흠모할 만한 아름다운 모습이 없다."사 53:2 이제 그리스도께서도 마찬가지로 그들을 무시하시는 날이 곧 다가올 것입니다. 그들이 그분을 무시하는 것처럼 그분께서도 그들을 무시하실 것입니다. "나는 너희가 어디에서 왔는지 모른다."눅 13:27 그들이 "주 예수여, 우리를 구원하소서" 하며 외치는데, 이런 말을 듣는다면 얼마나 수치스럽겠습니까! 주께서는 이처럼 말씀하실 것입니다. "나를 너희에게 선물로 주려 했으나 너희는 받으려 하지 않았다."시 81:11 너희가 나를 조롱했으니, 이제 내가 너희와 너희 구원을 무시하리라. 내게서 물러가라. 나는 너희를 모른다." 생명의 주님을 거절한 죄인들이 얻을 것은 이뿐입니다. 은혜의 날에 그리스도를 무시한 자들은 심판의 날에 그분에게 무시당할 것입니다.

❽ 눈물을 흘림

경건한 사람은 복음주의자로서 우는 사람입니다. 다윗은 때로는 수금을 들고 노래했고 때로는 눈으로 울었습니다. "나는……밤마다 짓는 눈물로……내 잠자리를 적십니다."^{시 6:6} 그리스도께서는 당신의 신부를 "비둘기"라 하십니다.^{아 2:14} 비둘기는 우는 피조물입니다. 은혜는 영혼을 녹여 물로 만들고 영적으로 해빙시킵니다. 가슴의 슬픔이 눈으로 터져 나오는 것입니다.^{시 31:9}

랍비들의 보고에 의하면, 이스라엘이 이집트를 떠나 가나안으로 향하던 그날 밤, 이집트의 모든 우상들이 번개와 지진으로 무너져 내렸다고 합니다. 이처럼 사람들이 그 육신의 상태를 떠나 하늘로 향하는 그 순간, 마음에 있는 죄의 모든 우상들이 회개로 무너져 내려야 합니다. 녹아내리는 마음이야말로 은혜의 언약의 큰 줄기이며^{겔 36:26} 성령의 소산입니다. "내가 다윗 집안과 예루살렘에 사는 사람들에게 '은혜를 구하는 영'과 '용서를 비는 영'을 부어 주겠다. 그러면 그들은 나 곧 그들이 찔러 죽인 그를 바라보고서……슬퍼할 것이다."^{슥 12:10}

질문 경건한 사람이 울어야 하는 이유가 무엇입니까? 죄를 용서받았으니 기뻐해야 하지 않습니까? 그의 가슴에서 변화의 역사가 일어나지 않았습니까? 그런데 왜 울어야 합니까?

대답 경건한 사람이 우는 이유는 여러 가지입니다. 첫째, 그는 우리 안에 있는 죄 곧 지체 안에 있는 또 다른 법,^{롬 7:23} 죄가 분출해서 최초로 출현하는 그것으로 인해 웁니다. 우리의 본성은 독을 푼 샘입니다. 중생한 사람은 하나님께 적대적인 그것을 몸에 지니고 있으므로 슬퍼합니다. 즉, 그의 마음은 헤아릴 수 없이 많은 것들이 우글거리는,시 104:25 그러므로 헛되고 죄악된 생각들이 우글거리는 바다와 같습니다. 하나님의 자녀는 숨어 있는 악함을 탄식합니다. 그 자신 안에는 그가 알고 있는 것보다 더 많은 악이 있습니다. 그의 마음에는 그 자신이 도저히 밝혀낼 수 없는 구절양장의 길, 곧 알려지지 않은 죄의 세계가 있는 것입니다. "어느 누가 자기 잘못을 낱낱이 알겠습니까?"시 19:12

둘째, 그는 붙어서 떨어지지 않는 죄로 인해 웁니다. 우리가 죄를 없앨 수 있다면 위로가 되겠지만, 우리는 이 뱀을 떨쳐 낼 수 없습니다. 죄는 벽에 퍼진 곰팡이처럼레 14:39 우리에게 들러붙어 있습니다. 하나님의 자녀가 죄를 버린다 해도 죄는 그를 버리지 않습니다. "그 나머지 짐승들은 그들의 권세를 빼앗겼으나, 그 생명은 얼마 동안 연장되었다."단 7:12 그러므로 죄의 권세는 거두어지겠으나 죄의 생명은 한동안 연장됩니다. 그리고 죄는 살아 있는 한 우리를 괴롭힙니다. 페르시아인들은 로마의 상시적인 적으로서 빈번히 국경을 침범했습니다. 이처럼 죄는 늘 "영혼을 거슬러" 싸우며 전쟁을 벌입니다.벧전 2:11 그리고 죽을 때까지 휴전은 없습니다. 눈물을 쏟아야 할 일 아닙니까?

셋째, 하나님의 자녀는 종종 죄의 힘에 굴복당함을 인하여

웁니다. "나는 내가 원하는 선한 일은 하지 않고, 도리어 원하지 않는 악한 일을 합니다."롬 7:19 이때의 바울은 물살에 떠밀려 가는 사람 같습니다. 성도들이 교만과 정욕에 굴복당할 때가 얼마나 많은지요! 다윗은 죄를 짓고서 그 짜디짠 회개의 눈물로 영혼을 적셨습니다. 죄의 간교함을 경험하고도 여전히 어리석어서 이 불덩어리를 또 다시 가슴에 품고 있음을 생각하니, 중생한 사람으로서 슬퍼하지 않을 수가 없는 것입니다.

넷째, 경건한 사람은 더 거룩할 수 없는 자신의 모습에 한탄합니다. 그는 자신이 하나님께서 정하신 규칙과 기준에 미치지 못함을 괴로워합니다. 그는 말합니다. "나는 마음을 다하여 주님을 사랑해야 하리라. 하지만 내 사랑은 얼마나 흠이 많은가! 합당한 나의 모습, 그토록 바라던 나의 모습과는 너무도 거리가 멀구나! 이제 내 인생에서 공백이나 얼룩 외에 무엇을 볼 수 있단 말인가?"

다섯째, 경건한 사람은 불현듯 하나님의 사랑을 느끼고서 웁니다. 금은 모든 금속 가운데서 가장 순수하고 단단하지만 불에 들어가면 가장 빨리 녹습니다. 은혜로운 영혼, 곧 이 정금 같은 영혼은 하나님의 사랑의 불에 닿는 순간 녹아서 눈물이 됩니다. 내가 아는 거룩한 사람이 있습니다. 그가 정원을 걷다가 갑자기 폭풍 같은 눈물을 쏟았습니다. 우연히 다가온 친구가 왜 우느냐고 묻자, 그의 입에서 이처럼 감격어린 말이 튀어나왔습니다. "오, 그리스도의 사랑, 그리스도의 그 사랑!" 우리가 보듯, 이것이 바로 구름이 햇살에 녹아 물이 되는 광경입니다.

여섯째, 경건한 사람은 자신이 범하는 죄가 어떤 의미에서는 다른 이들의 죄보다 악하므로 웁니다. 의인의 죄는 대단히 혐오스러운데, 그 이유는 (1) 그가 자신이 내세운 신념에 어긋나게 행동하기 때문입니다. 그는 하나님의 법을 거슬러 죄를 지을 뿐 아니라, 자신의 신념, 지식, 맹세, 기도, 희망, 경험 또한 거슬러 죄를 짓습니다. 그는 죄의 대가가 얼마나 값비싼지 알고 있지만 위험을 무릅쓰고 금단의 열매를 따려 합니다. (2) 의인의 죄는 대단히 혐오스러운데, 그것은 그의 죄가 배은망덕한 죄이기 때문입니다.^{왕상 11:9} 베드로가 그리스도를 부인한 것은 사랑을 배신한 죄였습니다. 그리스도께서는 그를 사도로 삼아 주셨습니다. 그를 데리고 변화산으로 가서 환상 중에 천국의 영광을 보여주셨습니다. 이 크나큰 자비를 받고서도 그리스도를 부인했다는 것은 저열하기 이를 데 없는 배은망덕이었습니다. 그러니 베드로는 밖으로 뛰쳐나가 몹시 울 수밖에 없었습니다.^{마 26:75} 그는 말하자면 세례를 받듯 자신의 눈물을 뒤집어썼습니다. 경건한 자들의 죄는 하나님의 가슴을 특별히 더 아프게 합니다. 그분께서는 다른 사람들의 죄에 대해서는 분노하시지만, 경건한 사람들의 죄에 대해서는 슬퍼하십니다. 악한 자들의 죄는 그리스도의 옆구리를 찌르지만 경건한 사람들의 죄는 그분의 가슴을 찌릅니다. 아내가 배신하면 남편의 가슴이 무엇보다 아픕니다. (3) 의인의 죄는 혐오스러운데, 그것은 그 죄가 하나님을 더욱 욕되게 하기 때문입니다.

"임금님은 이번 일로 주님의 원수들에게 우리를 비방할 빌미를 주셨으므로."삼하 12:14 하나님의 백성들의 죄는 신앙의 얼굴에 먹칠을 합니다. 우리가 보듯, 이것이 바로 하나님의 자녀가 회심한 이후에도 울어야 하는 이유입니다. "그러한 것들을 심은 자가 누구이든 울지 않고 견딜 수 있는가?"

경건한 사람이 이와 같이 죄로 인해 슬퍼한다면 이 슬픔은 절망의 슬픔이 아닙니다. 그는 소망 없이 울지 않습니다. "저마다 지은 죄 감당하기에 너무 어려울 때에"—거룩한 영혼이 울고 있습니다. "오직 주님만이 그 죄를 용서하여 주십니다"시 65:3—믿음이 승리합니다.

거룩한 슬픔은 아름답습니다. 경건한 사람의 슬픔과 악인의 슬픔은 다디단 샘물과 짜디짠 바닷물만큼이나 차이가 큽니다. 경건한 사람의 슬픔에는 다음의 세 가지 조건이 필요합니다.

첫째, 거룩한 슬픔은 내적입니다. 이 슬픔은 영혼의 슬픔입니다. 위선자들은 남에게 보이려고 얼굴을 흉하게 합니다.마 6:16 경건한 슬픔은 깊습니다. 그래서 마음을 찌릅니다.행 2:3 참된 슬픔은 영적인 순교이며, 따라서 "고행"이라고 합니다.레 23:29

둘째, 거룩한 슬픔은 순수합니다. 그러므로 죄로 인한 불행보다는 죄 자체의 악을 더 슬퍼합니다. 죄로 인한 고통보다는 죄의 더러움을 더 슬퍼하는 것입니다. 위선자들은 죄로 인해 고통스러울 때만 죄를 슬퍼하고 웁니다. 내가 읽어서 아는바, 어떤 샘은 기근이 들기 전날 밤에야 물을 내보낸다고 합니다.

위선자들은 하나님의 심판이 코앞에 닥쳐서야 눈물을 쏟아 낼 것입니다.

셋째, 거룩한 슬픔은 감화력이 있습니다. 그래서 마음에 유익합니다. "슬픔이 웃음보다 나은 것은 얼굴을 어둡게 하는 근심이 마음에 유익하기 때문이다."^{전 7:3} 거룩한 눈물은 적실 뿐 아니라 씻어 내기도 합니다. 죄에 대한 사랑을 깨끗이 씻어 없애는 것입니다.

적용 1 죄로 인해 눈물 한 방울 흘리지 않는 자들은 경건에서 얼마나 먼 자들인지요! 근친을 잃으면 통곡하는 그들이 하나님과 자신들의 영혼을 모두 잃게 되었음에도 눈물을 비치지 않습니다. 죄로 인해 괴로워한다는 것이 무엇인지, 상한 마음이 뜻하는 바가 무엇인지 아는 사람이 이토록 없을 수 있다니요! 그들의 눈은 물이 가득한 "헤스본 연못"^{아 7:4}과는 전혀 거리가 멀고, 그저 이슬이 내리지 않는 길보아의 산들과 같을 뿐입니다.^{삼하 1:21} 이집트의 강이 핏물로 변하는 것보다 더 큰 재앙이 바로에게 닥쳤으니, 곧 그의 마음이 돌과 같이 굳어졌다는 것입니다. 어쩌다 눈물을 흘리는 사람들 역시 크게 나을 것이 없습니다. 그들은 여전히 악에 빠져 있어서, 그들의 죄를 눈물 속에 익사시키지 않습니다.

적용 2 이 거룩한 특징을 얻기 위해 노력합시다. 즉, 우리 모두 우는 사람이 되자는 것입니다. 이것이야말로 "후회할 것이 없는 회개"입니다.^{고후 7:10} 전해 오는 이야기에 따르면, 순교자 브래드포드는 어찌나 감격하며 살았던지 식사 자리에 앉을 때마다 눈물을 흘렸다고 합니다. 죄를 씻어 내는 대야가 둘 있으니, 곧 피의 대야와 눈물의 대야입니다. 그리스도의 피는 죄책을 씻어 내고, 눈물은 죄의 더러움을 씻어 냅니다. 회개의 눈물은 귀합니다. 하나님께서는 그 눈물을 당신의 병에 담아 두십니다.^{시 56:8} 그 눈물은 다른 것들을 아름답게 합니다. 눈가에 맺힌 눈물은 손가락에 낀 반지보다 빛납니다. 기름은 얼굴을 빛나게 하지만^{시 104:15} 눈물은 마음을 빛나게 합니다. 눈물은 위로합니다. 죄인의 환호는 슬픔으로 바뀌고, 성도의 울음은 노래로 바뀔 것입니다. 회개는 몰약에 비유됩니다. 비록 입에는 쓰지만 마음에는 크나큰 위로가 됩니다. 회개 또한 그러해서 육신에는 고통스럽지만 영혼에는 더없이 큰 활력이 됩니다. 밀랍은 녹아야 인장을 찍기에 적합합니다. 영혼도 그러해서 녹아야 천국의 축복이라는 인장을 찍기에 적합합니다. 우리 모두 그리스도께 우리의 눈물을 드립시다. 그리하면 그분께서 우리에게 당신의 피의 포도주를 주실 것입니다.

❾ 말씀을 사랑함

경건한 사람은 말씀을 사랑하는 사람입니다.

내가 주님의 법을 얼마나 사랑하는지, 온종일 그것만을 깊이

생각합니다."시 119:97

1. 경건한 사람은 기록된 말씀을 사랑합니다

크리소스토무스는 성경을 온갖 열매와 꽃으로 장식된 정원에 비유합니다. 경건한 사람은 이 정원을 거닐며 마음 달래기를 즐거워합니다. 그는 어떠한 성격의 말씀이라도 사랑합니다.

첫째, 그는 권고의 말씀을 사랑하는데, 이는 그 말씀이 삶의 안내서요 규범이기 때문입니다. 말씀은 그리스도인의 의무를 가리키는 유일한 지침입니다. 말씀에는 믿고 실천해야 할 것들이 들어 있습니다. 경건한 사람은 말씀의 가르침을 사랑합니다.

둘째, 그는 경고의 말씀을 사랑합니다. 성경은 에덴동산과 같습니다. 그 안에 생명나무가 있듯 그 입구를 지키는 불 칼 또한 있는 것입니다. 이 불 칼이 바로 경고의 말씀입니다. 이 말씀은 악을 고집하는 모든 자들의 얼굴에 불길을 뿜어 댑니다. "진실로 하나님이 그의 원수들의 머리를 치시니, 죄를 짓고 다니는 자들의 덥수룩한 정수리를 치신다."시 68:21 말씀은 결코 악에 너그럽지 않습니다. 말씀은 하나님과 죄 사이에서 망설이는 사람을 그냥 두지 않습니다. 참된 어머니는 아기의 몸이 반으로 나뉘도록 놓아두지 않을 것입니다.왕상 3:26 하나님께서도 성도의 마음이 반으로 나뉘도록 놓아두지 않습니다. 말씀은 악의 모양만 나타나도 벼락을 치듯 경고를 보냅니다. 말씀은 날아다니는 저주의 두루마리와 같습니다.슥 5:1 경건한 사람은 말씀의 위협을 사랑합니다. 그는 말씀의 모든 위협에 사랑이 있음을 압니다. 하나님께서는 우리의 멸망을 원치 않으시므로 자비롭게 우리를 위협하여 죄를 떠나도록 하십니다. 하나님의 위협은 부표와 같아서, 바다의 암초를 알려 주고 가까이 가면 죽는다고 경고하는 것입니다. 위협은 우리를 제어하는 재갈이니, 우리가 지옥으로 질주하지 않도록 막아 줍니다. 모든 위협에는 자비가 있습니다.

셋째, 그는 위로의 말씀, 곧 약속을 사랑합니다. 삼손이 길을 가다가 꿀을 먹었듯이^{삿 14:8-9} 그는 언제나 이 약속을 먹으러 갑니다. 약속은 향기롭고 영양이 풍부한 음식이요, 우리가 지쳐 쓰러질 때 마시는 시원한 음료와 같습니다. 약속은 생명의 물이 흘러 들어 오는 수로입니다. "내 마음이 번거로울 때에는 주님의 위로가 나를 달래 줍니다."^{시 94:19} 약속은 슬픈 생각을 물리치는 다윗의 수금이었으며, 거룩한 위로의 젖을 내주는 가슴이었습니다.

경건한 사람은 아래와 같이 함으로써 기록된 말씀에 대한 사랑을 보여줍니다.

첫째, 부지런히 말씀을 읽음으로써. 고상한 베뢰아 사람들은 날마다 성경을 읽었습니다.^{행 17:11} 아볼로는 성경에 능통한 사람이었습니다.^{행 18:24} 말씀은 천국을 보장하는 우리의 대헌장이니, 우리는 마땅히 이 헌장을 날마다 읽어야 합니다. 말씀은 진리와 거짓을 밝혀 줍니다. 말씀은 값진 진주가 묻혀 있는 밭입니다. 이 진주를 파내기 위해 우리가 얼마나 노력해야 하는지요! 경건한 사람의 마음은 하나님의 말씀을 소장한 도서관입니다. 그래서 말씀은 그 사람 가운데 풍성히 살아 있습니다.^{골 3:16} 전해 내려오는바, 멜란히톤은 젊었을 때 늘 성경을 지니고 다니며 걸신들린 듯 읽었다고 합니다. 말씀은 두 가지 일을 하는데, 하나는 우리를 가르치는 일이요 또 하나는 우리를 심판하는 일입니다. 말씀의 가르침을 받지 않는 사람들은 말씀으로 심판받을 것입니다. 오, 그러니 부디 성경과 친해집시다! 지금이, 모든 성경을 불태우라는 칙령을 내렸던 디오클레티아누스 시대라면 어찌하겠습니까! 또 영어로 된 성경을 소지하고 있다가 사형을 면치 못했던 메리 여왕 시대라면 어찌하겠습니까! 그러므로 부지런히 성경과 대화하면 우리 머릿속에 성경을 넣고 다닐 수 있을 것입니다.

둘째, 늘 말씀을 묵상함으로써. "내가 주님의 법을 얼마나 사랑하는지, 온종일 그것만을 깊이 생각합니다."시 119:97 경건한 영혼은 말씀의 진실성과 거룩함을 묵상합니다. 그는 말씀을 잠시 생각하고 흘려보내는 것이 아니라 마음 전체를 성경 속에 온전히 잠기게 합니다. 묵상으로 그는 이 향기로운 꽃에서 꿀을 빨고, 마음으로 거룩한 진리를 깊이 되새깁니다.

셋째, 말씀을 즐거워함으로써. 말씀은 그의 기쁨이요 활력입니다. "주님께서 저에게 말씀을 주셨을 때에 저는 그 말씀을 받아먹었습니다. 주님의 말씀은 저에게 기쁨이 되었고 제 마음에 즐거움이 되었습니다."렘 15:16 세상이 사랑하는 진미를 먹고서 누리는 기쁨이 크다 해도 이 예언자가 말씀을 받아먹고 누렸던 즐거움을 능가할 수는 없습니다. 그러니 성도가 어찌 말씀에서 크나큰 기쁨을 얻지 않을 수 있겠습니까? 그가 가치 있다 여기는 모든 것이 말씀 안에 있습니다. 모든 재산을 물려주겠다는 아버지의 유언장을 읽으며 기뻐하지 않을 아들이 있습니까?

넷째, 말씀을 간직함으로써. "주님의 말씀을 내 마음 속에 깊이 간직합니다."시 119:11 도둑맞지 않도록 보물을 숨기듯이 간직한다는 것입니다. 말씀은 보석입니다. 마음은 그 보석을 넣고 간직하는 금고입니다. 많은 이들이 말씀을 머리에는 간직해도 마음에는 간직하지 않습니다. 다윗은 왜 울타리를 치듯 마음에다 말씀을 간직했습니까? "내가 주님께 범죄하지 않으려고." 누가 전염 지역 근처로 출타할 경우 해독제를 몸에 지니고 다니듯, 경건한 사람은 죄의 전염으로부터 자신을 보호하기 위해 영적인 해독제인 말씀을 마음에 간직하고 다닙니다. 그토록 많은 사람이 악행과 도덕적 타락에 전염되어 있는 이유가 달리 무엇이겠습니까? 거룩한 해독제인 말씀을 마음에 간직하고 다니지 않았기 때문이 아닙니까?

다섯째, 말씀을 지킴으로써. 현명한 사람은 자기 땅을 빼앗기지 않고 그 소유권을 튼튼히 지킬 것입니다. 다윗은 말씀을 유산으로 받은 자신의 땅으로 보았습니다. "주님의 언약을 내가 영원히 유산으로 받았습니다."시 119:111, 옮긴이 사역 그러니 그가 자신의 유산을 쉽게 빼앗겼겠습니까? 경건한 사람은 말씀을 위해 싸울 뿐 아니라 죽기까지 할 것입니다. "나는 제단 아래에서 하나님의 말씀 때문에……죽임을 당한 사람들의 영혼을 보았습니다."계 6:9

여섯째, 말씀을 세상의 귀한 것들보다 좋아함으로써. (1) 음식보다 좋아함으로써. "내가 그의 입술의 명령을 어기지 아니하고 정한 음식보다 그의 입의 말씀을 귀히 여겼도다."욥 23:12, 개역개정 (2) 부와 재산보다 좋아함으로써. "주님께서 나에게 친히 일러 주신 그 법이 천만 금은보다 더 귀합니다."시 119:72 (3) 세상 영예보다 좋아함으로써. 에드워드 6세 왕의 이야기가 인상적입니다. 그의 대관식 날 신하들이 그에게 검 세 자루를 바치며, 그가 이제 세 왕국을 모두 통치하는 군주임을 알렸습니다. 이에 왕이 말했습니다. "검 한 자루가 빠졌소." 무슨 검이 빠졌느냐는 신하들의 물음에 왕이 다시 대답했습니다. "성경, 곧 성령의 검이오. 왕권의 상징인 이 세 자루의 칼보다 성경을 우선함이 마땅하오."

일곱째, 말씀에 관해 이야기함으로써. "내 혀로 주님께서 주신 말씀을 노래하겠습니다."시 119:172 탐욕스러운 사람이 자신의 값비싼 물건을 자랑하듯, 경건한 사람은 말씀을 자랑합니다. 말씀이 정녕 얼마나 보배로우며 얼마나 아름답고 향기로운지요! 마귀의 재갈에 물려 하나님의 말씀에 관해 말 한 마디 못하는 사람들이 있습니다. 이는 결국 그들이 말씀에서 결코 선한 열매를 거두어들인 적이 없다는 뜻입니다.

여덟째, 말씀에 따름으로써. 말씀은 시계이니, 성도는 이 시계에 자신의 삶을 맞춥니다. 말씀은 또한 저울이니, 성도는 이 저울로 자신의 행실을 잽니다. 그는 매일의 삶에 말씀을 그대로 복사해 냅니다. "나는……믿음을 지켰습니다."딤후 4:7 바울은 믿음의 가르침을 따랐고, 믿음의 삶을 살았습니다.

질문 경건한 사람은 왜 말씀을 사랑합니까?
대답 말씀이 뛰어나므로. 말씀이 뛰어남은 다음과 같습니다.

첫째, 기록된 말씀은 우리를 인도하는 불기둥입니다. 말씀은 우리가 피해야 하는 암초를 모두 알려 줍니다. 그러므로 말씀은 우리가 새 예루살렘으로 항해하는 데 사용하는 해도입니다.

둘째, 말씀은 우리가 우리의 마음을 비추어 보는 영적인 거울입니다. 신앙 없는 자들이 가진 육신의 거울은 그들 삶의 얼룩을 드러내지만, 이 영적인 거울은 마음의 얼룩을 드러냅니다. 그 거울은 불의라는 얼룩을 드러내지만, 이 거울은 우리의 의로움이라는 얼룩을 드러냅니다. "전에는 율법이 없어서 내가 살아 있었는데, 계명이 들어오니까 죄는 살아나고 나는 죽었습니다." 롬 7:9-10 말씀이 거울처럼 오자, 내가 의롭다라는 모든 생각이 죽었습니다.

셋째, 하나님의 말씀은 위급할 때의 크나큰 위로입니다. 우리가 이 구름을 따라가는 중에도 위험은 늘 우리 뒤를 쫓아옵니다. "주님의 말씀이 나를 살려 주었으니, 내가 고난을 받을 때에 그 말씀이 나에게 큰 위로가 되었습니다." 시 119:50 그리스도께서는 생명수 샘물이시며, 말씀은 그 생명수가 흐르는 황금의 수로입니다. 죽음의 시간에 생명의 말씀이 아니면 빌 2:16 무엇이 우리를 다시 살리겠습니까?

경건한 사람이 말씀을 사랑하는 까닭은 그가 경험한 말씀의 효능 때문입니다. 이 샛별이 경건한 사람의 마음에 떠서 의로운 해의 도래를 알려 주었습니다.

2. 경건한 사람은 선포된 말씀을 사랑합니다

선포된 말씀은 기록된 말씀을 설명하고 풀이하는 주석입니다. 성경 말씀은 더할 수 없이 약효가 뛰어난 기름이요 향유이며, 이 말씀을 선포함은 기름과 향유를 부음과 같습니다. 또 성경 말씀은 진귀한 향료이며, 이 말씀을 선포함은 향료를 빻아서 그 놀라운 향기를 퍼뜨림과 같습니다. 선포된 말씀은 하나님의 권능의 지팡이이며시 110:2 그분의 입술에서 나오는 기운입니다.사 11:4, 개역개정 옛 도시 테베는 앰피오스의 하프 소리로 건설되었다는 이야기가 있습니다. 이 이야기는 영혼의 회심에 적용하면 더 잘 어울립니다. 말하자면 영혼의 회심이야말로 복음의 하프 소리로 지어집니다. 그러므로 말씀의 선포는 구원에 이르게 하는 "하나님의 능력"이라고 불립니다.고전 1:24 이 말씀의 선포에 의해 그리스도께서는 (지금) 하늘에서 우리에게 말씀(경고)하신다고 합니다.히 12:5 천사의 일보다 더 사랑해야 하는 것이 바로 이 말씀의 사역입니다.

경건한 사람은 선포된 말씀을 사랑하는데, 이는 그 자신이 말씀으로 인해 유익을 얻기 때문이고—그는 이 만나와 함께 이슬이 떨어져 내리는 것을 느낍니다—또 한편으로는 이 말씀 선포가 하나님께서 제정하신 것이기 때문입니다. 주님께서는 그를 구원하시기 위해 이 규례를 정하셨습니다. 동전이 유통되는 것은 왕의 초상이 새겨져 있기 때문입니다. 하나님의 권위의 직인이 선포된 말씀에 찍히면 사람을 구원하기에 유익한 도구가 됩니다.

적용 다음의 특징으로 우리가 경건한 사람인지 평가해 봅시다. 즉, 우리는 말씀을 사랑하는 사람들입니까?

첫째, 우리는 기록된 말씀을 사랑합니까? 성경 몇 쪽을 지키기 위해 순교자들이 얼마나 혹독한 대가를 지불했는지요! 그렇게 귀한 말씀을 우리는 가슴의 친구로 여깁니까? 모세가 빈번히 "하나님의 지팡이"를 손에 들었듯, 우리는 "주님의 책"을 손에 들어야 합니다. 어떤 지침이 필요할 때 우리는 이 거룩한 말씀에 의지합니까? 죄의 힘이 너무 강하다고 느낄 때 우리는 이 "성령의 검"을 사용하여 죄를 베어 냅니까? 슬픔과 절망에 휩싸였을 때 우리는 이 생명수가 담긴 병을 앞에 놓고 위로를 구합니까? 그렇다면 우리는 말씀을 사랑하는 사람들입니다! 하지만 슬프게도 성경을 거의 모르는 사람들이 어찌 성경을 사랑한다고 할 수 있습니까? 그들은 성경을 쳐다보기만 해도 벌써 눈이 아픕니다. 신구약 말씀이 사용하지 않는 갑옷처럼 녹슨 채 걸려 있습니다. 주님께서는 친히 당신의 손가락으로 율법을 쓰셨지만, 사람들은 하나님께서 그토록 힘들게 쓰신 말씀을 힘들여 읽을 생각이 없습니다. 그들은 차라리 카드 패를 볼지언정 성경을 보고 싶어 하지는 않습니다.

둘째, 우리는 선포된 말씀을 사랑합니까? 생각 속에서 선포된 말씀을 귀하게 여깁니까? 마음으로 그 말씀을 받아들입니까? 우리는 안정과 사업을 잃는 것보다 선포된 말씀을 잃는 것을 더 두려워합니까? 우리는 진정 언약궤가 옮겨지는 것으로 인해 괴로워합니까? 우리는 진정 경건한 마음으로 말씀에 귀 기울입니까? 재판관이 심리 중에 사건을 설명하면 방청석 모두가 경청합니다. 말씀이 선포될 때는 위대하신 하나님께서 우리에게 말씀을 설명하시는 것입니다. 우리는 그 말씀을 생사의 문제가 걸린 듯 듣습니까? 이는 우리가 말씀을 사랑한다는 훌륭한 징표입니다. 우리는 말씀의 거룩함을 사랑합니까? 시 119:140 말씀은 죄를 물리치고 거룩을 증진하기 위해 선포됩니다. 우리는 말씀이 영적이고 순수하므로 사랑합니까? 많은 이들이 그 웅변적 탁월성과 분위기에만 혹해서 선포된 말씀을 사랑합니다. 그들은 무슨 음악회에 오듯이 겔 33:31-32 혹은 꽃밭에 꽃이나 꺾으러 오듯이 설교를 들으러 올 뿐, 정욕을 죽이고 마음을 깨끗이 하기 위해서 설교를 들으러 오지는 않습니다. 그들은 얼굴 치장에만 관심을 둘 뿐 건강에는 무심한 어리석은 여인과 같습니다.

우리는 말씀의 책망을 사랑합니까? 우리는 말씀이 우리의 양심을 찌르고 우리의 죄를 향해 비난의 화살을 쏘아도 그 말씀을 사랑합니까? 때때로 질책함도 목회자의 의무입니다. 설교단에서 부드러운 말만 하고 질책하는 법을 모르는 목회자는 칼자루는 훌륭하되 날을 세우지 않은 검과 같습니다. "사람들을 권하고 책망하십시오."딛 2:15 못에 기름을 먹여 사랑으로 책망하되, 못 자체는 철저히 박아 넣어야 합니다. 그러므로 그리스도인들이여, 말씀이 여러분의 죄를 지적하며 "당신이 바로 그 사람이다"라고 책망해도 그 책망을 사랑합니까? 여러분은 "성령의 검"이 여러분과 여러분의 정욕을 내리쳐 둘로 갈라놓을지라도 하나님을 찬양할 수 있습니까? 그렇다면 이 것이야말로 여러분이 말씀을 사랑하는 사람임을 보여주는 은혜의 징표입니다.

죄로 얼룩진 마음은 말씀의 위로를 사랑하지만 말씀의 책망은 사랑하지 않습니다. "사람들은……시비를 올바로 가리는 사람을 미워하고 바른말 하는 사람을 싫어한다."암 5:10 "그들의 눈이 불처럼 이글거린다!" 조금만 건드려도 독을 뱉어내는 전갈이나 뱀과 같습니다. "그들은 이 말을 듣고 격분해서 스데반에게 이를 갈았다."행 7:54 스데반이 그들의 치부를 건드리자 그들은 미친듯이 견딜 수 없어 했습니다.

질문 우리 자신이 말씀의 책망을 사랑한다는 것을 어떻게 알 수 있습니까?

대답 1 우리가 준엄한 목회자의 설교를 듣고자 할 때. 효과 없는 약을 누가 거들떠봅니까? 경건한 사람은 양심을 일깨우지 않는 설교는 듣고 싶어 하지 않습니다.

대답 2 우리가 말씀이 우리의 죄와 만나기를 기도할 때. 우리 마음에 불의한 욕망이 있으면 우리는 그것을 찾아내어 처형하고자 할 것입니다. 우리는 우리의 죄가 덮이는 것이 아니라 해결되기를 원합니다. 그러므로 우리는 말씀의 총탄 앞에 우리의 가슴을 내밀고 이처럼 말할 수 있습니다. "주님, 이 죄를 죽이소서."

대답 3 우리가 책망에 감사할 때. "의인이 사랑의 매로 나를 쳐서 나를 꾸짖게 해주시고 악인들에게 대접을 받는 일이 없게 해주십시오."시 141:5 다윗은 책망을 고마워했습니다. 어떤 사람이 사자에게 잡아먹히게 되었는데, 다른 이가 와서 사자를 쏘아 죽이고 이 사람을 구해 줬다고 하면 감사한 일 아니겠습니까? 그러므로 우리가 사자에게 먹히듯 죄에게 잡아먹히게 되었을 때 설교자가 책망으로 이 죄를 쏘아 죽인다면 우리로서는 감사한 일 아닙니까? 은혜로운 영혼은 날카로운 말씀의 창이 자신의 종기를 찔러 터뜨리면 기뻐합니다. 그는 책망을 보석 귀고리처럼 걸고 다닙니다. "지혜로운 사람의 책망은 들을 줄 아는 사람의 귀에는 금귀고리요."잠 25:12 결론적으로, 잘못을 깨우치는 설교는 어떻게든 영혼에 유익합니다. 혹독한 추위가 향기로운 봄꽃을 준비하듯, 혹독한 책망은 안식을 준비합니다.

❿ 성령께서 내주하심

경건한 사람에게는 하나님의 성령께서 내주하십니다.

우리 안에 살고 계시는 성령. 딤후 1:14, 갈 4:6

중세 신학자들은 사람이 성령을 받을 수 있는가 없는가 하는 문제를 제기했습니다. 몬타누스가 주장한바, 경건한 사람들은 하나님의 성령을 안에 모시고 있는 정도를 넘어 아예 그분의 본성을 함께 나누어 갖고 따라서 그분과 합한 하나의 인격체가 된다고 합니다. 하지만 이 주장은 터무니없는 신성모독입니다. 이 주장대로라면 모든 성도가 성령과 같으므로 성령과 마찬가지로 예배 받아야 합니다.

나는 성령께서 경건한 사람들 안에 계시고, 어느 정도는 그들 안에 유입된다고 생각합니다. 그들은 그분의 임재를 받아 누리고 그분의 거룩하신 영향력을 경험합니다. 해가 방으로 들어온다고 할 때는 해 자체가 들어오는 것이 아니라 그 해에서 나오는 빛이 들어오는 것입니다. 사실, 어떤 신학자들은 경건한 사람들에게는 성령의 유입만 아니라 그 이상의 것이 있다고 생각했습니다. 하지만 그 이상의 것이 무엇인지는 말로 표현하기 어렵고, 나 같은 사람보다는 천사들이 펜을 들어 설명함이 더 적합할 것입니다. 하나님의 성령께서는 다음의 두 방식으로 은혜로운 영혼 안에 스스로를 드러내십니다.

1. 감동하심으로

이는 성령께서 우리의 마음에 불어넣으시는 향기와 같은데, 이로써 우리의 마음은 천사와 같은 상태로 높아집니다.

> 질문 1 하지만 성령의 감동하심과 우리의 단순한 착각을 어떻게 구분할 수 있습니까?
> 대답 성령의 감동하심은 언제나 말씀과 일치합니다. 말씀은 하나님의 성령께서 타고 계신 병거입니다. 따라서 말씀의 흐

름이 어느 방향으로 향하든 성령의 바람은 같은 방향으로 붑니다.

질문 2 경건한 사람들 안에 있는 성령의 감동하심은 자연 상태의 양심의 충동과 어떻게 구분될 수 있습니까?

대답 1 자연 상태의 양심도 때때로 성령의 감동하심으로 인한 것과 같은 결과를 이끌어 낼 수 있지만, 거기에 이르는 원리 자체는 전혀 다릅니다. 이를테면 자연 상태의 양심은 신앙적 의무를 재촉하는 박차이기는 하지만, 지옥에 대한 두려움 때문에 신앙적 의무에 매달리도록 사람을 몰아갑니다. 갤리선의 노예가 채찍질이 두려워 노를 젓는 것과 같습니다. 이에 반해, 성령께서는 보다 숭고한 원리에 의해 하나님의 자녀를 감동하시고 움직이십니다. 그래서 강압이 아니라 스스로의 결단에 의해 하나님을 섬기게 하시며, 신앙적 의무를 자신의 특권으로 여기게 하십니다.

대답 2 자연 상태의 양심의 충동은 보다 손쉬운 의무들에만 매달리게 합니다. 따라서 사람들은 의례적인 읽기나 기도와 같이 마음에 부담이 덜한 의무들만 행합니다. 하지만 경건한 사람들 안에 있는 성령의 감동하심은 훨씬 더 깊어서, 가장 힘들고 귀찮은 의무들, 이를테면 자신을 되돌아보고 스스로를 낮추는 일들, 그렇습니다, 위험이 닥쳐도 그리스도의 이름을 고백하는 대단히 위험한 의무를 행하게 하십니다. 마음에서 이는 성령의 감동하심은 배출구를 향해 몰려 나가는 새 술과 같습니다. 하나님의 성령께서 사람을 온전히 사로잡으시면, 그 사람을 데리고 모든 난관을 전속력으로 뚫고 나가십니다.

2. 그 능력으로

여기에는 여러 가지가 있습니다. 첫째, 하나님의 성령께서는 가르침의 능력이 있습니다. 성령께서는 잘못을 깨우치도록 가르치십니다.요 16:8 설득력 있게 가르치시는 것입니다.

둘째, 하나님의 성령께서는 성화의 능력이 있습니다. 마음은 선천적으로 오염되어 있지만, 성령께서 들어오시면 죄를 내몰고 은혜를 들이십니다. 하나님의 성령은 정결의 상징인 비둘기로 표상됩니다. 성령께서는 마음을 정결의 성전이요 기쁨의 낙원으로 만드십니다. 그 거룩한 성별의 기름이 바로 성령의 예표였습니다.출 30:25 성령께서는 사람의 헛된 생각을 정결하게 하셔서 거룩한 생각을 품게 하십니다. 그분께서 사람의 의지를 깨끗하게 하시고 그 의지를 선한 쪽으로 향하게 하시면, 이제 그 의지는 이전에 하나님을 거슬러 죄짓던 즐거움을 돌려 하나님을 섬기는 즐거움으로 바꾸는 것입니다. 가루향의 향기는 옷감에 스며듭니다. 그러므로 사람 안에 계신 성령께서는 그 사람을 거룩한 향기로 채우시고 그의 마음을 천국같이 향기롭게 하십니다.

셋째, 하나님의 성령께서는 생명을 주시는 능력이 있습니다. "성령은 생명을 주십니다."고후 3:6, 옮긴이 사역 풍금이 바람으로 소리가 나듯, 성령의 입김은 생명과 활력의 원천입니다. 예언자 엘리야가 전신을 포개어 죽은 아이의 몸에 엎드리자 아이가 살아났습니다.^{왕상 17:22} 이처럼 하나님의 성령께서는 우리의 영혼에 온몸을 포개셔서 생명을 불어넣어 주십니다. 우리의 생명이 성령의 활동에서 비롯되듯 우리의 활력 또한 그렇습니다. "주님의 영이 나를 들어 올려서."^{겔 3:14} 마음이 처지고 지쳐서 의무를 등한시할 때는 하나님의 성령께서 그 마음을 들어 올려 주십니다. 그렇게 우리의 무딘 감정을 날카롭게 벼려주시고, 사랑을 불타게 하시며, 희망을 살아 있게 하십니다. 성령께서는 우리 영혼의 짐을 들어내시고 대신 날개를 달아 주십니다. "나도 모르는 사이에 나는 어느덧 나의 마음이 시키는 대로 왕자들이 타는 병거에 올라앉아 있네."^{아 6:12} 이전에는 영혼의 바퀴가 길에서 벗어나 좀처럼 나아가지 못했지만, 이제 전능하신 성령께서 사람을 온전히 사로잡으시니, 그가 하나님의 길에서 바람처럼 달리고 그의 영혼은 왕자들의 병거처럼 날아갈 듯합니다.

넷째, 하나님의 성령께는 다스리시는 능력이 있습니다. 그분께서는 다스리시고 통치하십니다. 하나님의 성령께서는 우리 영혼에서 최고의 권좌에 앉아 계십니다. 그러므로 죄의 폭압을 저지하시고, 우리가 다른 사람들처럼 헛되고 방탕하게 살도록 놓아두시지 않습니다. 하나님의 성령께서는 권좌에서 결코 물러나지 아니하실 것이니, 우리의 마음을 다스려 권위를 행사하시며 "모든 생각을 사로잡아서 그리스도께 복종시킵니다."^{고후 10:5}

다섯째, 하나님의 성령께는 녹이는 능력이 있으시고, 따라서 그분은 밀랍을 녹이는 불에 비유됩니다. 성령께서는 부싯돌을 살로 바꾸십니다. "너희 몸에서 돌같이 굳은 마음을 없애고 살

갖처럼 부드러운 마음을 주며."겔 36:26 어떻게 이런 결과가 있을 수 있습니까? "너희 속에 내 영을" 두시므로 가능합니다.27절 마음이 굳으면 마치 통나무 같아서, 심판으로 협박해도 자비로 호소해도 바뀔 줄을 모릅니다. 하지만 하나님의 성령께서 들어오셔서 사람의 마음을 그의 눈처럼 부드럽게 녹이시니, 이제 그의 마음이 변하여 거룩한 인장을 받아들입니다.

여섯째, 하나님의 성령께서는 강건하게 하시는 능력이 있습니다. 그분께서는 우리의 일에 힘을 보태고 도움을 주십니다. 그분께서는 능력의 영이십니다.딤후 1:7 하나님의 성령께서는 우리의 한계를 뛰어넘게 하시니, 곧 "그분의 성령을 통하여 여러분의 속사람을 능력으로 강건하게 하여" 주십니다.엡 3:16 성령께서는 믿음을 확증해 주시고 용기를 불러일으키십니다. 그분께서는 십자가의 한 쪽을 들어주셔서 우리가 좀 더 가볍게 지고 가도록 해 주십니다. 성령께서는 힘을 주시되 넘치도록 주십니다.

질문 우리가 하나님의 성령의 힘으로 행하고 있는지 혹은 우리 자신의 능력으로 행하고 있는지 어떻게 알 수 있습니까?

대답 1 우리가 겸손히 하나님께 의지하며 도우심을 구할 때. 다윗의 경우가 그러한데, 그는 골리앗을 상대로 싸우러 나갈 때 하나님께 의지하며 도우심을 구했습니다. "나는……주님의 이름을 의지하고 너에게로 나왔다."삼상 17:45

대답 2 우리의 신앙적 의무가 거룩함의 기준에 부합할 때. 이때 우리는 순수한 의도로 그 의무들을 수행한다 할 수 있습니다.

대답 3 하나님께서 우리와 함께하심을 우리가 깨달아 알게 될 때. 이때 우리는 모든 일에 대해 그분께 영광을 돌립니다.^{고전 15:10} 이것이야말로 우리의 의무가 우리 자신의 능력이 아니라 하나님의 성령의 힘으로 수행되었다는 명백한 증거입니다.

일곱째, 하나님의 성령께는 위로의 능력이 있습니다. 은혜로운 마음에도 슬픔이 생겨날 수 있습니다.^{시 43:5} 하늘은 본디 맑고 투명한 천체이지만 구름에 가려 어둡기도 합니다. 이처럼 우리의 슬픔과 낙심은 대개 사탄의 악의에 의한 것입니다. 우리를 멸하지 못하면 괴롭히기라도 하는 자가 사탄이니 말입니다. 하지만 우리 안에 계신 하나님의 성령께서 부드러이 우리를 격려하시고 기운을 북돋아 주십니다. 그분은 파라클레토스, 즉 "위로해 주시는 분"이라고 합니다.^{요 14:16, 한글성경 "보혜사"} 그분의 위로는 참되고 확실합니다. 그런고로 "성령의 날인"이라고 합니다.^{엡 1:13} 어떤 증서에 날인이 되면 그것은 확고한 것으로서 되돌릴 수 없습니다. 이처럼 그리스도인이 성령의 날인을 받으면 그 위로는 확고합니다. 경건한 사람들은 모두 성령에 의한 이 소생과 회복의 능력을 어느 정도는 가지고 있습니다. 말하자면 경건한 사람들에게는 기쁨의 씨앗이며 시초가 있으되 다만 그 꽃이 아직 완전히 피지 못했을 뿐입니다.

질문 성령께서는 어떻게 우리를 위로해 주십니까?

대답 1 우리가 은혜의 상태에 있음을 보여주심으로 우리를 위로하십니다. 그리스도인이라 해서 늘 자신이 부요하다는 사실을 알고 있는 것은 아닙니다. 은혜의 일은 마치 속기로 쓴 것처럼 우리의 마음에 새겨져 있어서 읽지 못할 수도 있습니다. 그러나 성령께서 우리에게 이 난독의 문자를 판독하는 열쇠를 주시고 우리가 받은 것을 깨달아 알게 하시니, 우리에게는 기쁨과 평화가 있는 것입니다. "우리는 세상의 영을 받은 것이 아니라 하나님에게서 오신 영을 받았습니다. 그것은 하나님께서 우리에게 은혜로 주신 선물들을 우리로 하여금 깨달아 알게 하시려는 것입니다."고전 2:12

대답 2 하나님의 사랑을 놀랍도록 깨닫게 하심으로 우리를 위로하십니다. "하나님께서 우리에게 주신 성령을 통하여 그의 사랑을 우리 마음속에 부어 주셨기 때문입니다."롬 5:5 하나님의 사랑은 값진 향유가 든 옥합이며, 이 옥합을 깨뜨려 열고 우리 마음을 그 아름다운 향기로 채우시는 이는 성령뿐이십니다.

대답 3 우리를 그리스도의 피 앞으로 데려가심으로 위로하십니다. 사람이 지쳐 쓰러질 때 물가로 데려가 기운을 차리게 하듯, 우리가 죄의 짐에 눌려 허덕일 때 성령께서는 우리를 그리스도의 피의 샘으로 데려가십니다. "그날이 오면 샘 하나가 터져서……."슥 13:1 성령께서는 우리에게 그리스도의 옆구리에서 흘러나오는 칭의의 물을 마시게 합니다. 성령께서는 그리스도께서 값을 주고 사신 것은 무엇이든 활용합니다. 그분께서는 우리의 죄가 그리스도 안에서 죽어 없어졌음을, 그래서 비록 우리 자신 안에서는 우리가 더럽지만 우리의 머리 되신 이 안에서는 우리가 깨끗함을 알려 주십니다.

대답 4 양심을 통해 우리를 위로하십니다. 아이는 가르쳐야 말을 합니다. 성령께서는 먼저 우리 양심의 입을 열어 우리 자신이 좋은 상태에 있음을 말하고 증언하게 하십니다. 이에 우리가 위로를 받기 시작하는 것입니다. "내 양심이 성령을 힘입어서 이것을 증언하여 줍니다."롬 9:1 양심이 우리를 위해 증명서를 작성하면, 성령께서 오셔서 이 서류에 서명하십니다.

대답 5 다음의 두 황금 도관을 통해 기쁨의 기름을 보내 주심으로 우리를 위로하십니다.

첫째, 규례. 예수께서 기도하고 계실 때, 그 얼굴 모습이 변하고 그 옷이 눈부시게 희어지고 빛났듯이,눅 9:29 경건한 사람들은 거룩한 규례를 지켜 행하는 중에 빈번히 지극한 기쁨과 영혼의 변모를 경험하는데, 이때는 세상에서 들려 올라간 듯하여 그 아래의 모든 것들이 하찮아 보입니다.

둘째, 약속. 약속은 우리의 위로입니다. (1) 그 확실성으로 인하여.롬 4:16 하나님께서는 당신의 정직을 담보로 약속하신 것입니다. (2) 그 적합성으로 인하여. 각 그리스도인의 형편과 처지에 맞추어진 약속입니다. 하나님의 약속은 약초밭과 같으니, 이 밭에는 세상의 어떤 질병이라도 치유할 수 있도록 각양의 약초가 구비되어 있습니다. 하지만 약속이 그 자체로 위로일 수는 없으며, 오로지 성령께서 우리에게 이 꿀을 빨게 하셔야만 위로가 가능합니다. 약속은 약초가 가득한 증류기와 같지만, 이 증류기 아래 불이 없으면 약초 액이 증류되지 않습니다. 그러므로 (불에 비유되시는) 성령께서 약속의 증류기 아래 계실 때에야 위로가 증류되어 우리 영혼 안에 떨어지는 것입니다. 우리가 보듯, 성령께서 그 능력으로 경건한 사람들 안에 계시는 방식이 이와 같습니다.

이의 1 하지만 성령이 가득하다는 것이 경건한 사람의 징표입니까? 악한 자들도 성령을 나누어 받는다고 하지 않습니까? 히 6:4

대답 악한 자들도 성령의 일을 나누어 받을 수 있지만 그분의 내주하심은 얻을 수 없습니다. 하나님의 영이 그들 위에 계실 수는 있습니다. 하지만 경건한 사람들의 경우는 성령께서 그들 안으로 들어가십니다. 겔 3:24

이의 2 하지만 중생하지 않은 자들도 하늘의 선물을 맛봅니다. 히 6:4

대답 그것은 요리사가 자신의 요리를 맛보는 경우와 같습니다. 그들은 맛만 볼 뿐 배를 채울 수는 없습니다. 그 점에서 맛을 본다는 것은 먹는 것과 정반대입니다. 경건한 사람들은 성령을 맛볼 뿐 아니라 아예 성령이 그들 안에 생명수의 강처럼 넘치게 계십니다. 요 7:38

적용 1 성령의 내주하심이라는 이 특징으로 보건대, 하나님의 성령이 없는 사람은 불경건한 자로 낙인찍힐 수밖에 없습니다. "누구든지 그리스도의 영이 없으면 그리스도의 사람이 아닙니다."롬 8:9 따라서 그리스도의 사람이 아니면 누구의 사람입니까? 그는 어떤 군대에 속해 있습니까? 죄인의 비극은 그에게 하나님이 성령이 없다는 것입니다. 애초부터 하나님의 성령이 없는 자들이 "주님의 성령을 나에게서 거두어 가지 말아 주십시오."시 51:11라는 말을 하는데, 이는 대단히 듣기 거북한 말입니다. 술주정뱅이들과 망령된 욕설꾼들이 자신들 안에 하나님의 성령이 계시다는 말을 합니까? 악독하고 부정한 자들에게 하나님의 성령이 있습니까? 이들에게도 성령이 있다고 말한다면 하나님을 망령되게 하는 일입니다. 거룩하신 성령께서 천상의 낙원을 떠나 감옥에서 사시겠습니까? 죄인들의 마음은 어둡고 냄새나는 감옥인데, 하나님의 자유로운 영이 감옥에 갇혀 사시겠습니까?시 51:12 죄인의 마음은 지옥의 상징입니다. 하나님의 성령이 그 지옥에서 무엇을 하시겠습니까? 악한 자들의 마음은 성전이 아니라 돼지우리이니, 거기에는 더러운 영이 기식합니다. "그때에 여러분은 허물과 죄 가운데서 이 세상의 풍조를 따라 살고, 공중의 권세를 잡은 통치자, 곧 지금 불순종의 자식들 가운데서 작용하는 영을 따라 살았습니다."엡 2:2 우리는 악한 영들이 출몰하는 집에 살고 싶지 않을 것입니다. 그런데 죄인들의 마음은 악한 영들이 드나드는 집입니다. "그가 빵조각을 받자 사탄이 그에게 들어갔다."

요 13:27 사탄은 경건한 사람들을 괴롭히지만, 악한 자들이 있을 경우에는 아예 그 안으로 들어갑니다. 마귀들이 돼지 떼에게 들어가자 돼지들은 비탈을 내리달려 바다로 뛰어들었습니다.마 8:32 도대체 마귀가 이 돼지 떼 같은 사람들에게 들어갔기 때문이 아니라면, 사람들이 그토록 탐욕스럽게 범죄의 길로 치닫는 이유가 무엇입니까?

또한, 성령의 내주하심이라는 이 특징으로 보건대, 성령이 없다 못해 성령을 조롱하기까지 하는 자들 또한 경건과는 상관이 없습니다. 성령을 조롱하는 자들은 저 옛적에 이미 조롱하며 말했던 유대인들과 같습니다. "그들이 새 술에 취하였다."행 2:13 그런데 사실을 말하자면, 사도들이야말로 취한 사람들이었으니, 성령의 술에 온전히 취했던 것입니다. 하나님의 성령께서 벨리알의 자식들에게 비웃음을 당하다니요! 이 벨리알의 자식들을 "성령의 사람들"이라고 말하는 자들이 있습니다. 하나님을 찬양하라고 준 혀로 그분을 모독하다니요, 통탄할 만한 일입니다! 성령 말고는 조롱할 것이 그렇게도 없단 말입니까? 성령을 조롱함은 그분을 경멸함과 크게 다르지 않습니다. 사람이 성령에 의하지 아니하고 어떻게 거룩해질 수 있습니까? 따라서 그분을 멸시함은 스스로 받을 저주를 가지고 떠들며 노는 것과 같습니다.

적용 2 여러분이 경건한 사람들의 무리에 들고자 할진대, 성령의 그 거룩한 내주하심을 얻기 위해 노력합시다. 멜란히톤과 같이 기도합시다. "주님, 내 영혼을 당신의 성령으로 불타오르게 하소서." 그리고 아가서의 신부와 같이 기도합시다. "북풍아, 일어라. 남풍아, 불어라. 나의 동산으로 불어오너라."^{아 4:16} 뱃사람이 바람이 불어 바다로 나가기를 바라듯이, 성령의 센바람과 그 약속을 간청하면 기도에 날개를 달 수 있습니다. "너희가 악할지라도 너희 자녀에게 좋은 것들을 줄줄 알거든, 하물며 하늘에 계신 아버지께서야 구하는 사람에게 성령을 주시지 않겠느냐?"^{눅 11:13} 하나님의 성령은 값진 보석입니다. 하나님께 가서 성령을 구합시다. "주님, 당신의 성령을 주십시오. 당신께서 약속하신 그 보석은 어디에 있습니까? 내 영혼은 언제 기드온의 양털처럼 되어 하늘의 이슬에 젖겠습니까?"

성령이 얼마나 필요한 분인지 생각해 봅시다. 그분 없이 우리는 하나님께서 받아 주실 만한 일을 할 수 없습니다. 첫째, 그분 없이 우리는 기도할 수 없습니다. 그분께서는 탄원하시는 영입니다.^{슥 12:10} 그분께서는 우리의 생각과 마음 모두 도와주십니다. "성령께서 친히 이루 다 말할 수 없는 탄식으로 우리를 대신하여 간구하여 주십니다."^{롬 8:26}

둘째, 그분 없이 우리는 유혹에 저항할 수 없습니다. "그러나 성령이 너희에게 내리시면 너희는 능력을 받고."^{행 1:8} 죄악된 본성의 조류에 실려 유혹의 순풍을 타고 앉은 자는 성령의 역풍이 불지 않으면 필히 죄의 물결을 따라 떠내려갈 수밖에 없습니다.

셋째, 그분 없이 우리는 열매를 맺을 수 없습니다. "하늘에서 내리는 황금의 비가 목마른 영혼을 적십니다." 성령께서는 이슬과 비에 비유되시는데, 이는 우리에게 하나님의 이슬이 떨어지지 아니하면 우리가 그 어떠한 은혜의 알곡도 낼 수 없음을 보여주시기 위함이 아니겠습니까?

넷째, 그분 없이 어떠한 규례도 우리에게 효력이 없습니다. 규례는 은혜가 들어오는 수로이지만 성령께서는 이 수로에 물을 대는 샘입니다. 어떤 이들은 레위인을 자신들의 제사장으로 둔 것에 만족하고는삿 17:13 더 이상 아무 것도 찾지 않습니다. 이는 마치, 바람 한 점이 없어 배가 움직이지 못하는데 자신의 배는 돛도 많고 선원도 충분하다고 흡족해하는 선주와 다를 바 없습니다. 규례의 배는 하나님의 성령의 바람이 불지 않으면 천사가 키를 잡는다 해도 우리를 천국으로 데려다주지 못할 것입니다. 성령께서는 말씀의 영이시니, 이 영이 없는 말씀은 죽은 문자에 불과합니다. 목회자들은 약을 처방해 줄 수 있으나, 이 약의 효능을 이끌어 내는 이는 하나님의 성령입니다. 우리의 마음은 다윗의 늙은 육신과 같습니다. "다윗 왕이 나이 많아 늙으니, 이불을 덮어도 따뜻하지 않았다."왕상 1:1 그러므로 하나님의 성직자들이 우리에게 이불을 덮어 주듯 기도하고 권면해도 우리가 따뜻해지지 않지만, 마침내 하나님의 성령이 오시니 우리는 복음서의 그 제자들처럼 말하는 것입니다. "우리 속에서 마음이 뜨겁지 아니하더냐."눅 24:32, 개역개정 오, 그러니 우리에게 성령이 얼마나 절실한 분이신지요!

그 기운과 감동하심으로 나타나시는 거룩한 성령이 여러분에게 있습니다. 그러므로 하나님의 비길 데 없는 사랑을 인정합시다. 성령은 선택의 징표입니다.요일 3:24 유다는 그리스도께 돈주머니는 받았지만 그분의 성령은 받지 못했습니다. 성령은 사랑의 정표입니다. 그러므로 하나님께서 성령을 그 사랑의 담보로 주실 경우 자기 자신은 아예 분깃으로 주십니다. 성령은 총체적인 축복이니, 선하고 좋은 모든 것들을 위해 주어졌습니다.마 7:11 성령 없이 여러분이 그 무수한 시체 아니면 무엇이겠습니까? 이 성령의 내주하심이 없다면 그리스도도 여러분에게 유익이 아닙니다. 하나님의 숨 없이 그리스도의 피만으로는 충분치 않습니다. 오, 그러니 하나님의 성령으로 인하여 감사합시다. 이 자석은 여러분을 끊임없이 끌어당겨 마침내는 천국에 이르게 할 것입니다.

여러분에게 이 성령이 있을진대, 그분을 슬프게 하지 맙시다.엡 4:30 우리의 위로자를 우리가 슬프게 해야 합니까?

질문 우리는 어떻게 성령을 슬프게 합니까?

대답 1 배은망덕하게도 우리가 그분의 감동하심을 물리칠 때. 성령께서는 때때로 우리 귀에 대고 하나님께서 야곱에게 말씀하신 것처럼 말씀하십니다. "일어나 벧엘로 올라가라."창 35:1, 개역개정 그러므로 성령께서도 말씀하십니다. "일어나 기도하러 가라. 가서 네 하나님을 만나라." 우리가 이와 같은 감동하심을 억누르고 헛된 유혹에 빠져 있다면, 이는 성령을 슬프게 하는 것입니다. 우리가 성령의 감동하심을 저지하면 그분께서 주시는 위로와 안식을 잃게 됩니다.

대답 2 우리 마음에서 일어나는 성령의 사역을 부인할 때. 친구가 선물을 주는데 받지 않겠다고 한다면, 친구의 사랑을 무시하는 일이 될 것입니다. 그러므로 그리스도인들이여, 하나님께서 여러분에게 그분의 성령을 주시고 여러분의 그 뜨거워진 마음과 천국을 향한 소망으로 증거하기까지 하셨건만, 여러분이 성령의 새롭게 하시는 역사를 도무지 겪은 바 없다고 부인하면 이는 비열한 배은망덕이요 선하신 성령을 슬프게 하는 일입니다. 육신의 죄악된 일을 버리고 성령의 은혜로운 사역을 부인하지 맙시다.

⓫ 겸손

경건한 사람은 겸손한 사람입니다. 겸손한 사람은 천정에 뜬 해와 같으니, 가장 높은 곳에 있을 때 가장 낮아 보입니다. 아우구스티누스는 겸손을 은혜의 어머니라 했습니다. 나는 겸손한 사람이란 어떤 사람인지 설명하기에 앞서 다음의 세 가지 차이점을 제시하고자 합니다.

1. 낮아짐과 겸손을 구분합니다

사람이 낮아진다고 다 겸손한 것은 아닙니다. 죄인은 고통을 당하고 낮아질 수 있습니다. 그의 처신은 낮아지지만 마음에 품은 생각은 낮아지지 않습니다. 경건한 사람은 낮아질 뿐 아니라 겸손합니다. 그의 마음은 그의 처신과 다름없이 낮습니다.

2. 외적인 겸손과 내적인 겸손을 구분합니다

겸손한 행위와 겸손한 마음은 큰 차이가 있습니다. 첫째, 다른 사람들을 겸손하게 대해도 마음은 교만할 수 있습니다. 외적인 행동으로야 압살롬보다 겸손한 사람이 어디 있습니까? "또 누가 가까이 와서 엎드려서 절을 하려고 하면, 그는 손을 내밀어서 그를 일으켜 세우고 그의 뺨에 입을 맞추곤 하였다."삼하 15:5 하지만 그가 이처럼 겸손하게 행동했어도 속으로는 왕위를 노렸습니다. "그러나 압살롬은 이스라엘의 모든 지파에게 첩자들을 보내서 나팔 소리가 나거든 '압살롬이 헤브론에서 왕이 되었다!' 하고 외치라고 하였다."10절 이는 겸손의 겉옷을 두른 교만이었습니다.

둘째, 하나님께 겸손한 태도를 보여도 마음은 교만할 수 있습니다. "아합은 이 말을 듣고는 자기 옷을 찢고 맨몸에 굵은 베옷을 걸치고 금식하였으며……슬픈 표정으로 힘없이 걸었다."왕상 21:27 하지만 그의 마음은 겸손하지 않았습니다. 머리는 갈대처럼 숙여도 마음속으로는 교만의 깃발을 높이 쳐들고 있었던 것입니다.

3. 겸손과 교활함을 구분합니다

많은 이들이 자신의 목적을 달성하려고 겸손한 체합니다. 교황주의자들이야말로 누구보다 겸손하고 금욕적인 성도들로 보이지만, 이는 겸손이라기보다는 교활함에 가깝습니다. 그도 그럴 것이, 그들은 이 겸손을 수단으로 삼아 세상의 수입을 자신들의 소유로 만들기 때문입니다. 아무리 겸손한 척해도 그들은 경건에 이르지 못합니다.

질문 그리스도인은 자신이 겸손한 사람임을, 그래서 결과적으로 경건한 사람임을 어떻게 알 수 있습니까?

대답 1 겸손한 사람은 자신에 대한 거만한 생각을 모두 비웁니다. 버나드는 겸손을 일러 자기부정이라 했습니다. "하나님은 겸손한 사람을 구원하신다." 욥 22:29 히브리어로는 "눈이 낮은 사람"입니다. 겸손한 사람은 자신을 남들이 생각하는 것보다 낮게 생각합니다. 다윗은 왕이었지만 자신을 벌레로 여겼습니다. "나는 사람도 아닌 벌레요." 시 22:6 순교자 브래드포드는 스스로를 가리켜 죄인이라고 서명했습니다. "내가 의로울지라도 머리를 들지 못하는 것은." 욥 10:15, 개역개정 그토록 아름다워도 고개를 숙이고 있는 제비꽃과 같습니다.

대답 2 겸손한 사람은 자신보다 남들을 더 낫게 생각합니다. "자기보다 서로 남을 낫게 여기십시오." 빌 2:3 겸손한 사람은 자신보다 남들을 더 높이 평가하는데, 이는 다른 이들의 마음보다 자신의 마음을 더 잘 볼 수 있기 때문입니다. 그는 자신의 죄악을 보며 다른 이들은 분명히 이 정도는 아닐 것이라고 생각합니다. 다른 이들의 은혜는 자신의 은혜보다 빈약하지 않고, 다른 이들의 죄악은 자신의 죄악보다 심하지 않으리라는 것입니다. 그는 생각합니다. "분명히 그들의 마음은 나의 마음보다 훌륭하다." 겸손한 그리스도인은 자신의 약점과 다른 이들의 장점을 깊이 헤아리므로 자신보다 남들을 높이 평가합니다. "나는 다른 사람에게 비하면 짐승이라."잠 30:2, 개역개정 그리고 바울은 으뜸가는 사도였음에도 여전히 자신을 일러 "모든 성도 가운데서 지극히 작은 자보다 더 작은 나"라고 했습니다.엡 3:8

대답 3 겸손한 사람은 자신이 행하는 신앙적 의무들을 하찮은 것으로 여깁니다. 단 과일에서 벌레가 나고 독한 포도주에서 거품이 생기듯, 거룩한 일들에서 교만이 자라기 쉽습니다. 겸손한 사람은 자신의 죄만 아니라 의무들 또한 슬퍼합니다. 그는 눈물의 기도를 드리고도 이처럼 말합니다. "내가 한 일이 이토록 보잘것없으니 하나님께서 나를 저주하시리라!" 그는 선한 느헤미야처럼 말합니다. "나의 하나님, 내가 한 이 일도 기억하여 주십시오. 그지없이 크신 주님의 사랑으로 나를 너그러이 보아주십시오."느 13:22 "주님, 내 영혼을 쏟아부었음을 기억해 주시고, 너그러이 용서해 주소서." 그는 자신이 가장 잘 수행한 의무들조차 무게가 너무 안 나감을 압니다. 그러므로 그는 저울에 그리스도의 공로가 얹히기를 희망합니다. 겸손한 성도는 자신이 써 놓은 것을 보며 얼굴을 붉힙니다. 글씨는 고르지 못하고 잉크는 사방으로 번졌습니다. 이를 보고 그는 자신이 가장 잘 한 일도 결국 아무것도 아니라고 겸손히 생각합니다. 그는 자신의 희생제물 위에 독을 뿌립니다. 그는 말합니다. "오, 내가 기도했다고, 울며 통회했다고 감히 말할 수가 없구나. 내가 의무라고 쓴 저것들을 하나님께서는 죄라고 쓰시리라."

대답 4 겸손한 사람은 언제나 자신을 고발합니다. 그는 자신의 처지가 아니라 마음을 비판합니다. "오, 이토록 믿음 없는 사악한 마음이여!" 후퍼는 말했습니다. "주님, 나는 지옥이고 당신은 천국입니다." 위선자는 영원히 자신의 선함을 주장하고 겸손한 영혼은 영원히 자신의 악함을 주장합니다. 원대한 포부를 지닌 성도 바울은 셋째 하늘에 이끌려 올라가기까지 했습니다. 하지만 이 낙원의 새는 자신의 죄악을 슬퍼했습니다. "아, 나는 비참한 사람입니다."^{롬 7:24} 거룩한 브래드포드는 자신을 일러 "무정한 죄인"이라고 서명했습니다. 겸손한 그리스도인은 많이 알수록 자신의 무지를 한탄합니다. 믿음이 많을수록 믿음 없음을 슬퍼하는 것입니다.

대답 5 겸손한 사람은 자신에게 고난이 닥쳐도 하나님의 옳으심을 주장합니다. "우리에게 이 모든 일이 닥쳐왔지만 이것은 주님의 잘못이 아닙니다."^{느 9:33} 사람들이 핍박하고 험담하는 호된 시련 가운데서도 겸손한 영혼은 하나님의 옳으심을 인정합니다. "바로 내가 죄를 지은 사람입니다."^{삼하 24:17} "주님, 나의 교만, 나의 무력함, 설교를 지겨워하는 나의 이 태도가 이 모든 심판을 불러왔습니다." 검은 구름이 하나님 주위를 둘러싸도 "의와 공평이 그의 보좌의 기초로다."^{시 97:2, 개역개정}

대답 6 겸손한 사람은 그리스도를 높입니다.^{빌 1:20} 그는 자신이 행하는 모든 일의 영광을 그리스도와 값없이 주시는 은혜로 돌립니다. 쿠누드 왕은 자기 머리의 왕관을 벗어 십자가에 씌웠습니다. 그러므로 겸손한 성도는 자기 머리에 쓴 영예의 왕관을 벗어 그리스도의 머리에 씌워 드립니다. 이와 같이 하는 이유는 그리스도를 향한 그의 사랑 때문입니다. 사랑은 사랑하는 대상을 위해 무엇이라도 내놓을 수 있습니다. 이삭은 사랑하는 리브가에게 패물과 보석을 선물했습니다.^{창 24:53} 겸손한 성도는 그리스도를 온전히 사랑하고, 따라서 그분께 무엇이라도 드릴 수 있습니다. 그는 자신이 하는 모든 일의 영광과 칭송을 그리스도께 드립니다. 이 보석들을 그리스도께 끼워 드립시다.

대답 7 겸손한 사람은 죄에 대한 질책을 달게 받습니다. 악인은 너무 뻣뻣해서 책망 앞에 몸을 숙일 수 없습니다. 예언자 미가야는 아합 왕의 죄를 거론했고, 이에 왕은 말했습니다. "나는 그를 싫어합니다."^{왕상 22:8} 교만한 사람을 질책함은 석회 덩어리에 물을 부음과 같으니, 부글부글 끓으며 더 뜨거워질 뿐입니다. 은혜로운 영혼은 자기를 책망하는 사람을 사랑합니다. "지혜로운 사람은 꾸짖어라. 그가 너를 사랑할 것이다."^{잠 9:8} 겸손한 그리스도인은 원수의 비난도 친구의 책망도 받아들일 수 있습니다.

대답 8 겸손한 사람은 자신의 명성과 재능을 기꺼이 덮어 가려 하나님의 영광이 더욱 빛나게 합니다. 겸손한 사람은 그리스도의 왕관이 더 빛날 수 있다면 자신은 다른 이들의 재능과 평판에 가려도 만족합니다. "나는 더 작게, 그리스도는 더 크게." 이것이 겸손한 사람의 좌우명입니다. 그리스도께서 높임 받으시는 것이 그의 소망입니다. 그리고 그렇게만 된다면 어떤 사람이 쓰임받든 기뻐합니다. "어떤 사람들은 시기하고 다투면서 그리스도를 전하고,"빌 1:15 그들은 바울의 청중을 빼앗을 목적으로 말씀을 전했습니다. 바울이 이렇게 말합니다. "그렇지만 어떻습니까?……어떤 식으로 하든지 결국 그리스도가 전해지는 것입니다. 나는 그것을 기뻐합니다."18절 겸손한 그리스도인은 하나님께서 자신을 들어 쓰시지 않고 다른 어떠한 도구를 쓰시더라도 그분께 더 큰 영광이 된다면 기꺼이 만족스러워합니다.

대답 9 겸손한 사람은 하나님께서 가장 합당하다 여겨 허락하신 처지와 환경을 사랑합니다. 교만한 사람은 더 많이 갖지 못해 불평합니다. 겸손한 사람은 너무 많이 주셔서 놀라워합니다. "주님께서 주님의 종에게 베푸신 이 모든 은총과 온갖 진실을 이 종은 감히 받을 자격이 없습니다."창 32:10 마음이 낮아지면 낮은 형편도 고맙게 받아들일 수 있습니다. 자신의 죄를 바라보는 그리스도인은 형편이 더 나빠지지 않는 것에 오히려 놀랍니다. 그래서 그는 자신이 받은 자비가 적다고 말하지 않고 자신이 저지른 죄가 크다고 말합니다. 그는 하나님께서 찌꺼기 같은 고기를 썰어 주셔도 자신은 감히 받을 자격이 없음을 압니다. 그러므로 그는 무릎을 꿇고 그것을 감사히 받습니다.

대답 10 겸손한 사람은 가장 비천한 이에게, 가장 낮은 자리에 있는 이에게 몸을 낮춥니다. 그러니 그리스도의 지체들 중 가장 낮은 이를 찾아갈 것입니다. 그에게는 부자의 자색 옷보다 거지 나사로의 종기투성이가 더 귀합니다. 그는 이렇게 말하지 않습니다. "멀찍이 서 있어라. 우리는 거룩하니 너희가 우리에게 닿아서는 안된다. 가까이 오지 말아라."사 65:5 그는 비천한 사람들과 함께 사귑니다.롬 12:16

적용 1 겸손이 경건한 사람의 불가결한 특징일진대, 다음의 기준으로 우리의 마음을 평가해 봅시다. 즉, 우리는 겸손합니까? 슬프게도 교만으로 부풀어서 터지기 직전인 사람들의 경건은 어디서 찾아볼 수 있습니까? 사람들은 그토록 교만해도 그것을 고백하지 않습니다. 이 교만의 사생아가 태어났건만 누구도 그것을 자기 자식이라고 인정하지 않는 것입니다. 그러므로 다음의 몇 가지 질문에 양심적으로 대답해 보십시오.

첫째, 자랑을 일삼는 사람들은 교만하지 않습니까? "여러분이 자랑하는 것은 좋지 않습니다."고전 5:6 (1) 부를 자랑하는 자들. 그들의 마음에는 재산이 가득 들어 있어 터질 듯합니다. 버나드는 교만을 부자의 사촌이라 했습니다. "네 재산 때문에 네 마음이 교만해졌다."겔 28:5 (2) 의복을 자랑하는 자들. 많은 이들이 마귀가 홀딱 반할 만한 모습으로 차려입습니다. 분칠한 얼굴들, 저속한 옷차림, 드러낸 가슴, 이 모든 것들이 다

교만의 깃발 아니면 무엇이란 말입니까? (3) 미모를 자랑하는 자들. 육신이란 흙과 뼈를 섞어 반죽해 놓은 것에 지나지 않습니다. 고운 것도 거짓되고 아름다운 것도 헛되다고 솔로몬은 말합니다.잠 31:30 하지만 어떤 사람들은 너무 어리석어서 헛된 것을 다 자랑합니다. (4) 재능을 자랑하는 자들. 재능을 장식처럼 주렁주렁 달고 있다고 하나님의 눈에 특별히 돋보이는 것이 아닙니다. 천사는 지적이고 총명한 피조물이지만, 그에게서 겸손을 걷어 내면 한낱 마귀일 뿐입니다.

둘째, 자신을 뛰어나다고 과대평가하는 자들은 교만하지 않습니까? 자기애라는 확대경으로 자신을 보면 본래의 모습보다 훨씬 훌륭해 보입니다. 마술사 시몬은 자신을 대단한 사람이라고 떠벌렸습니다.행 8:9 알렉산더는 주피터의 아들이자 신들의 종족이 되고 싶어 했습니다. 페르시아 왕 샤푸르는 스스로를 "해와 달의 형제"라고 칭했습니다. "그는 자신의 물감통과 한 자 반이나 되는 말들을 내던진다"(이는 호라티우스의 『시학』에 나오는 표현으로, 시를 쓸 때는 과도한 수식과 장황한 말을 버려야 한다는 뜻을 담고 있다. 저자는 스스로 거창하게 표현하는 자들을 빗대어 이 인용문을 사용한 것으로 보인다—옮긴이). 나는 프레더럭 황제의 목을 짓밟아 눌렀다는 어떤 교황의 이야기를 읽어서 알고 있습니다. 그는 자신의 이 교만을 합리화하는 수단으로 다음과 같은 성경구절을 인용했다고 합니다. "네가 사자와 독사를 짓밟고 다니며, 사자 새끼와 살모사를 짓이기고 다닐 것이다."시 91:13 세상에 자기 자신보다 거창한 우상은 없으니, 교만한 사람은 바로 이 우상 앞에 절합니다.

셋째, 다른 이들을 경멸하는 자들은 교만하지 않습니까? 바리새인들은 "스스로 의롭다고 확신하고 남을 멸시"했습니다.^{눅 18:9} 중국인들이 말하는바, 유럽인은 눈이 하나요 중국인은 둘이며 나머지 세상 사람들은 모두 눈이 멀었다는 것입니다. 교만한 사람은 골리앗이 다윗을 보듯 비웃는 눈으로 다른 이들을 봅니다. "그 블레셋 사람은 다윗을 보고 나서……그를 우습게 여겼다."^{삼상 17:42} 교만의 산봉우리에 올라앉은 자들의 눈에 다른 이들은 그저 까마귀 정도로나 보일 뿐입니다.

넷째, 자화자찬하는 자들은 교만하지 않습니까? "이전에 드다가 일어나서 자기를 위대한 인물이라고 선전하니."^{행 5:36} 교만한 사람은 자신의 선행을 스스로 알리러 오는 전령입니다. 그는 다른 누구도 아닌 자신의 명성을 널리 퍼뜨리니, 바로 여기에 자신의 미덕을 스스로 분칠하는 악덕이 있는 것입니다.

다섯째, 하나님께 돌려야 할 영광을 자신에게 돌리는 자들은 교만하지 않습니까? "내가 세운 이 도성, 이 거대한 바빌론을 보아라!"^{단 4:30} 그러니 교만한 자들은 말합니다. "내가 드린 이 위대한 기도를 좀 보아라. 내가 베푼 이 훌륭한 자선은 또 어떤가?" 헤롯은 사람들이 자신의 연설을 듣고 자신을 신으로 떠받들자, 대단히 흡족해하며 그 영광을 자신의 것으로 삼았습니다.^{행 12:22} 교만은 가장 망령된 도적질입니다. 하나님의 영광을 다 도적질하니 말입니다.

여섯째, 현재의 형편에 자족할 줄 모르는 자들은 교만하지 않습니까? 그들은 하나님을 고약하게 말하고 그분의 보살핌과 지혜를 비난합니다. 그분께서 그들을 형편없이 대했다는 듯이 말입니다. 사실 하나님께서도 비위를 맞추기 어려울 만큼 까탈스러운 것이 교만한 자라지만, 그는 비난의 신 모모스처럼 늘 비난거리를 찾아다니고 보란 듯이 하늘에 대고 삿대질을 합니다.

오, 그러니 우리 안에 이 교만의 누룩이 없는지 찾아봅시다. 인간은 선천적으로 교만한 피조물입니다. 이 교만의 죄는 타고난 것입니다. 우리의 첫 번째 부모가 이 교만으로 타락했습니다. 그들은 신과 같이 되기를 갈망했던 것입니다. 물론 선한 자들에게도 이 교만의 씨앗이 있습니다만, 경건한 사람들은 이 교만의 죄에 빠져들지 않습니다. 그들은 죄죽임으로 이 잡초를 죽이기 위해 노력하는 것입니다. 하지만 명백히 이 죄가 퍼져 마음을 잠식한 경우라면 결코 은혜와 양립할 수 없습니다. 겸손하지 않은 사람을 경건하다 하느니 분별없는 사람을 지혜롭다 하는 편이 낫습니다.

적용 2 이 특징을 얻기 위해 노력합시다. 즉, 겸손합시다. 사도의 권면이 이와 같습니다. "모두가 서로서로 겸손의 옷을 입으십시오."벧전 5:5 그러니 수놓은 겉옷처럼 겸손을 입읍시다. 무엇을 잃더라도 겸손만은 잃지 맙시다. 은사를 잃을지언정 겸손만은 잃지 맙시다. 아닙니다, "성령의 위로"를 잃더라도 겸손만은 잃지 맙시다. "너 사람아,⋯⋯주님께서 너에게 요구하시는 것이 무엇인지도 이미 말씀하셨다.······겸손히 네 하나님과 함께 행하는 것이 아니냐!"미 6:8 다음 사항을 기억하십시오.

첫째, 값어치 있는 사람일수록 겸손합니다. 깃털은 나풀거리지만 금덩이는 가라앉습니다. 순금 같은 성도는 겸손으로 낮아집니다. 옛적의 어떤 이들은 겸손을 켈리도니아의 돌에 비유했는데, 이 돌은 특별한 것이 없는 돌덩어리에 불과하지만 엄청난 가치가 있다고 합니다.

둘째, 하나님께서는 겸손한 영혼을 사랑하십니다. 하나님께서 기뻐하시는 것은 그리스도인이라는 우리의 드높은 혈통이 아니라 낮은 마음입니다. 겸손한 마음이 하나님의 눈에 띕니다. "겸손한 사람, 회개하는 사람,······바로 이런 사람을 내가 좋아한다."사 66:2 겸손한 마음은 하나님의 거처입니다. "내가 비록 높고 거룩한 곳에 있으나 겸손한 사람과도 함께 있고 잘못을 뉘우치고 회개하는 사람과도 함께 있다."사 57:15 저명인사들은 그들의 공식적인 저택 외에 때때로 가서 휴양할 수 있는 별장들을 따로 가지고 있습니다. 하나님께서는 하늘의 대저택 외에도 조용히 찾아오셔서 쉬실 수 있는 겸손한 마음이라는 별장을 따로 가지고 계십니다. 풍광 좋기로 말하자면 이탈리아가 세계의 정원을 자처하고 나서겠지만, 겸손한 마음의 자랑은 이것이니, 곧 이 마음이 위대하신 왕을 뵙는 알현실이라는 것입니다.

셋째, 우리는 이 시대를 보아서라도 겸손해야 합니다. 주께서는 지금 옛적의 이스라엘에게 말씀하신 것처럼 우리에게 말씀하시는 듯합니다. "이제 너희는 너희 몸에서 장식품을 떼어 버려라. 내가 너희에게 어떻게 해야 할지를 이제 결정하겠다."출 33:5 "나의 진노가 시작되었다. 나는 성소의 불을 덮어 가렸고 강물을 피로 덮었으며 너희를 향해 역병의 화살을 날려 보냈다. 그러니 너희의 그 교만을 내려놓아라. 그 장식품을 너희 몸에서 떼어 버려라." 하나님께서 이토록 치시는 이때에도 몸 낮출 줄 모르는 교만한 자들에게 화 있을진저. 하나님께서 회초리를 드시는 이때가 아니면 언제 또 우리가 겸손해질 수 있단 말입니까? "그러므로 여러분은 하나님의 능력의 손 아래로 자기를 낮추십시오."벧전 5:6 하나님께서 당신의 백성들에게 질고를 주시고 그들의 특권을 끝내시는 바로 그때가 "맨살에 베옷을 걸치고 통곡"하며 그들의 "위세를 먼지 속에" 묻어야 할 때입니다.욥 16:15

넷째, 교만은 얼마나 무서운 죄인지요! 크리소스토무스는 교만을 "지옥의 어머니"라 했습니다. 아리스토텔레스가 말했듯이 교만은 아주 복합적인 악입니다. 정의가 모든 미덕을 함축하고 있다면 교만은 모든 악덕을 함축하고 있습니다. 교만은 영적인 술취함입니다. 그래서 술이 그렇듯 순식간에 뇌 속으로 들어가 중독시킵니다. 교만은 우상숭배입니다. 그래서 교만한 자는 자기 자신을 숭배합니다. 교만은 졸렬한 보복입니다. 하만은 모르드개가 무릎을 꿇지 않았다는 이유로 그를 모살하고자 했습니다. 하나님께서 이 교만이라는 죄를 얼마나 혐오하시는지 모릅니다!벧전 5:5 "주님께서는 마음이 거만한 모

든 사람을 역겨워하시니."잠 16:5

다섯째, 교만의 해악을 생각합시다. 교만은 영혼에 치명적인 해악을 끼칩니다. "이제 곧 모압은 소돔처럼 되고……이것은 그들이 거만을 떤 것에 대한 보복이다."습 2:9-10 플리니는 말했습니다. "비둘기들은 깃털을 자랑하고 높이 나는 것에 우쭐해 하다가 마침내는 너무 높이 날아올라 매의 먹이가 된다." 사람들은 교만으로 너무 높이 날아올라 결국에는 공중의 제왕 마귀의 먹이가 됩니다.

여섯째, 겸손으로 우리는 다른 이들에게 존경받습니다. 겸손한 사람은 모두가 존경합니다. "겸손하면 영광이 따른다."잠 15:33

질문 겸손해지기 위해서 우리는 어떤 수단을 사용할 수 있습니까?

대답 1 그리스도께서 보여주신 모범을 우리 앞에 펼쳐 놓읍시다. 그분께서는 겸손의 달인이십니다. "오히려 자기를 비워서 종의 모습을 취하시고 사람과 같이 되셨습니다."빌 2:7 오, 하나님의 아들이 우리 같은 인간의 육신을 취하시다니요, 이런 수치가 어디 있단 말입니까! 아닙니다. 그리스도께서 죄로 오염돼 추악한 우리의 본성을 취하셨다는 것, 이것이야말로 겸손의 경이로움이었습니다. 겸손하신 구주를 바라보고 우리의 교만의 깃털을 털어 냅시다.

대답 2 하나님의 무한하심과 정결하심을 생각합시다. 영광스러운 광경을 보면 겸손해질 수밖에 없습니다. 엘리야는 하나님의 영광이 앞으로 지나갈 때 겉옷으로 자신의 얼굴을 감쌌습니다.왕상 19:13 태양이 나타나면 별들이 사라집니다.

대답 3 우리 자신을 생각합시다. 먼저, 우리의 어두운 면을 생각합시다. 말씀의 거울에 우리의 얼굴을 비추어봄으로써 우리는 우리 얼굴의 반점과 얼룩을 볼 수 있습니다. 우리 안에 그토록 많은 죄가 들끓고 있다니요! 그러므로 우리는 버나드와 같이 말할 수 있습니다. "나는 오로지 사악하거나 무익할 뿐입니다."

다음으로, 우리의 밝은 면을 생각합시다. 우리 안에 선한 것이 있습니까? 다음 사항들을 생각합시다.

첫째, 우리가 지금까지 누려 온 은혜의 수단들에 비하면 우리 안에 있는 선이라는 것은 얼마나 보잘 것 없는지요! 우리의 믿음은 아직 부족한 것이 있습니다.살전 3:10 오, 그리스도인들이여, 있는 것을 자랑 말고 없는 것으로 인해 겸손합시다.

둘째, 우리의 은혜는 우리 자신에게서 나온 것이 아닙니다. 그것은 그리스도와 값없이 주시는 은혜로 인함입니다. 물에 도끼를 빠뜨린 사람이 "아이고, 선생님, 이것은 빌려 온 도끼입니다"왕하 6:5 하고 말한 것처럼, 나 또한 우리 안의 선하고 뛰어난 것들에 대해 같은 말을 할 수 있습니다. "이것은 빌려 온 것입니다." 잠시 빌려 낀 반지를 자랑스러워한다면 어리석은 일 아닙니까? "누가 그대를 별다르게 보아줍니까? 그대가 가지고 있는 것 가운데서 받아서 가지지 않은 것이 무엇이 있습니까?"^{고전 4:7} 햇빛을 빌려 받아 빛나는 달은 제 빛을 자랑스러워할 까닭이 없습니다.

셋째, 우리는 다른 이들에 비해 너무 부족합니다! 다른 그리스도인들은 은혜의 거인일 수 있습니다. 그들은 그리스도 안에서 우리보다 앞서 있을 뿐 아니라 위에 있기도 합니다. 우리는 그리스도의 몸에서 다만 발과 같을 뿐이고 그들은 아마 눈과 같을 것입니다.

넷째, 우리의 아름다움은 얼룩져 있습니다. 교회는 보름달처럼 훤하다고 합니다.^{아 6:10} 그런데 이 달은 가장 훤할 때 보면 표면에 검은 얼룩이 있습니다. 믿음은 불신과 섞여 있습니다. 그리스도인은 받은바 은혜 안에 자신을 겸손하게 하는 검은 얼룩을 함께 가지고 있습니다.

다섯째, 우리가 겸손하고자 할진대, 우리의 필멸성을 깊이 생각합시다. 흙이 스스로를 찬양합니까? 우리가 죽어서 갈 수밖에 없는 무덤을 생각하며 교만을 묻어야 합니다. 몸에 종기가 있을 경우 죽은 자의 손을 들어 그 부위를 쓰다듬으면 낫는다고 합니다. 죽음을 깊이 생각하며 교만의 종기를 치유합시다.

⑫ 기도

경건한 사람은 기도하는 사람입니다. 성경에 이와 같은 말씀이 있습니다. "모든 경건한 자는 주를 만날 기회를 얻어서 주께 기도할지라."시 32:6, 개역개정 은혜가 쏟아져 들어오자마자 기도가 쏟아져 나옵니다. "나는 기도할 뿐이라."시 109:4, 개역개정 히브리어로 새기자면 "나는 기도한다"는 뜻입니다. 기도와 나는 온전히 하나입니다. 기도는 영혼이 하늘과 사귀는 일입니다. 하나님께서는 그분의 성령으로 우리에게 내려오시고, 우리는 기도로 그분께 올라갑니다. 칼리굴라는 로마의 카피톨 신전에 주피터의 귀에 대고 속삭이는 자신의 우상들을 놓았습니다. 기도하는 사람은 하나님의 귀에 대고 속삭입니다. 경건한 사람은 기도 없이 살 수 없습니다. 사람은 숨을 쉬지 않으면 살 수 없고, 영혼은 하나님께 소원을 토해 내지 않으면 살 수 없습니다. 은혜의 아기는 태어나는 순간 소리쳐 웁니다. 바울은 회심하자마자 기도했습니다. "그는 지금 기도하고 있다."행 9:11 물론 그는 바리새인이었으므로 이전에도 기도했겠지만, 그 기도는 피상적이거나 맹신적이었습니다. 하지만 그의 영혼에 은혜의 역사가 일어나자, 그는 지금 기도하고 있습니다. 경건한 사람은 날마다 기도의 산에 오릅니다. 그는 기도로 하루를 시작합니다. 그는 자신의 가게 문을 열기 전에 하나님 앞에서 마음부터 엽니다. 우리는 집안에 향을 피웁니다. 경건한 사람의 집은 "향기 나는 집"이니, 기도의 향기가 온 집안에 가득한 것입니다. 그는 하나님을 먼저 찾지 않고는 어떠한 일도 시작하지 않습니다. 로마의 정치인 스키피오는 언제나 카피톨 신전에 올라가서 기도한 후에야 원로원에 등원했다고 합니다. 경건한 사람은 어떠한 일에서든 하나님께 의견을 청합니다. 그는 그분의 허락과 승인을 구합니다. 그리스인들은 신전 사제들에게 의견을 구했습니다. 경건한 사람은 거룩하신 분께 묻습니다.창 24:12, 삼상 23:3-4 참된 성도는 거룩한 외침으로 자신의 마음을 끊임없이 하늘로 쏘아 올립니다.

질문 1 기도는 경건한 사람의 징표입니까? 위선자들도 청산유수같이 또한 대단히 경건한 듯 기도할 수 있지 않습니까?
대답 그럴 수 있습니다. "그들이……날마다 나를 찾으며."사 58:2 하지만 그들은 "성령 안에서"엡 6:18 기도하지는 않습니다. 기도의 재주는 있어도 기도의 영은 없는 것입니다.

질문 2 우리는 어떻게 우리에게 기도의 영이 있는지 알 수 있습니까?
대답 우리의 기도가 영적일 때.

질문 3 영적인 기도란 무엇입니까?
대답 1 영적인 기도는 알고 드리는 기도입니다. 율법 시대에 아론은 제단에 향을 피워 올릴 때 반드시 "등불을 켜야" 했습니다.출 30:7 향은 기도의 상징이었고, 등불을 밝힘은 지식 곧 앎의 상징이었습니다. 기도의 향이 피어오를 때는 반드시 앎의 등불이 켜져야 합니다. "나는 영으로 기도하고 또 깨친 마음으로도 기도하겠습니다."고전 14:15 우리는 하나님의 권능과 거룩하심을 알아야 하며, 그래야 말할 수 없는 경외심을 품고 그분 앞에 나갈 수 있습니다. 우리는 온전히 하나님의 뜻에 합당한 간청을 드려야 합니다. "하나님 앞에서 말을 꺼낼 때에, 함부로 입을 열지 말아라. 마음을 조급하게 가져서도 안된다."전 5:2 주께서는 눈먼 짐승은 제물로 받지 아니하실 것입니다.말 1:8 사리분별도 없이 기도하면서 어떻게 마음을 다해 기도할 수 있겠습니까? 교황주의자들은 알 수 없는 말로 기도합니다. 그리스도께서는 아마 이들에게 세베대의 아들들의 어머니에게 하셨던 것처럼 대답하실 것입니다. "너희는 너희가 구하는 것이 무엇인지도 모르고 있다."마 20:22 알지도 못하고 기도하는 자는 언제 응답이 왔는지도 모를 것입니다.

대답 2 영적인 기도는 마음을 다하여 드리는 기도입니다. 기도는 단순히 입에서 나오는 말이 아니라 마음에서 나오는 소원입니다. "주님, 나의 마음이 기도합니다." 이와 같이 할 수 있다면 훌륭한 기도라 하겠습니다. 한나는 마음으로 기도했습니다.삼상 1:13 나팔 소리는 악기 안에서 나오고 훌륭한 기도의 음악은 마음 안에서 나옵니다. 기도에 마음이 함께하지 않으면 단순한 말일 뿐 기도가 아닙니다.

대답 3 영적인 기도는 간절하고 뜨거운 기도입니다. "의인이 간절히 비는 기도는 큰 효력을 냅니다."약 5:16 가슴은 태엽과 같아서 무엇보다 뜨겁고 빠르게 감정을 전달합니다. 뜨거움은 기도가 하늘로 비상하는 날개입니다. 기도는 탄식으로 표현됩니다.롬 8:26 하나님께서 기뻐하시는 것은 성령의 은사보다는 성령의 탄식입니다. 기도는 "씨름"이라고 하며,창 32:24 마음을 쏟아 놓는 일이라고 합니다.삼상 1:15 기도는 향에 비유됩니다.시

141:2 불 없는 향은 향기를 내지 못합니다. 뜨거움 없는 기도는 불 없는 향과 같습니다. 그리스도께서는 "큰 부르짖음과 많은 눈물로써 기도와 탄원을 올리셨습니다."히 5:7 부르짖는 기도는 능력이 있습니다. 가슴이 기도로 불타오를 때 그리스도인은 말하자면 불병거를 타고 하늘로 올라가는 것입니다.

대답 4 영적인 기도는 상한 마음에서 나오는 기도입니다. "하나님께서 원하시는 제물은 찢겨진 심령입니다."시 51:17 향은 모질게 찧어져야 기도할 때의 상한 마음을 상징할 수 있었습니다. 하나님께서 받으시는 것은 뜨겁게 녹아내린 마음이지 유창한 말이 아닙니다. 어떤 그리스도인은 말합니다. "오, 나는 다른 이들처럼 훌륭하게 기도할 수 없습니다." 모세도 주님께 그처럼 말했습니다. "주님, 죄송합니다. 저는 본래 말재주가 없는 사람입니다." 하지만 여러분은 울고 탄식할 수는 있습니까? 여러분의 영혼이 녹아서 눈물이 되어 나옵니까? 하나님께서는 상한 마음에서 나오기만 하면 아무리 어눌한 표현이라도 받아 주십니다. 나는 열매를 맺지 못하는 어떤 나무에 관한 이야기를 읽은 적이 있습니다. 하지만 그 나무는 대신 눈물을 흘리듯 고무 같은 액체를 흘리는데, 이 고무가 대단히 비싸다고 합니다. 그러므로 여러분이 비록 다른 사람들처럼 달변의 재주는 갖추지 못했다 해도 회개하는 마음으로 눈물을 쏟아낼 수 있다면, 이 눈물이야말로 하나님께는 말할 수 없이 값진 것이니 당신의 병에 따로 넣어 두실 것입니다. 야곱은 울면서 기도했고 천사와 싸워 이겼습니다.호 12:4

대답 5 영적인 기도는 믿음으로 드리는 기도입니다. "또 너희가 기도할 때에 이루어질 것을 믿으면서 구하는 것은 무엇이든지 다 받을 것이다."마 21:22 그토록 많은 기도가 난파당하는 것은 불신의 암초에 걸려 파선하기 때문입니다. 믿음 없이 기도함은 탄환 없이 총을 쏨과 같습니다. 믿음이 기도하는 이의 손을 잡으면 우리는 하나님께 가까이 갈 수 있습니다. 우리는 복음서의 그 나병환자와 같이 기도로 하나님께 나아가야 합니다. "주님, 하고자 하시면 나를 깨끗하게 해주실 수 있습니다."마 8:2 주님의 귀가 어두워서 듣지 못하신다고사 59:1 속삭인다면 하나님을 심히 욕되게 하는 일입니다. 옛적 이스라엘 백성들을 두고 했던 말은 기도하는 이들에게도 적용될 수 있습니다. "결국 그들이 들어갈 수 없었던 것은 믿지 않았기 때문임을 우리는 압니다."히 3:19

대답 6 영적인 기도는 거룩한 기도입니다. "그러므로……모든 곳에서 거룩한 손을 들어 기도하기를 바랍니다."딤전 2:8 기도는 정결한 마음의 제단 위에 바쳐야 합니다. 우리 안에 죄가 살고 있으면 마음이 굳어질 뿐 아니라 기도 또한 하나님의 귀에 들리지도 않습니다. 죄는 기도의 입을 막아 버립니다. 강도는 나그네의 입에 재갈을 물려 말을 못하게 하는데, 죄가 기도에게 하는 짓이 이와 똑같습니다. 죄는 기도를 오염시키고 감염시킵니다. 악인의 기도가 지금 역병에 걸려 있는데 하나님께서 그에게 가까이 오시겠습니까? 자석은 마늘을 발라 놓으면 효력을 잃는다고 합니다. 기도 역시 그러해서 죄로 오염되면 효능을 잃습니다. "내가 마음속으로 악한 생각을 품었더라면, 주님께서 나에게 응답하지 않으셨을 것이다."시 66:18 죄를 대적하여 기도하고는 곧 기도를 대적하여 죄를 짓는 것은 어리석은 일입니다. 영적인 기도는 증류주와 같아서 죄의 찌꺼기와 침전물을 걸러 내야 합니다. 그리하면 "그 레위 자손이 나 주에게 올바른 제물을 드리게 될 것이다."말 3:3 마음이 거룩하면 이 제단이 제물을 깨끗하게 할 것입니다.

대답 7 영적인 기도는 겸손한 기도입니다. "여호와여, 주는 겸손한 자의 소원을 들으셨사오니."시 10:17, 개역개정 기도는 구호품을 청함과 같으니 겸손이 필요합니다. "세리는 멀찍이 서서 하늘을 우러러볼 엄두도 못 내고 가슴을 치며 '아, 하나님, 이 죄인에게 자비를 베풀어 주십시오' 하고 말하였다."눅 18:13 하나님께 다가갈 때 우리는 그분의 무한한 영광 앞에서 거룩한 두려움과 경이로움에 휩싸입니다. "하나님, 너무나도 부끄럽고 낯이 뜨거워서 하나님 앞에서 차마 얼굴을 들 수 없습니다."스 9:6 하찮은 미물에 불과한 피조물이 그 창조주의 발아래 엎드림은 지극히 온당한 일입니다. "티끌이나 재밖에 안 되는 주제에 제가 주님께 감히 아룁니다."창 18:27 마음이 낮아질수록 기도는 높이 올라갑니다.

대답 8 영적인 기도는 그리스도의 이름으로 드리는 기도입니다. 그리스도의 이름으로 기도한다 함은 기도 중에 그리스도의 이름을 부름은 물론이요, 더 나아가 그리스도의 중보를 희망하고 확신하며 기도한다는 뜻입니다. 재산을 구입한 아버지의 권한으로 자식이 그 재산의 소유권을 주장하듯, 우리는 그리스도의 이름으로 자비를 요구합니다. 그 자비는 그리스도께서 우리를 위하여 당신의 피를 주고 사신 것이기 때문입니다. 이처럼 기도하지 않는다면 아예 기도했다고 할 수도 없습니다. 아니, 그 정도가 아니라 오히려 하나님의 진노를 부른다고 해야 합니다. 웃시야의 경우가 그러한데, 그는 제사장 없이 분향하려다가 하나님의 진노를 사 나병을 얻었습니다.^{대하 26:16-19} 그러므로 우리가 그리스도의 이름으로 기도에 들어가지 않으면 이는 제사장 없이 향을 피워 올림과 같으니, 하나님의 진노 외에 무엇을 기대할 수 있겠습니까?

대답 9 영적인 기도는 기도를 사랑하므로 드리는 기도입니다. 악인들도 기도할 수 있지만 기도를 사랑하지는 않습니다. "그가 어찌 전능자를 기뻐하겠느냐."^{욥 27:10, 개역개정} 경건한 사람은 기쁨의 날개를 타고 있습니다. 그에게는 기도할 때보다 좋을 때가 없습니다. 그는 두려워서 기도하는 것이 아니라 사랑으로 불타올라 기도합니다. "내가 그들을 나의 거룩한 산으로 인도하여 기도하는 내 집에서 기쁨을 누리게 하겠다."^{사 56:7}

대답 10 영적인 기도는 영적인 목적을 가지고 드리는 기도입니다. 영적인 기도와 육적인 욕망의 차이는 실로 다대합니다. 위선자들의 목적은 세속적이고 육적입니다. 그들은 기도하면서 곁눈질합니다. 그들의 동기는 영적인 필요가 아니라 쾌락입니다. "구하여도 얻지 못하는 것은 자기가 쾌락을 누리는 데에 쓰려고 잘못 구하기 때문입니다."^{약 4:3} 죄인들은 은혜보다는 양식을 얻기 위해 기도합니다. 하나님께서는 이것을 기도가 아니라 괴성으로 보십니다.

"그들은 침상에서 괴성을 지를 뿐 내게 마음을 다하여 울부짖지는 않았다. 그들은 곡식과 포도주를 얻으려고 모이고, 나를 거역한다."호 7:14, 옮긴이 사역 "제게 주실 것은 재물뿐입니다"(오비디우스). 선한 목적이 없는 기도는 선한 응답을 받을 수 없습니다. 경건한 사람에게는 기도의 영적인 목적이 있습니다. 그는 상인이 자신의 장삿배를 보내듯 기도를 보내는데, 이는 영적인 축복이라는 막대한 이익을 남기고자 함입니다. 그의 기도의 의도는 그의 마음이 더욱 거룩해지고 하나님과 더 많은 사귐을 갖는 것입니다. 경건한 사람은 은혜의 재고를 늘리기 위해 기도 사업에 종사합니다.

대답 11 영적인 기도는 수단의 사용, 곧 실천력을 동반합니다. 기도뿐 아니라 행함도 있어야 합니다. 히스기야는 병이 생기자 회복을 비는 기도만 한 것이 아니라 무화과로 고약을 만들어 종기에 붙이기까지 했습니다.사 38:21 이는 영혼에 대해서도 적용될 수 있는데, 우리가 죄를 대적하여 기도하고 그에 대한 실천으로 유혹을 피하는 경우입니다. 우리가 은혜를 얻기 위해 기도하고 이 목적을 이룰 수 있는 기회를 최대한 이용한다면, 이것이 바로 종기에 무화과 고약을 바름이니 우리가 회복되는 것입니다. 거룩하게 해달라고 기도하고서 거기에 이르는 수단을 무시함은 시계태엽을 감고서 시계추를 떼어 냄과 같습니다.

대답 12 영적인 기도는 기도가 끝난 후에도 영적인 흔적을 남깁니다. 그리스도인은 기도 후에 더 좋아집니다. 그는 운동을 해서 힘을 얻듯 죄를 이기는 힘이 더 강해집니다. 술을 담았던 그릇에 술의 잔향이 남듯 기도 후의 마음에도 거룩의 흔적이며 향기가 남아 있습니다. 산에서 하나님과 함께 있은 후 모세의 얼굴이 빛났습니다. 그러므로 기도의 산 위에 있은 후 우리의 은혜가 빛나고 우리의 삶이 빛납니다. 경건한 사람의 징표가 이와 같으니, 곧 그는 성령 안에서 기도합니다. 이것이 올바른 기도입니다. 기도의 재능은 아궁이 불과 같이 평범할 뿐입니다. 하지만 영적인 기도는 하늘에서 오는 근원적인 불과 같이 한결 고귀하고 뛰어납니다.

적용 1 경건한 사람은 기도의 영이 있습니까? 그렇다면 아래에 언급한 사람들은 경건과 상관없는 자들입니다.

첫째, 전혀 기도하지 않는 자들. 그들의 집은 결단코 거룩한 집이 아닙니다. 악인의 특징이 이와 같으니, 곧 하나님을 부르지 않는다는 것입니다.시 14:4 구호품을 요청도 안 하고 어떻게든 받으리라 생각한다면 딱한 사람 아닙니까? 하나님의 자비를 구하지도 않는 자들이 그분의 자비를 받으리라 생각합니까? 청하지도 않은 자비를 베풀어 주신다면 하나님께서는 당신의 아들보다 저들을 더 편애하시는 분이라고 해야 마땅합니다. 왜냐하면 당신의 아드님조차 자비를 구하며 "큰 부르짖음과 많은 눈물로써 기도와 탄원을 올리셨"기 때문입니다.히 5:7

하나님의 자녀라면 누구도 꿀 먹은 듯 입을 닫고 있어서는 안 됩니다. "여러분은 자녀이므로 하나님께서 그 아들의 영을 우리의 마음에 보내 주셔서 우리가 하나님을 '아빠, 아버지'라고 부를 수 있게 하셨습니다."^{갈 4:6} 짐승들은 본능적으로 하나님께 외칩니다. "우는 까마귀 새끼에게 먹이를 주신다."^{시 147:9} "젊은 사자들은……하나님께 먹이를 달라고 울부짖다가."^{시 104:21} 하나님께 울며 구하지 않는 자들은 짐승만도 못합니다.

둘째, 가뭄에 콩 나듯 기도하는 자들. 헤일린이 언급한 그 망령된 불신자와 같은 사람들입니다. 그가 전하는바, 그 불신자는 하나님께 자신은 다른 사람들과 같은 거지가 아니라고, 그래서 구걸하듯 하나님을 귀찮게 한 적이 없으니 이번에 한 번만 자신의 기도를 들어주시면 두 번 다시 귀찮게 하지 않겠다고 했답니다.

셋째, 기도하되 "성령으로"^{유 20절} 기도하지 않는 자들. 그들은 구슬피 우는 비둘기보다는 지껄이기만 하는 앵무새에 가까운 자들입니다. 그들의 마음은 기도로 녹아내리지 않습니다. 그들은 마음으로 기도하지 않고 혀로 기도합니다.

적용 2 여러분이 새로 탄생한 사람임을 보이고자 할진대, "아빠, 아버지"라고 부르며 기도하는 사람이 됩시다. 적어도 하루에 두 번은 기도합시다. 옛적에 성전에서는 아침저녁으로 희생제사가 있었습니다. 다니엘은 하루에 세 차례 기도했습니다. 아니, 그는 기도를 너무 사랑해서 목숨을 버릴지언정 기도는 버리지 않았습니다.단 6:10 루터는 날마다 세 시간씩 바쳐 기도했습니다.

이의 하지만 하나님께서 이미 그토록 많은 축복의 약속을 해 주셨는데 우리가 굳이 기도할 필요가 있습니까?

대답 기도는 그 약속에 부가된 조건입니다. 하나님의 약속은 기도의 돌쩌귀에 얹혀 돌아갑니다. "이제 나는 다시 한 번 이스라엘 족속을 시켜서 내게 도움을 간청하게 하겠고."겔 36:37 왕이 사면을 약속한다 해도 청원이 반드시 있어야 합니다. 다윗은 영원히 이어 갈 집을 세워 주시겠다는 약속을 받았지만, 기도로 그 약속을 청원했습니다.삼하 7:25 그리스도께서도 이미 자신에게 주신 모든 약속을 확신했지만 기도로 온 밤을 보내셨습니다.

그러므로 여러분이 경건한 사람으로 인정받고자 할진대, 부디 기도에 몰두합시다. 모든 것은 기도로 거룩해집니다.딤전 4:5 기도는 죄의 잡초를 뽑아내고 은혜의 꽃에 물을 줍니다. 아론과 훌이 모세의 팔을 붙들어 올렸듯이출 17:12 나는 그리스도인들을 격려하며 그들의 머리를 기도로 붙들어 올리고자 다음의 몇 가지 사항을 제시하겠습니다.

첫째, 기도는 하나님의 귀에 뿌린 씨앗입니다. 땅에 뿌린 다른 씨앗은 새들이 와서 쪼아 먹지만 이 기도의 씨앗은 (눈물로 물을 주었을 경우에는 더더욱) 귀해서 도저히 유실될 수 없습니다.

둘째, 기도는 능력이 있습니다. 그리스도인의 전신갑주를 차례로 열거한 사도는 이제 가장 중요한 무기로 기도를 꺼내 보입니다.엡 6:18 (잔키우스가 말하는바) 이 기도라는 무기가 없으면 나머지 무기들은 거의 쓸모가 없습니다. 기도로 모세는 홍해를 갈랐습니다. 여호수아는 태양을 멈추어 세웠습니다.수 10:13 그 정도가 아닙니다. 기도는 의로운 해도 멈추어 서시게 합니다. "예수께서 걸음을 멈추시고."눅 18:40 영적이든 현세적이든 가릴 것 없이 모든 축복으로 들어가는 문, 그것이 기도입니다. 아우렐리우스 안토니우스가 게르만 족을 치러 나갈 때, 그의 군대에는 그리스도인 부대가 따로 있었습니다. 이 부대가 열심히 기도한 덕택으로 안토니우스의 군대는 빗물을 확보하여 다시 기운을 차릴 수 있었습니다. 그리고 이 그리스도인들의 기도가 이처럼 능력이 있었으므로 안토니우스는 이들을 "천둥 부대"라 칭했습니다. 기도는 그 자체로 교회의 거만한 적들을 멸하는 능력이 있습니다. 우리가 읽는바, "두 증인"의 입술에는 불이 타오르고 있었습니다. 그들의 입에서 나온 이 불이 원수를 삼킨다고 합니다.계 11:3, 5 이 불은 명백히 그들의 기도로 해석될 수 있습니다. 다윗은 이렇게 기도했습니다. "주님, 부디 아히도벨의 계획이 어리석은 것이 되게 하여 주십시오."삼하 15:31 이 기도로 인해 아히도벨은 목을 매어 자살했습니다. 아말렉에 대항한 모세의 기도는 여호수아의 검보다 능한 것이었습니다. 기도는 뭔가 전능한 능력을 가지고 있습니다. 그러니 죽은 자들을 일으켰고 천사들을 이겼으며 마귀들을 쫓아냈습니다. 심지어는 하나님에게까지 영향력을 행사합니다.출 32:14 야곱의 기도는 하나님을 붙들고 놓아주지 않았습니다. "야곱은 자기에게 축복해 주지 않으면 보내지 않겠다고 떼를 썼다."창 32:26 기도는 하나님께 무죄 방면을 선고해 놓고도 그분을 놓아 드리지 않습니다.

셋째, 예수 그리스도께서 우리의 기도를 받아 다시 기도하십니다. 그분께서는 찌꺼기를 모두 걸러 내시고 오로지 정금만을 그분의 아버지께 내보이십니다. 그리스도께서는 성도들의 기도에 당신의 향기를 섞습니다.계 5:8 그분의 존엄을 생각해 보십시오. 그분께서는 하나님이십니다. 그분께서 맺고 계신 관계의 다정함을 생각해 보십시오. 그분께서는 아들이십니다. 오, 그러니 우리가 기도하는 데 이보다 더한 격려가 어디 있습니까! 우리의 기도는 중보자의 손에 들려 있습니다. 이 기도가 우리에게서 나올 때는 약하고 불완전하지만, 그리스도께로 갔다가 다시 나올 때는 강하고 능력 있는 기도가 됩니다.

넷째, 기도하는 이에게는 하나님께서 향기로운 약속들을 주십니다. "네가 살려 달라고 부르짖을 때에 주님께서 틀림없이 은혜를 베푸실 것이니."사 30:19 "너희가 나를 부르고 나에게 와서 기도하면 내가 너희의 호소를 들어주겠다. 너희가 나를 찾으면 나를 만날 것이다. 너희가 온전한 마음으로 나를 찾기만 하면 내가 너희를 만나 주겠다."렘 29:12-14 "그들이 부르기 전에 내가 응답하며 그들이 말을 마치기도 전에 내가 들어주겠다."사 65:24 기도하는 사람을 살려 주는 약속들입니다. 삼손이 자신의 머리카락에 매여 있었듯이, 하나님께서는 스스로 하신 이 약속들에 매여 계십니다.

그러므로 우리 모두 합심하여 우리 구주와 같이 간절히 기도합시다.^{눅 22:44} 우리 모두 끈질긴 청원자가 되고, 버나드와 같이 하나님을 얻지 않고는 하나님에게서 물러나지 않겠다고 결심합시다. 기도는 하늘 문을 깨트려 여는 폭탄입니다.

질문 4 우리는 어떻게 해야 올바로 기도할 수 있습니까?
대답 하나님의 성령께 간청하십시오. "성령으로 기도하십시오."^{유 20절} 성령께서는 기도할 말을 일러 주시고 그 기도에 불을 붙여 주십니다. 하나님께서는 그분의 성령의 말 외에는 그 어떠한 말도 알아듣지 못하십니다. 부디 성령을 간청하여 성령 안에서 기도합시다.

⑬ 진실함

경건한 사람은 진실한 사람입니다.

> 보아라, 저 사람이야말로 참으로 이스라엘 사람이다. 그에게는 거짓이 없다.^{요 1:47}

"진실하다"에 해당하는 그리스어 "하플루스"는 "주름이나 구김이 없다"는 뜻입니다. 경건한 사람은 마음이 단순하며 교묘한 구실이나 핑계를 대지 않습니다. 신앙은 경건한 사람이 입는 제복이며, 이 제복의 안감은 진실성입니다.

질문 경건한 사람의 진실성은 어떻게 드러납니까?

대답 1 경건한 사람은 보이는 모습 그대로입니다. 그는 속마음도 유대사람입니다.^{롬 2:29} 광맥을 타고 은이 흐르듯, 그의 마음에는 은혜가 흐릅니다. 위선자는 겉모습과 다릅니다. 사람을 아무리 실감나게 그렸다 한들 그림이 숨을 쉴 수는 없습니다. 위선자는 초상화에 불과하니, 그의 입에서는 거룩함이라는 숨이 나오지 않습니다. 그는 그림 속의 천사일 뿐입니다. 경건한 사람은 사본이 원본과 일치하듯 자신이 고백한 신앙과 일치합니다.

대답 2 경건한 사람은 모든 면에서 하나님께 인정받고자 노력합니다. "그러므로 우리가 몸 안에 머물러 있든지 몸을 떠나서 있든지, 우리가 바라는 것은 주님을 기쁘게 해 드리는 사람이 되는 것입니다."^{고후 5:9} 세상의 박수갈채를 받는 것보다 하나님께 인정받는 것이 더 좋습니다. 고대의 올림픽 경기자들은 심판에게 인정받기 위해 분투했습니다. 하나님의 얼굴에 번지는 미소가 세상 모든 사람들의 갈채보다 말할 수 없이 좋아지는 때가 이제 곧 옵니다. 거기서 이와 같은 말씀을 들으면 얼마나 감격스럽겠습니까. "잘했다! 착하고 신실한 종아."^{마 25:21} 경건한 사람은 하나님의 표창장을 염원하고, 위선자는 사람들의 찬사를 욕망합니다. 사울은 사람들에게 인정받고자 했습니다.^{삼상 15:30} 경건한 사람은 관중이자 심판이신 하나님께 그의 마음을 인정받습니다.

대답 3 경건한 사람은 자신의 죄를 드러내는 데 숨김이 없습니다. "나는 내 죄를 주님께 아뢰며 내 잘못을 덮어 두지 않고 털어놓았습니다."시 32:5 위선자들은 자신의 죄를 가리고 은폐합니다. 그들은 죄와 단절하는 것이 아니라 죄를 숨기고 덮어줍니다. 그들은 몸에 역겨운 질병이 있는 병자와 같아서, 그 질병을 고백하느니 그냥 죽고자 할 것입니다. 하지만 경건한 사람의 진실성은 바로 여기에서 드러나는바, 곧 죄를 고백하고 그 죄로 인해 부끄러워할 것입니다. "바로 내가 죄를 지은 사람입니다. 바로 내가 이런 악을 저지른 사람입니다."삼하 24:17 그렇습니다. 하나님의 자녀는 구체적으로 죄를 고백합니다. 불의한 그리스도인은 죄를 도매로 넘깁니다. 그래서 자신이 일반적으로 죄인임을 인정할 뿐입니다. 반면에 다윗은 말하자면 자신의 치부를 정확히 가리켰습니다. "내가……이러한 악을 행하였습니다."시 51:4, 옮긴이 사역 그는 지금 단순히 악을 행하였다고 말하는 것이 아니라 "이러한 악을" 행하였다고 말하고 있습니다. 자신이 저지른 살인죄를 정확히 지적하고 있는 것입니다.

대답 4 경건한 사람은 자신이 하는 모든 일에 거룩한 목적을 두고 있습니다. 그는 모든 규례에 이 목적을 두고 있으니, 곧 하나님과 더 깊이 사귀고 그분께 더 많은 영광을 돌리려는 것입니다. 향일성 식물이 태양의 움직임을 따라 방향을 바꾸듯, 경건한 사람의 행실은 온전히 하나님의 영광을 향하여 맞추어집니다. "수단은 목적을 위한 것"이라는 철학적 금언이 있습니다. 경건한 사람의 기도와 예배는 하나님께 영광을 돌리기 위함입니다. 과녁에 못 미칠 수 있지만 과녁 자체는 정확히 겨냥하고 있는 것입니다. 위선자들이 생각하는 것은 사리사욕뿐입니다. 그래서 그들의 방앗간 풍차는 자신들을 높이 들어 올리는 허풍의 바람이 불 때만 돌아갑니다. 그들은 가서 금붙이라도 건져 올 요량이 아니면 결단코 성전에서 흘러나온 물 속으로 뛰어드는 법이 없습니다.

대답 5 경건한 사람은 사람들 앞에서 숨기고 가장하는 것을 싫어합니다. 그의 마음은 혀와 일치합니다. 그러니 겉으로 아첨하고 속으로 미워하는 일, 입으로 칭찬하고 마음으로 욕하는 일은 할 수 없습니다.시 28:3 "사랑에는 거짓이 없어야 합니다."롬 12:9 거짓 사랑은 미움보다 악합니다. 우정을 가장함은 거짓과 다를 바 없으니시 78:36 이는 없는 것을 있는 것처럼 가장하기 때문입니다. 요압과 같은 사람들이 많습니다. "요압은……오른손으로 아마사의 턱수염을 붙잡고 입을 맞추었다. 요압이 다른 손으로 칼을 빼어 잡았는데, 아마사는 그것을 눈치채지 못했다. 요압이 그 칼로 아마사의 배를 찔러서……아마사가 죽었다."삼하 20:9-10 "달콤한 꿀 밑에 무서운 독이 숨겨져 있다."

스페인의 어떤 강에 사는 물고기는 황금빛으로 보이는데 물 밖으로 꺼내기만 하면 여느 물고기와 다를 바 없다고 합니다. 반짝인다고 다 금은 아닙니다. 어떤 이들은 대단히 친절한 척하지만 실상은 피 한 방울 없는 혈관과 같을 뿐입니다. 여러분이 그들을 믿고 의지하면 그들은 무릎 빠진 다리처럼 주저앉습니다. 친구에게 겉으로 아첨하고 속으로 거짓말하는 사람이 있다면, 나로서는 과연 그가 하나님께 진실한 사람인지 의심하지 않을 수 없습니다. "미움을 감추는 사람은 거짓말하는 사람이요, 남을 중상하는 사람은 미련한 사람이다."잠 10:18 지금까지 언급한 모든 것으로 미루어, 우리는 우리에게 경건한 사람의 이 특징, 곧 진실성이 있는지 스스로 평가해 볼 수 있습니다.

내가 생각하기로 진실성은 엄밀히 말하면 은혜라기보다는 모든 은혜에 공통된 성분입니다. 진실성은 은혜를 은혜답게 하는 것이니, 진실성이 없다면 참된 은혜가 아닙니다. "우리 주 예수 그리스도를 변함없이 사랑하는 모든 사람에게 은혜가 있기를 빕니다."엡 6:24 진실성은 우리의 사랑을 사랑답게 합니다. 은혜와 진실성의 관계는 육신과 피의 관계와 같습니다. 피 없이 생명이 있을 수 없듯 진실성 없이 은혜 또한 있을 수 없습니다.

적용 우리가 경건한 사람으로 인정받고자 할진대, 진실성이라는 이 특징을 얻기 위해 노력합시다. 다음 사항을 기억합시다.

첫째, 진실해야 우리는 하나님의 눈에 사랑스러운 존재로 보입니다. 하나님께서는 시온을 가리켜 말씀하신바 그대로 진실한 영혼을 가리켜 말씀하십니다. "이곳은 영원히 내가 쉴 곳, 이곳을 내가 원하니 나는 여기에서 살겠다."시 132:14 진실한 마음은 하나님께서 기뻐하시는 낙원입니다. "노아만은 주님께 은혜를 입었다." 아니, 하나님께서 노아의 무엇을 보시고 은혜를 베푸셨단 말입니까? 그는 진실하고 올바른 사람이었습니다.창 6:9 그는 그 시대 사람들 가운데 유일하게 흠 없는 사람이었습니다. 진실성은 하나님과 닮아 있어서, 그분께서 진실한 마음을 보실 때는 곧 당신의 모습을 보시는 것이니 그 마음을 사랑하지 아니하실 수 없는 것입니다. "주님은……올바른 길을 걷는 사람은 기뻐하신다."잠 11:20

둘째, 진실해야 하나님께서 우리의 섬김을 받아 주십니다. 빌라델비아 교회는 힘이 약했습니다. 은혜가 적었고 섬김도 빈약했던 것입니다. 하지만 그리스도께서는 편지를 써 보내신 모든 교회 가운데 이 교회가 가장 흠이 없다고 보셨습니다. 왜 그렇습니까? 이 교회가 가장 진실했기 때문입니다. "네가 힘은 적으나 내 말을 지키며 내 이름을 모른다고 하지 않았다."계 3:8 아무리 해도 우리는 하나님께 빚진 것을 모두 갚을 수 없습니다. 하지만 하나님께서는 우리의 손에 쥔 작은 동전 하나를 받아 주십니다. 진실한 것 하나 보시고 모든 빚을 갚았다고 인정해 주시는 것입니다. 녹이 좀 피고 색이 좀 바랬다 해도 금은 금입니다. 양철이 제아무리 빛난다 해도 이 작은 금쪽에는 미칠 수 없습니다. 여러 가지 흠과 결점으로 녹이 피어오르기는 했어도 이 작은 진실성이 하나님에게는 위선자들의 휘황한 도색보다 훨씬 가치 있는 것입니다.

셋째, 진실성이 우리를 안전하게 지켜 줍니다. 하나님의 길을 벗어나 세상의 방책을 사용하며 그것이 가장 안전하다고 믿는 거짓된 마음은 결코 안전하지 않습니다. "바른 길로 행하는 자는 걸음이 평안하려니와."잠 10:9, 개역개정 진실한 그리스도인은 말씀에 허락된 것만 행할 것이며, 양심에 관한 한 이것이 가장 안전합니다. 양심뿐 아닙니다. 주께서는 바른 길로 행하는 이들의 외적인 안전 또한 빈번히 지켜 주십니다. "내가 누워 곤하게 잠들어도 또다시 깨어나게 되는 것은 주님께서 나를 붙들어 주시기 때문입니다."시 3:5 다윗은 원수들에게 둘러싸여 있었지만, 하나님께서 미리 아시고 다윗 주위로 진을 치셨으므로 그가 성 안에 있는 듯 편히 잘 수 있었던 것입니다. "주님께서 나를 붙들어 주셨기 때문입니다." 안전을 보장받는 유일한 길은 진실성입니다.

넷째, 진실성은 복음적 완전함입니다. "너는 내 종 욥을 잘 살펴보았느냐? 이 세상에는 그 사람만큼 흠이 없고 정직한 사람, 그렇게 하나님을 경외하며 악을 멀리하는 사람은 없다."욥 1:8 그리스도인이 비록 흠이 많고 아직 유모의 손을 떠나지 못한 아이처럼 약하고 어려도, 하나님께서는 그를 온전히 의로운 자로 보십니다. 진실한 성도는 모두 그들의 가슴에 완전함의 둠밈을 넣어 두고 있습니다.

다섯째, 마귀가 가장 공들여 공격하는 것이 바로 이 진실성입니다. 사탄이 심술을 부리며 노린 것은 욥의 재산이 아니라 진실성이었습니다. 그는 욥에게서 진실성의 방패를 빼앗으려 했지만 욥은 그것을 굳게 지켰습니다.욥 27:6 강도는 빈 지갑을 훔치려는 것이 아니라 그 안에 든 돈을 노립니다. 마귀는 욥의 선한 양심이라는 보석을 강탈하려 했고, 실제로 그랬다면 욥이야말로 진정 불쌍한 인간이 되었을 것입니다. 사탄은 믿음의 표명이나 고백에 대적하는 것이 아니라 진실성에 대적합니다. 사람들이 아무리 교회로 몰려가 경건한 체해도 사탄은 눈 하나 깜짝 안 합니다. 이러한 행위는 사탄에게 해 될 것이 없고 사람들에게 득 될 것이 없기 때문입니다. 하지만 사람들이 진정으로 경건하게 행하고자 하면, 사탄은 세력을 있는 대로 결집해 이들에게 대적합니다. 이처럼 마귀가 있는 힘을 다해 공격하려는 이것을 우리 또한 있는 힘을 다해 지켜야 합니다. 진실성은 우리의 산성이니, 여기에 우리의 귀중한 보화가 보관되어 있습니다. 적의 화력은 바로 이 산성에 집중되므로 우리는 더욱 주의를 기울여 지켜야 합니다. 사람이 자신의 성을 지키면 결국 그 성이 자신을 지켜 줍니다. 우리가 진실성을 지키면 진실성이 결국 우리를 지켜 줍니다.

여섯째, 진실성은 그리스도인의 뛰어난 아름다움입니다. 다이아몬드의 아름다움은 어디에 있습니까? 바로 여기, 곧 그 다이아몬드가 진짜라는 데 있습니다. 가짜라면 하등의 미적 가치도 없는 것입니다. 그러므로 그리스도인의 아름다움은 어디에 있습니까? 바로 여기, 곧 그의 내면이 진실하다는 데 있습니다.시 51:6 진실성은 그리스도인의 영광스러운 깃발입니다. 진실성은 그를 지켜 주는 가슴받이요 그를 빛나게 하는 왕관입니다.

일곱째, 위선은 역겹습니다. 주께서는 희생제사에 누룩을 바치는 일이 절대 없도록 하셨습니다. 누룩은 위선의 상징이었습니다.눅 12:1 위선자는 마귀를 이중으로 섬깁니다. 경건의 가면을 쓰면, 더 많은 죄를 지을 수 있고 의심은 덜 받기 때문입니다. "율법학자들과 바리새인들아, 너희 위선자들에게 재앙이 닥칠 것이다. 너희는 과부의 집을 빼앗고, 남에게 보이려고 길게 기도한다."막 12:40, 옮긴이 사역 몇 시간을 쉬지도 않고 기도하는 그들이 과연 약한 자들을 착취하리라고 누가 생각할 수 있단 말입니까? 늘 성경을 손에 들고 다니던 사람이 설마 저울 눈금을 속이리라고 누가 의심한단 말입니까? 망령된 욕설을 두려워하는 듯하던 사람이 남을 비방하고 중상하리라고 누가 생각하겠습니까? 위선자들은 최악의 죄인들입니다. 그들은 신앙에 지독한 먹칠을 합니다. 위선은 대부분 온 세상 사람들이 역겨워하는 추문으로 끝나고, 이로 인해 하나님의 길에 악평이 생겨납니다. 도둑 하나가 설치고 돌아다니면 정직한 사람들이 모두 의심받습니다. 추악한 위선자 하나로 인해 온 세상이 그리스도인은 다 그 모양이라고 의심합니다. 위선자들은 신앙을 더럽히고 평판을 떨어뜨리기 위해 태어난 자들입니다.

위선자는 거짓말쟁이입니다. 그래서 무릎으로는 하나님을 섬기고 마음으로는 자신의 정욕을 섬기니, "주님도 경외하면서 다른 한편으로는……그들 자신들이 섬기던 신도" 섬기는 자들과 다를 바 없습니다.왕하 17:33 위선자는 뻔뻔스러운 죄인입니다. 자신의 마음이 그릇됨을 알고 있음에도 그 마음을 포기하지 않습니다. 유다는 자신이 위선자임을 알고 있었습니다. 그가 묻습니다. "선생님, 나는 아니지요?" 그리스도께서 대답하십니다. "네가 말하였다."마 26:25 하지만 그는 너무도 뻔뻔해서 자신의 그릇됨을 굽히지 않고 그리스도를 배신했습니다. 하나님의 책에 기록된 모든 재앙과 저주는 위선자들의 몫입니다. 지옥은 모든 위선자들이 모이는 곳입니다.마 24:51 위선자들은 마귀가 기다리는 귀한 손님들이니, 그들이 거기 가면 마귀로서야 유황불처럼 뜨겁게 그들을 맞이할 것입니다.

여덟째, 마음이 진실하면 흠이 많아도 하나님께서 눈감아 주십니다. "주님께서는 야곱에게서 아무런 죄도 찾지 못하셨다."민 23:21 하나님께서는 사랑이 많으시다 하여 맹목적으로 눈을 감지는 아니하십니다. 그분께서는 죄와 결점을 보실 수 있습니다. 하지만 어떻게 보십니까? 진노와 응보의 눈으로 보시지 않고 연민의 눈으로 보십니다. 의사가 환자의 질환을 보되 그 환자를 고쳐 주고자 하는 마음에서 보는 것과 같습니다. 하나님께서는 야곱을 멸하실 목적이 아니라 치유해 주실 목적으로 그의 결점을 보셨습니다. "그들은 끝내 나를 거역하고 제 마음에 내키는 길로 가 버렸다. 사람의 소행이 어떠한지 내가 보아서 다 알고 있다. 그러나 나는 그들을 고쳐 주겠다."사 57:17-18 주께서 당신의 신실한 자들에게 나타나는 교만과 허영과 정욕을 얼마나 많이 눈감아 주시는지 모릅니다! 그들의 진실한 마음 하나 보시고 용서해 주시는 것입니다. 아사의 경우를 봅시다. 하나님께서는 참 많은 것을 관대히 보아주셨습니다! "산당이 모두 제거된 것은 아니었지만" 다음 구절은 이렇습니다. "주님을 사모하는 아사의 마음은 평생 한결같았다."대하 15:17 우리는 그림이 실물과 똑같지 않아도 충분히 인정합니다. 마찬가지로, 하나님 백성들의 은혜가 본래의 모습 그대로 나타나지 않는다 해도—그 정도가 아니라 온갖 상처와 더러움으로 얼룩져 있습니다만—진실성이라는 면에서 하나님을 닮은 모습이 있다면 그들은 자비를 얻을 것입니다. 하나님께서는 진실한 사람들을 사랑하시며, 사실 결점을 덮어 주는 것이 사랑의 본질입니다.

아홉째, 고통의 시간에 위로가 되는 것은 진실성밖에 없습니다. 히스기야 왕은 자신이 곧 죽으리라 생각했지만 그를 살린 것이 있었으니, 곧 양심이 그를 위해 증명서를 발행해 줬다는 것입니다. "제가 주님 앞에서 진실하게 살아온 것……을 기억하여 주십시오."사 38:3 진실성은 그의 왕관을 장식한 가장 아름다운 꽃이었습니다. 또 이 진실성은 사탄을 막아 줄 황금의 방패입니다! 그가 으르렁거리며 우리를 유혹할 때, 그리고 우리 임종의 자리에 우리의 죄들을 늘어놓을 때, 우리는 이처럼 말할 수 있을 것입니다. "사탄아, 맞다. 그동안 우리가 이러한 죄를 범했다. 하지만 우리는 이 죄들을 두고 이미 통회했다. 우리가 죄를 지었다면 그것은 우리 마음의 의도를 거슬러 지은 죄일 뿐이다." 이와 같이 하면 마귀는 입을 다물고 물러갈 것입니다. 그러니 이 진실성이라는 보석을 얻기 위해 노력합시다. "우리가 마음에 가책을 받지 않으면 우리는 하나님 앞에서 담대함을 가지고 있는 것이요."요일 3:21 우리가 우리 양심의 하급법원에서 깨끗하다 인정받으면 심판 날의 대법정에서도 무죄를 인정받으리라 확신할 수 있을 것입니다.

⓮ 천국에 속함

경건한 사람은 천국의 사람입니다. 그가 천국에 있기도 전에 이미 천국이 그에게 있습니다. 성도에 해당하는 그리스어 "하기오스"는 "세상에서 분리된 자"를 뜻합니다. 사람이 어떤 곳에 살아도 소속은 다를 수 있습니다. 몸은 스페인에 살지만 소속은 영국의 자유시민일 수 있는 것입니다. 폼포니우스는 아테네에 살았지만 로마 시민이었습니다. 마찬가지로, 경건한 사람은 잠시 세상에 살지만 위에 있는 예루살렘에 속해 있습니다. 그가 열망하는 곳이 바로 거기입니다. 믿는 자에게는 모든 날이 승천일입니다. 성도들은 그 숭고함으로 인해 "별들"이라 불립니다. 그들은 이미 저 위 높은 곳으로 들어갔습니다. "슬기로운 사람이 걷는 생명의 길은 위쪽으로 나 있어서."잠 15:24 경건한 사람은 다음의 여섯 가지 방식으로 천국에 있습니다.

1. 경건한 사람은 그의 선택으로 이미 천국에 있습니다

그는 하늘에 속한 것들을 선택합니다. 다윗은 하나님의 집의 거주민이 되기로 선택했습니다.시 84:10 경건한 사람은 해 아래 가장 빛나는 것들을 준다 해도 그리스도와 은혜를 선택합니다. 사람은 선택하는 것을 보면 알 수 있습니다. 따라서 우리가 하나님을 선택하는 이 일은 결정적인 순간에 확연히 드러납니다. 그리스도와 세상이 대결하는 순간, 우리는 그리스도와 선한 양심을 지키기 위해 세상과 결별합니다. 이것이 우리가 "좋은 몫을 택하였다"는 증거입니다.

2. 경건한 사람은 그의 마음가짐으로 이미 천국에 있습니다

그는 위에 있는 것들에 마음을 둡니다.^{골 3:2} 그는 천국에 이르기 전에 이미 마음을 그곳으로 보냅니다. 그는 이 세상을 다만 아름다운 감옥으로 보고, 따라서 자신의 발에 찬 족쇄가 비록 금으로 되어 있다 해도 그것을 사랑할 수 없습니다. 거룩한 사람은 영광과 영원을 생각합니다. 그의 열망은 이미 날개를 얻어 천국으로 날아갔습니다. 그의 마음에 불과 같은 은혜가 있으니, 거룩한 열망과 기도로 위를 향하여 찬란히 빛납니다.

3. 경건한 사람은 사용하는 말로 이미 천국에 있습니다

그의 말은 언제나 소금으로 양념하여 다른 이들에게 은혜가 됩니다.^{골 4:6} 그리스도께서는 무덤에서 부활하시자마자 "하나님 나라에 관한 일들을 말씀하셨습니다."^{행 1:3} 어떤 이는 불신자의 무덤에서 나와 중생하자마자 천국에 관해 말합니다. "지혜로운 사람은 말을 해서 덕을 보고."^{전 10:2} 그는 자신이 이미 천국에 있는 듯 천국의 방식으로 말합니다. 그는 하나님을 향한 사랑이 넘쳐서 도저히 침묵할 수 없습니다. 신부는 사랑으로 인해 병들었고, 그 혀는 속기사의 펜과 같습니다. "나의 임은 깨끗한 살결에 혈색 좋은 미남이다. 만인 가운데 으뜸이다. 머리는 정금이고……."아 5:10-11 술집에 술이 있으면 간판이 내걸립니다. 마음에 경건의 원칙이 있으면 입술을 통해 노출될 것입니다. 간판이 내걸리는 것입니다.

다음과 같은 사람들을 어찌 경건하다 할 수 있겠습니까?

첫째, 벙어리 귀신 들린 자들. 도무지 할 말이 없는 사람들입니다. 그들은 세속적인 일에 대해서는 유창하고 논리적입니다. 그래서 자신들이 파는 물건과 가게에 대해서는, 자신들이 얼마나 질 좋은 곡물을 확보하고 있는가에 대해서는 달변입니다만, 신앙 문제에 대해서는 혀가 입천장에 달라붙은 듯 말이 없습니다. 친구들과 함께 있을 경우, 그리스도에 대해서는 입도 뻥끗하지 않는 그들을 회교도로 봐야 할지 불신자로 봐야 할지 판단하기 어렵습니다. 이처럼 다른 무리에 섞이면 정체를 알 수 없는 그리스도인들이 많습니다.

둘째, 혀에 지옥불이 붙은 자들. 그들의 입술에서는 꿀이 아니라 독이 떨어지니, 도무지 다른 이들에게 은혜가 되지 않습니다. 플루타르크가 말한바, 말이란 모름지기 금과 같아야 하고 이 금은 불순물을 모두 걸러 냈을 때 가장 가치가 높습니다. 오, 어떤 이들이 뱉어 내는 저 불결하고 악의적인 말들을 보십시오! 이렇게 더러운 말들이 쌓여서 악취 나는 똥무더기가 됩니다. 죄를 향해 미친 듯이 질주하는 그 입술에는 다윗의 재갈이 필요합니다.^{시 39:1} 혀가 검은데 몸이 건강할 수 있습니까? 마귀가 입술에 붙었는데 마음이 거룩할 수 있습니까? 경건한 사람은 "가나안 말"을 합니다. "그때에 주님께서는 주님을 경외한 사람들이 서로 주고받는 말을 똑똑히 들으셨다."^{말 3:16}

4. 경건한 사람은 행동으로 이미 천국에 있습니다

별들의 움직임은 말할 수 없이 아름답고 거룩합니다. 경건한 사람은 그 행동에서 이미 숭고하고 거룩합니다. 그는 힘써 구원을 이루어 갑니다. 그는 올림픽 경기에 참가한 듯 있는 힘을 다해 낙원의 꽃으로 만든 화관을 쟁취하려 합니다. 그는 기도하고 금식하며 깨어 있어 천국을 강탈하려 합니다. 그는 거룩한 동기로 행동하고, 세상에서 하나님의 유익을 도모하며, 천사의 일을 합니다. 그는 행동에서 이미 천사입니다.

5. 경건한 사람은 소망으로 이미 천국에 있습니다

그의 소망은 세상 너머 저 위에 있습니다. 그는 "영생에 대한 소망을 품고 있습니다."^{딛 1:2} 경건한 사람은 성전 휘장 안쪽으로 닻을 던집니다. 그는 자신의 발에 찬 죄의 족쇄를 끊어 내기를 희망합니다. 그는 이제껏 육신의 눈에는 안 보였던 것들을 희망합니다. 그는 죽을 때 한 나라를 소망하는데, 아버지께서 약속하시고 아드님께서 피로 사셨으며 성령께서 확증해 주신 그 나라를 소망합니다. 상속자가 재산을 상속받는 날을 고대하며 살듯, 그리스도와 더불어 공동상속자인 하나님의 자녀는 영광을 소망하며 삽니다. 어떠한 형편에 있든 그에게는 이 소망이 위로입니다. "우리는……하나님의 영광에 이르게 될 소망을 품고 자랑을 합니다."롬 5:2

이 소망은 고통 중에 있는 경건한 사람의 위로입니다. 소망만 있으면 아무리 가혹한 섭리라 해도 가볍고 기쁜 것이 됩니다. 하나님의 자녀는 눈물이 나도 웃을 수 있습니다. 이제 곧 어깨에 진 십자가를 내려놓고 머리에 면류관을 쓸 날이 옵니다. 성도는 비록 지금은 무수한 시련으로 힘겨우나 머지않아 영생의 옷을 입고 천사들보다 높임을 받게 될 것입니다.

또한 이 소망은 죽음을 앞둔 경건한 사람의 위로입니다. "의인은 그의 죽음에도 소망이 있느니라."잠 14:32, 개역개정 누가 죽어 가는 성도에게 이제 지상의 모든 위로가 사라졌으니 남은 것이 무엇이냐고 묻는다면, 성도는 이렇게 대답할 것입니다. "소망의 투구." 나는 어느 여성 순교자에 관한 글을 읽은 바 있습니다. 박해자들이 여인의 젖가슴을 절단하라는 명령을 내리자, 여인은 이렇게 말했습니다. "폭군이여, 하고 싶은 대로 하시오. 내게는 당신이 건드릴 수 없는 두 가슴이 있으니, 하나는 믿음의 가슴이요 또 하나는 소망의 가슴입니다." 이 지복스러운 소망을 소유한 영혼은 삶의 애착과 죽음의 공포를 초월해 있습니다. 가난한 전셋집을 자신과 자손들이 물려받을 유산으로 바꾸어 주겠다는데 고민할 사람 있습니까? 잠시 빌려 살다가 이제 곧 계약이 만료되면 빛 가운데서 영광스러운 상속자가 될 터인데 누가 이 삶과 결별하는 것을 아쉬워하겠습니까?

6. 경건한 사람은 행실로 이미 천국에 있습니다

그에게서 나오는 경건의 빛으로 인해 그가 고백한 신앙이 더욱 아름다워 보입니다. 그는 마치 육신의 눈으로 그리스도를 직접 뵌 사람처럼 삽니다. 그의 삶에서 나오는 열정이며 거룩이며 겸손의 빛이 얼마나 눈부신지 모릅니다! 경건한 사람은 천사를 능가하려 하고 그리스도를 따라 살고자 합니다.^{요일 2:6} 마케도니아 사람들은 알렉산더 대왕의 탄생일을 기념하는데, 이 날에는 모두들 진주와 값비싼 보석으로 장식한 대왕의 초상화를 목에 두릅니다. 이와 마찬가지로, 경건한 사람은 그 행실의 거룩함으로 그리스도의 살아 있는 초상화를 몸에 지니고 다닙니다. "우리의 시민권은 하늘에 있습니다."^{빌 3:20}

적용 1 세상에 도취한 자들은 심판정에서 불경건한 자로 판정받고 쫓겨날 것입니다. 경건하기도 하고 세상적이기도 하다는 것은 모순입니다. "내가 여러분에게 여러 번 말하였고 지금도 눈물을 흘리면서 말하지만, 그리스도의 십자가의 원수로 살아가는 사람이 많이 있습니다. 그들의 마지막은 멸망입니다. 그들은 배를 자기네의 하나님으로 삼고, 자기네의 수치를 영광으로 삼고, 땅의 것만을 생각합니다."^{빌 3:18-19} 땅이 입을 벌려 고라를 산 채로 삼켰다는 이야기를 우리는 성경에서 읽습니다.^{민 16:32} 이 심판이 이미 많은 이들에게 임하였으니, 세상이 그들의 시간과 생각과 말을 삼키고 있습니다. 그들은 두 번 묻히는데, 그들의 마음이 이미 세상에 묻혔고 이후에는 육신이 죽어 땅에 묻히는 것입니다. 그 왕 같던 영혼이, 하나님이며 천사들과 교통하도록 지음받은 그 기품 있던 영혼이, 비참하게도 맷돌이나 돌리는 땅의 노예가 되다니요! 어쩌면 그토록 탕자와 같이 되어, 돼지밥이나 먹으며 돼지들과 이야기할지언정 그 거룩하신 하나님과 대화할 생각은 감히 해볼 수도 없단 말입니까! 이처럼 사탄은 사람들을 현혹해, 이 세상을 자신들의 천국으로 삼게 함으로써 위에 있는 천국에는 들어가지 못하도록 하는 것입니다.

적용 2 우리가 "하나님에게서 난" 사람들임을 보이고자 할진대, 부디 드높고 숭고한 하늘의 성품을 지닙시다. 우리는 살아 있는 동안 이미 천국에 있지 아니하면 죽어서도 결단코 천국에 갈 수 없습니다. 그러므로 우리의 마음이 더욱 고귀하고 드높아지도록 다음의 네 가지 사항을 깊이 헤아려 봅시다.

첫째, 하나님께서 친히 퇴각나팔을 울리시며 우리를 세상에서 빼내려 하십니다. "여러분은 세상이나 세상에 있는 것들을 사랑하지 마십시오."요일 2:15 우리는 세상을 잠시 냄새나 맡는 꽃다발 정도로 이용할 수 있겠지만, 몰약 주머니나 되는 듯 가슴에 품고 있어서는 안됩니다. "여러분은 이 시대의 풍조를 본받지 말고."롬 12:2 세상의 영예와 이득을 쫓아다니지 마십시오. 하나님의 섭리는 그분의 교훈과 마찬가지로 우리에게서 세상을 털어 내기 위함입니다. 그분께서는 왜 세상에 전쟁과 역병을 보내십니까? 이 뜨거운 진노의 뜻은 무엇입니까? 죽음의 시대는 명백히 사람들을 세상에 대하여 죽게 하시려는 뜻입니다.

둘째, 세상에 미련을 두는 것은 그리스도인답지 못한 일입니다. 우리는 종종 아이들이 장난감이나 비눗방울, 인형 같은 것을 가지고 정신없이 노는 모양을 보며 웃습니다만, 사실 우리야말로 그 아이들과 조금도 다를 바 없습니다! 죽을 때가 되니, 인형처럼 껴안고 입 맞추며 놀던 세상 모든 것이 다 무슨 소용입니까? 그때가 되면 세상은 더 이상 위로가 되지 않습니다. 이처럼 세상적인 것들에 미련을 둠이 하늘에서 난 영혼으로서 얼마나 가치 없는 일인지 모릅니다! 아니, 그 정도가 아닙니다. 경건의 신념으로 숭고해지며 높은 곳에 소망을 두겠다 고백한 사람들이 이처럼 저열한 곳에 마음을 둔다면, 이것이야말로 하늘의 부르심을 멸시하고, 세상의 흙을 잔뜩 묻히고 들어와 은혜의 은빛 날개를 더럽히는 처사가 될 것입니다!

셋째, 세상은 초라하고 무가치합니다. 세상은 마음 둘 곳이 못 됩니다. 세상은 마음을 채워 줄 수가 없는 것입니다. 사탄이 유혹의 산으로 그리스도인을 데리고 올라가 세상 모든 나라와 영광을 보여준다고 합시다. 과연 그가 보여주는 것이 허상이 아니라면 무엇이겠습니까? 이 세상 어느 것도 인간의 광대한 영혼에는 어울리지 않습니다. "성공하여 하늘 끝까지 이를 때에 그가 재앙을 만나고 온갖 불운이 그에게 밀어닥칠 것이다."욥 20:22 세상은 양적으로 모자랍니다. 물 한 방울로 양동이를 채울 수 없듯, 세상의 피조물로 영혼을 채울 수는 없습니다. 그리고 우리가 세상의 피조물에서 빠는 소소한 단맛에는 유대인들이 그리스도께 드렸던 잔처럼 쓴맛이 섞여 있습니다. "그들은 몰약을 탄 포도주를 예수께 드렸다."막 15:23 게다가 이 불완전한 단맛은 오래가지 못합니다. "이 세상도 사라지고, 이 세상의 욕망도 사라지지만."요일 2:17 피조물은 우리에게 손 한 번 흔들어 인사하고는 순식간에 날아갑니다. 세상은 끝도 없이 바뀌고 변합니다. 변하지 않는 것이 있다면 실망스럽다는 사실뿐입니다. 우리가 여기서 잠자리를 걷어 정리하고 흙 속에 드러눕기가 얼마나 순식간인지 모릅니다! 세상은 우리가 하루나 이틀 밤 유숙하고 떠나야 할 커다란 여인숙에 불과합니다. 이 여인숙에 마음을 빼앗겨 우리의 고향을 잊는다면 그야말로 미친 짓입니다!

넷째, 하늘은 영광스러운 곳입니다. 한 천사가 하늘에서 내려와 "오른발로는 바다를 디디고, 왼발로는 땅을 디디고 서서"라는 구절을 우리는 성경에서 읽습니다.계 10:2 우리가 천국에 실제로 가 봤다면, 그래서 그 비길 데 없는 영광을 보았다면, 필시 우리는 한 발로 땅을 디디고 또 한 발로는 바다를 디디고 서서 거룩한 비웃음으로 이 세상을 내려다보았을 것입니다! 하늘은 더 좋은 곳이라고 합니다. "그러나 사실은 그들은 더 좋은 곳을 동경하고 있었던 것입니다. 그것은 곧 하늘의 고향입니다."히 11:16 하늘은 우리가 지금 머물고 있는 이곳과 대조하여 더 좋은 곳이라고 합니다. 이처럼 더 좋은 고향 외에 무엇을 찾아야 합니까?

질문 하늘은 어떤 의미에서 더 좋은 곳입니까?

대답 1 그곳에는 더 기쁜 것들이 있습니다. 생명나무가 있고 기쁨의 강이 있습니다. 놀라운 아름다움이 있고, 크기를 알 수 없는 풍요가 있습니다. 천사들의 즐거움과 만발한 기쁨의 꽃이 있고, 우리가 구하거나 생각하는 것보다 넘치는 풍요가 있습니다.엡 3:20 어떠한 과장법으로도 표현할 수 없는 가득하고도 완전한 영광이 있습니다.

대답 2 그곳에는 더 좋은 집이 있습니다. 그 집은 사람의 손으로 지은 집이 아닙니다.고후 5:1 그 집의 뛰어남을 언급해 보자면, 지금까지 지은 집은 모두 사람의 손으로 지은 것이지만 하늘에 있는 그 집은 사람이나 천사의 기술을 초월해 있습니다. 곧 하나님 외에 누구도 그 집에 돌 하나를 쌓아 올릴 수 없습니다. 또한 그 집은 "하늘에 있는 영원한 집"입니다. 손님들이 머물렀다 가는 집이 아니라 우리가 영원히 들어가 살 대저택입니다. 그 집은 영원히 수리할 필요가 없는 집입니다. "지혜가 일곱 기둥을 깎아 세워서" 지은 집이니잠 9:1 썩어 무너질 수가 없는 것입니다.

대답 3 그곳에는 더 좋은 양식이 있습니다. 우리 아버지 집에는 빵이 넘칩니다. 천국을 상징하는 것은 가나안, 곧 젖과 꿀이 흐르는 땅이었습니다. 그곳에 성찬과 향기로운 술이 있습니다. 천사들의 음식이 있습니다. 거기서는 천사들이 시중들며 그 진미를 내놓습니다. 우리의 어떠한 표현과 상상력으로도 가늠할 수 없는 귀한 음식입니다.

대답 4 그곳에는 더 좋은 사회가 있습니다. 그곳에 거룩한 하나님께서 영원히 계십니다. 그분의 얼굴에 보이는 미소가 얼마나 아름답고 매혹적이겠습니까! 왕이 계신 곳이 왕궁입니다. 그곳에 영광스러운 천사들이 있습니다. 우리는 지금 이 세상에서 살되 늑대와 뱀들 가운데서 살고 있습니다. 하지만 위에 있는 그 나라에서는 천사들 가운데서 살 것입니다. 거기에는 "완전하게 된 의인의 영들"이 있습니다.^{히 12:23} 이 세상에 있는 하나님의 백성들은 온갖 죄와 결점으로 뒤덮여 있습니다. 그들의 얼굴에는 얼룩이 가득합니다. 교만과 정욕과 불만이 넘치는 것입니다. 그러나 위에 있는 예루살렘에서는 그들도 말할 수 없이 아름다운 옷을 차려입게 될 것입니다. 그들에게서 죄라는 것은 흔적도 찾아볼 수 없을 것입니다.

대답 5 그곳에는 더 좋은 공기가 있습니다. 우리는 맑은 공기를 찾아 시골로 갑니다만, 가장 좋은 공기는 더 좋은 그 나라에서만 얻을 수 있습니다. (1) 그곳은 공기가 더 따뜻합니다. 그곳은 기후가 온화한 곳이니, 추위에 떨 필요도 더위에 지칠 필요도 없습니다. (2) 그곳은 대기가 더 밝습니다. 거기서 나오는 빛은 더 밝습니다. 의로운 해가 그 영광스러운 빛으로 지평선을 비춥니다. "어린양이 그 도성의 등불이시기 때문입니다."^{계 21:23} (3) 그곳은 공기가 더 깨끗합니다. 검은 수증기가 가득한 습지를 우리는 공기가 나빠서 들어가 살기에 부적절한 곳으로 여깁니다. 이 세상은 습지대이니, 해로운 습기가 피어올라 역병이 잘 퍼지는 유해한 곳입니다. 하지만 위에 있는 그 나라에는 이와 같은 수증기가 전혀 없고, 피어오르는 것은 거룩함의 향기뿐입니다. 그곳에는 오렌지와 석류나무의 향이 진동합니다. 거기 가면 그리스도에게서 피어나는 몰약과 육계 향이 말할 수 없이 진합니다.

대답 6 그곳에는 더 좋은 땅이 있습니다. 다음의 이유로 인해 토지와 흙이 더 좋은 것입니다.

첫째, 그 고도로 인해. 낮은 곳에 있는 이 세상의 흙은 계통이 저급합니다. 하늘에 가장 근접한 흙은 불과 마찬가지로 더 순수하고 뛰어납니다. 위에 있는 그 나라는 높은 곳에 있습니다. 눈에 보이는 모든 별들보다 한참이나 높은 곳에 자리 잡고 있는 것입니다.시 24:3

둘째, 그 비옥함으로 인해. 그 땅에서는 수확이 더 풍성합니다. 지상에서 가장 풍성한 수확이라고 해봐야 황금의 수확이지만, 위에 있는 그 나라에서는 고귀한 산물이 납니다. 그러니 그곳에는 천상의 진주가 있고, 영적인 포도나무가 있으며, 하나님의 사랑이 뚝뚝 떨어지는 꿀벌집이 있습니다. 생명수가 있고, 감추어진 만나가 있습니다. 썩지 않는 과일이며 시들지 않는 꽃이 있습니다. 아무리 거두어도 다 수확할 수 없는 곡식이 있습니다. 하늘에서는 언제나 수확철입니다. 게다가 이 나라에서는 쟁기질하고 씨 뿌리는 수고 없이 이 모든 것을 산출합니다.

셋째, 거칠지 않음으로 인해. 그곳에는 가시덤불이 없습니다. 이 세상은 악한 자들이 활개치는 황무지이며, 그 악인들 가운데 좀 낫다는 자들이라고 해봐야 고작 가시덤불일 뿐입니다.미 7:4 그들은 하나님의 백성들이 영적으로 방종하고 돌아다니면 사정없이 찌르고 상처 냅니다. 하지만 위에 있는 그 나라에는 눈을 씻고 봐도 가시덤불이 없으니, 모두 한데 모아 불살라졌기 때문입니다.

넷째, 경관의 빼어남으로 인해. 그곳에서는 눈에 보이는 모든 것이 제 소유입니다. 나는 제 땅에 서서 한껏 멀리 볼 수 있는 곳을 최고의 조망으로 생각합니다.

대답 7 그곳에는 더 좋은 일치가 있습니다. 그곳의 모든 거주민은 사랑으로 결속되어 있습니다. 악의의 독초는 거기서 자라지 않습니다. 조화에는 분리가 없고 사랑에는 시기가 없습니다. 위에 있는 그 나라에서는 솔로몬의 성전처럼 시끄러운 망치소리가 들리지 않습니다.

대답 8 그곳에는 더 좋은 활동이 있습니다. 이 세상에 있는 동안 우리는 결핍을 불평하고 우리의 죄에 대하여 울지만, 거기서는 하나님을 찬양하는 일만 있을 것입니다. 낙원의 새들이 그 지복스러운 나라에서 얼마나 즐겁게 노래하겠습니까! 그곳에서는 샛별들이 함께 노래 부르고, 하나님의 모든 성도들이 기뻐하며 외칠 것입니다. 오, 그러니 위에 있는 이 나라가 아니면 우리가 무엇을 열망하겠습니까? 두 눈을 뜨고 있는 사람들이라면 그 나라가 얼마나 뛰어난지 알 것입니다. 무지한 자의 눈에는 별이 은빛의 작은 점에 불과하지만, 천문학자는 별의 크기를 재는 도구를 사용해서 그 별이 지구보다 몇 배나 더 크다는 사실을 압니다. 그러므로 육에 속한 사람은 하늘에 있는 그 나라가 대단히 영광스러운 곳이라고 듣고도, 가기에는 너무나 먼 곳이라고만 여깁니다. 게다가 그에게는 분별의 영이 없으니, 그 나라보다는 이 세상이 훨씬 커 보입니다. 하지만 영적인 장인들은 하늘나라를 재는 믿음의 도구를 가지고 있으니, 그 나라가 단연코 더 좋은 나라임을 확신하고 서둘러 소망의 돛을 펴 그곳으로 떠날 것입니다.

⑮ 열정

경건한 사람은 열정적인 사람입니다. 성도는 은혜가 있어 천사가 되고, 은혜로 인해 거룩한 열정으로 불타오릅니다. 열정은 사랑과 분노가 결합된 복합적인 감정입니다. 그래서 하나님을 향한 사랑과 죄에 대한 분노를 가장 강렬한 방식으로 쏟아 냅니다. 열정은 마음의 불길이니, 경건한 사람은 세례를 두 번 받습니다. 한 번은 물세례요 또 한 번은 이 열정의 불세례입니다. 그는 열정의 기운이 그토록 충만하므로 하나님의 영광과 진리와 예배를 향해 불타오릅니다. "내 열정이 나를 불사릅니다." 시 119:139 하나님을 향한 비느하스의 열정이야말로 그의 머리에 쓴 빛나는 왕관이었습니다. 민 25:13 모세는 하나님의 제단에서 취한 불붙은 숯에 닿고서 열정에 사로잡혀 석판을 깨트렸습니다. 출 32:19 우리의 거룩하신 구주께서도 열정에 사로잡혀 성전 상인들을 채찍으로 몰아내셨습니다. "주님의 집을 생각하는 열정이 나를 삼킬

것이다."요 2:17

그런데 열정이 아님에도 열정처럼 보이는 기이한 열정이 있습니다. 혜성도 사실 별처럼 보입니다. 따라서 나는 참된 열정과 거짓 열정의 몇 가지 차이점을 설명하고자 합니다.

1. 거짓 열정은 맹목적입니다

"그들은 하나님을 섬기는 데 열성이 있습니다. 그러나 그 열성은 올바른 지식에서 생긴 것이 아닙니다."롬 10:2 이는 영의 불이 아니라 들불입니다. 아테네인들은 대단히 헌신적이고 열정적이었지만 그 열정이 무엇을 향한 것인지는 알지 못했습니다. "내가 다니면서 여러분이 예배하는 대상들을 살펴보는 가운데 '알지 못하는 신에게'라고 새긴 제단도 보았습니다."행 17:23 이와 마찬가지로 교황주의자들은 그들 나름대로 열정적이지만 지식의 열쇠는 어디로 치워 버렸습니다.

2. 거짓 열정은 이기적입니다

예후가 말했습니다. "나와 함께 가서 주님을 향한 나의 열심이 어느 정도인지 보도록 하시오."왕하 10:16 하지만 그것은 열정이 아니라 야망이었습니다. 그는 왕관을 노리고 있었던 것입니다. 데메드리오가 아데미 여신을 열심히 변호한 목적은 은으로 신전을 만들어 돈을 벌려는 데 있었습니다.행 19:25-27 이그나티우스가 비판했던바, 그 시대의 열성주의자들은 얼마나 극성이었던지 그리스도와 신앙을 팔아 치부했다고 합니다. 헨리 3세 시대의 많은 이들이 수도원들을 헐어 버리지 못해 안달이었지만, 그것은 로마 가톨릭에 대항하는 열정이었다기보다는 수도원들을 헐어 낸 자리에 자신들의 집을 짓고자 하는 동기에서 비롯됐을 가능성이 농후합니다. 초연한 듯 하늘 높이 떠 있지만 눈만은 지상의 먹잇감을 끝없이 노리고 있는 독수리들과 다를 바 없습니다. 맹목적인 열정이 칠 배나 더한 형벌을 받는다면 위선적인 열정은 일흔 번씩 일곱 번이나 더한 형벌에 처해질 것입니다.

3. 거짓 열정은 그릇 판단합니다

이는 주께서 명하지 않은 일들에서 가장 많이 발생합니다. 하나님께서 지시하신 규례에는 무관심한 채 사람이 만든 전통에 열정을 보임은 위선자의 징표입니다. 바리새인들은 자신들의 마음을 씻기보다는 잔을 씻는 일에 더 많은 열정을 쏟았습니다.

4. 거짓 열정은 분노로 타오릅니다

야고보와 요한은 하늘에서 불을 불러 내리려는 생각을 품었다가 우리 구주께 꾸중을 들었습니다. "너희는 어떤 영에 속해 있는 줄을 모르고 있다."눅 9:55, 새번역 주 그것은 열정이 아니라 분노였습니다. 지금껏 많은 이들이 진리에 대한 열정보다는 알력과 이해관계에 따라 신앙을 채택했습니다.

하지만 경건한 사람의 열정은 참되고 거룩한 열정이니, 다음과 같은 결과로 입증됩니다.

5. 참된 열정은 하나님에 대한 모욕을 참을 수 없습니다

열정은 하나님의 명예가 짓밟히는 것을 보면 피가 끓어오릅니다. "나는 네가 한 일과 네 수고와 인내를 알고 있다. 또 나는 네가 악한 자들을 참고 내버려 둘 수 없었던 것과……."계 2:2 친구를 열정적으로 사랑하는 사람은 그 친구에 대한 험담을 듣고 도저히 침묵할 수 없습니다.

6. 참된 열정은 크나큰 어려움을 만날 것입니다

세상이 고르곤의 무서운 머리를 내밀며 우리를 위협해도 열정은 두려움을 몰아냅니다. 열정은 압박을 받으면 오히려 기운을 냅니다. 열정은 "저 앞에 사자가 있다" 하는 식으로 말하지 않습니다. 열정은 무수한 위험 속으로 돌진하고 죽음을 향해 정면으로 행진할 뿐입니다. 바울에게 앞길이 험난하다는 소식을 전한다고 해봅시다. "어느 도시에서든지 투옥과 환난이" 그를 기다리고 있다고. 이는 오히려 그의 열정을 더더욱 부추길 뿐이었습니다. "나는 주 예수의 이름을 위해서……결박을 당할 것뿐만 아니라 죽을 것까지도 각오하고 있습니다."행 21:13 날씨가 추워질수록 난롯불이 뜨거워지듯이, 압박이 강할수록 열정의 불길은 거세어집니다.

7. 참된 열정은 지식이 앞에서 끌고 거룩함이 뒤에서 밀어 줍니다

지혜가 열정의 수레를 앞에서 이끌어 간다면 거룩함은 뒤에서 받칩니다. 위선자는 열정적인 듯 보이지만 오로지 악할 뿐입니다. 경건한 사람은 희고 붉은데, 순결함으로 희고 열정으로 붉습니다. 그리스도의 열정은 불보다 뜨거웠고, 그분의 거룩하심은 태양보다 순결했습니다.

8. 참된 열정은 남들이 진리를 멸시하고 반대해도 그 진리를 사랑합니다

"그들이 주님의 법을 짓밟아 버렸으니, 지금은 주님께서 일어나실 때입니다. 그러므로 내가 주님의 계명들을 금보다, 순금보다 더 사랑합니다."시 119:126-127 다른 이들이 거룩함을 조롱할수록 우리는 더욱더 거룩함을 사랑합니다. 다른 이들이 신앙을 모독한다고 신앙이 더러워집니까? 장님이 다이아몬드를 깔본다고 그 보석의 빛이 초라해집니까? 악인들이 미친 듯이 진리를 반대할수록 경건한 사람들은 미친 듯이 그 진리를 찬성합니다. 주님의 궤 앞에서 거룩한 감정에 휩싸여 춤을 추는 다윗을 보고 미갈이 비웃자, 다윗은 이처럼 말했습니다. "그러므로 나는 앞으로도 주님 앞에서 뛰어놀 것이다. 내가 이보다 더 천해 보이고, 나 자신에게조차 상스러워 보인다 해도."삼하 6:21-22, 옮긴이 사역

9. 참된 열정은 신앙적 의무에 뜨겁습니다

"성령으로 뜨거워진 마음을 가지고."롬 12:11 열정은 우리로 하여금 경건히 귀 기울이게 하고 간절히 기도하게 하며 뜨겁도록 사랑하게 합니다. 하나님께서는 모세의 희생제물을 하늘에서 내린 불로 사르셨습니다. "그때에 주님 앞에서부터 불이 나와, 제단

위의 번제물과 기름기를 불살랐다."레 9:24 우리가 열심히 기도하면 마음이 안에서부터 뜨거워지는데, 이것이 바로 우리의 희생제물을 불사르는 하늘의 불입니다. 사람이 죄를 지을 때는 불처럼 뜨겁다가 기도할 때는 얼음처럼 싸늘할진대, 이보다 역겨운 일이 어디 있겠습니까! 경건한 마음은 뜨겁게 끓는 물처럼 거룩한 감정으로 끓어 넘칩니다.

10. 참된 열정은 결코 멈추지 않습니다

이 열정은 격하지만 영구적입니다. 이 열정의 불은 어떤 물로도 끌 수 없고, 저 동토의 땅에서도 작열할 뿐입니다. 열정의 열기는 심장에서 나오는 자연적인 열기와 같아서, 생명이 지속되는 한 변함이 없습니다. 지속적이지 않은 열정은 참된 열정이 아닙니다.

적용 1 열정을 깔보고 광신으로 매도하는 자들은 경건에서 얼마나 먼 자들인지 모릅니다! 그들은 지식의 빛은 인정해도 열정의 뜨거움은 무시합니다. 바실은 아리우스파의 이단적 가르침에 반대하여 열정적으로 설교하고 다녔는데, 어리석고 망령들었다는 비난을 들었습니다. 신앙은 뭔가 열정이 필요합니다. 하늘나라는 열정적으로 힘을 쓰지 않으면 빼앗을 수 없습니다.마 11:12

이의 1 신앙은 왜 그토록 뜨겁기만 해야 합니까? 분별은 그러면 어찌되는 것입니까?

대답 분별은 열정을 이끌고 지도하기 위한 것이지만 그렇다고 열정을 완전히 눌러 없애지는 않습니다. 시력이 필수적이라 하여 몸에 온기가 없어야만 합니까? 분별이 신앙의 눈이라면 열정은 신앙의 심장입니다.

질문 관용도 필요하지 않습니까?

대답 사소한 일에 관용을 보임은 칭찬할 만한 일이며, 사실 관용의 정신이 교회의 평화에 기여하는 바가 많을 것입니다. 하지만 하나님의 영광과 우리의 구원의 문제가 걸려 있는 믿음의 중대 사안에서 관용이란 그저 죄악된 중립에 불과할 뿐입니다. 결국에는 모든 열정을 잃어버릴 정도로 관용의 이름을 남용해서는 안된다는 것이 멜란히톤에게 주는 칼빈의 조언이었습니다.

이의 2 하지만 사도는 관용을 권면합니다. "여러분의 관용을 모든 사람에게 알리십시오." 빌 4:5

대답 이 구절에서 사도가 말한 뜻은 분노를 누그러뜨리라는 것입니다. "관용"에 해당하는 그리스어의 뜻은 "성실", "온유함"으로, 격노와는 정반대되는 의미입니다. 그러므로 다른 곳에서는 이 단어가 "인내"로 번역되었습니다. 딤전 3:3, 한글성경은 "관용", "온순함", "너그러움" 등으로 번역 결국 여기서 관용이란 온순한 마음을 의미하는데, 이는 다음에 이어지는 어구에 의해 명백히 뒷받

침됩니다. "주님께서 가까이 오셨습니다." 사도는 아마 이 구절에서 이러한 취지로 말한 것이 아닌가 합니다. 즉, "여러분이 나서서 복수하지 마십시오. 주님께서 가까이 오셨습니다." 주께서 여러분의 개별적인 잘못들에 대해 기꺼이 응보하시겠지만, 그렇다고 해서 이 사실이 우리가 신앙 문제와 관련하여 열정을 포기해야 할 이유가 될 수는 없습니다.

하나님의 영광에 대한 열정이 없는 자들은 경건과 얼마나 무관한 사람들인지요! 그들은 그분의 규례가 경멸당하고 그분의 예배가 더럽혀지는 것을 보고도 전혀 동요가 없습니다. 자신들의 세속적 이익에는 열정을 보이되 하늘의 일에 대해서는 어떠한 열의도 없는 미지근한 자들이 얼마나 많은지 모릅니다! 자신들을 위한 일에는 뜨겁고 하나님을 위한 일에는 싸늘합니다. 주께서는 이처럼 미지근한 명목상의 그리스도인들을 가장 역겨워하십니다. 나는 그분께서 그들에게 넌덜머리를 내신다고 말하고 싶은 심정입니다. "네가 차든지 뜨겁든지 하면 좋겠다. 네가 이렇게 미지근하여 뜨겁지도 않고 차지도 않으니, 나는 너를 내 입에서 뱉어 버리겠다."계 3:15-16 미지근한 그리스도인은 반만 구워진 에브라임과 다르지 않습니다. "에브라임은 뒤집지 않고 구워서 한쪽만 익은 빵처럼 되었다."호 7:8 열정 없이 신앙을 유지하려고 해봐야 천사들이 잠시 빌려 입었던 그 육신들, 곧 움직이기는 하되 생명이 없는 그 육신들이 되겠다는 것이나 다름없습니다. 나는 이 미지근하고 중립적인 자칭 그리스도인들에게 묻고 싶습니다. 신앙 때문이 아니었다면 왜 처음부터 이 신앙을 받아들였습니까? 신앙 때문이었다면 왜 그토록 열의 없이 신앙생활을 합니까? 왜 당신들에게는 더 이상 거룩한 영혼의 열정이 없는 것입니까? 그들은 푹신한 침대에 누워서는 기꺼이 천국에 가고 싶어 하지만, 열정의 불병거를 몰고 그곳에 가기는 죽기보다 싫어합니다. 기억하십시오. 하나님께서는 열정 없는 자들을 열정적으로 반대하실 터이니, 곧 열정의 불이 없는 자들에게는 지옥의 불을 제공하실 것입니다.

적용 2 우리가 경건한 사람들의 목록에 들고자 할진대, 부디 열정을 얻기 위해 노력합시다. 열정 없는 신앙은 없느니만 못합니다. 세속적인 지혜를 조심하십시오. 이는 루터가 신앙의 죽음이라고 우려했던 세 가지 중 하나입니다. 어떤 사람들은 너무 똑똑해서 구원받지 못했습니다. 신중함이 지나쳐 열정의 불을 꺼뜨렸던 것입니다. 게으름을 주의하십시오. 이는 열정의 원수입니다. "그러므로 너는 열심을 내어 노력하고 회개하여라."계 3:19 그리스도인들이여, 열정을 그렇게 아꼈다 어디에 쓰려 합니까? 썩어 없어질 금덩이에다 바치렵니까? 열정으로 말하자면 하나님께 바치는 것보다 훌륭한 쓰임새가 있을 수 있습니까? 거짓 종교에 종사하던 자들마저 얼마나 열정적이었는지 모릅니다! "사람들이 주머니에서 금을 쏟아 내며 은을 저울에 달고."사 46:6 유대인들은 이처럼 우상숭배에도 돈을 아끼지 않았습니다. 아니, 그 정도가 아니라 "그들은 자기들의 아들딸들을 불태워 몰렉에게 제물로 바치려고" 하기까지 했습니다.렘 32:35 그들은 거짓 신들에게 자식들을 제물로 바칠 만큼 우상숭배에 열정적이었던 것입니다. 그 소경 같던 이교도들조차 비록 거짓 열정이었지만 얼마나 지극정성이었는지 모릅니다. 로마의 집정관들이 아폴로 신에게 바칠 금이 모자란다고 호소하자, 로마의 부인들이 차고 있던 금목걸이를 잡아 뜯고 반지며 팔찌를 빼 신전 사제들에게 바쳐 제사를 올리게 했습니다. 이 죄악된 숭배에도 그들은 그토록 열정적이었는데, 여러분은 참되신 하나님께 드리는 예배에조차 열정을 쏟지 못한단 말입니까? 열정을 바쳐 손해 볼 일이라도 있습니까? 보상이 너무 적을까 걱정입니까? 천국으로도 안 됩니까? 하나님을 뵙는 것으로도 모자랍니까? 예수 그리스도께서 여러분을 위해 열정을 쏟지 않으셨습니까? 그분께서는 피땀을 흘리셨으며, 자기 아버지의 진노를 붙들고 싸우셨습니다. 그분께서 여러분의 구속을 위해 그토록 열정을 쏟으셨건만, 여러분은 그분을 위해 아무런 열정도 보이지 않는단 말입니까? 여러분이 거느리고 있는 하인들을 생각해 보십시오. 그들의 굼뜨고 게으른 모습보다 더 보기 싫은 것이 있습니까? 분명히 여러분은 그와 같은 하인들을 역겨워 합니다. 이처럼 다른 사람의 게으른 모습은 싫어하면서 여러분 자신의 게으름에는 눈감아 버립니까? 여러분이 아무런 열정도 없이 행한 기도와 예배 같은 의무들은 모조리 망상이나 헛것이 아니면 무엇이겠습니까?

여러분은 열정이 얼마나 영광스러운 것인지 압니까? 열정은 은혜에서 솟구쳐 나오는 광채입니다. 열정은 사랑의 불길입니다. 열정은 성령을 닮아 있습니다. "마치 불의 혀처럼 갈라지는 것들이 그들에게 보여 각 사람 위에 하나씩 임하여 있더니 그들이 다 성령의 충만함을 받고." 행 2:3-4, 개역개정 불의 혀는 성령께서 그들에게 퍼부어 주신 그 열정의 불을 나타내는 상징이었습니다.

열정은 우리의 모든 신앙 행위를 더욱 효과적으로 하나님 앞에 이르게 합니다. 쇠는 붉게 달구어졌을 때 가장 효과적으로 뚫고 들어갑니다. 우리의 섬김은 열정으로 붉게 타올랐을 때 가장 빨리 하늘을 뚫습니다.

⓰ 인내

경건한 사람은 인내하는 사람입니다.

여러분은 욥이 어떻게 참고 견디었는지를 들었고. 약 5:11

인내는 밤하늘에 빛나는 별입니다. 인내에는 두 가지가 있습니다.

1. 기다림의 인내
경건한 사람은 소망하는 바를 즉시 얻지 못해도 자비가 무르익을 때까지 기다릴 것입니다. "내 영혼이 주님을 기다리며."시 130:6 하나님께서 자비의 때를 정해 두고 계신 이유가 있습니다. "때가 되면 나 주가 이 일을 지체 없이 이루겠다."사 60:22 구원은 우리가 예상한 시간을 넘겨 지체될 수 있겠지만 하나님께서 정하신 때를 넘기는 법은 없습니다.

왜 우리는 인내로써 하나님을 기다리지 않습니까? 우리는 종입니다. 기다림의 자세를 갖춤이 무엇보다 종답습니다. 우리는 다른 모든 것들은 잘도 기다립니다. 우리는 불이 활활 타오를 때까지 기다립니다. 씨앗을 심고 자랄 때까지 기다립니다.약 5:7 그런데 왜 하나님은 못 기다립니까? 하나님께서는 우리를 기다려 주셨습니다.사 30:18 그분께서 우리가 회개할 때까지 기다려 주지 않으셨습니까? 결실을 보시려고 해마다 찾아오신 것이 벌써 몇 번입니까? 이처럼 우리를 기다리셨는데 우리는 그분을 못 기다립니까? 경건한 사람은 하나님의 여가를 기꺼이 기다립니다. 묵시가 더딜지라도 그는 반드시 기다릴 것입니다.합 2:3

2. 시련을 견디는 인내

이 인내는 다시 둘로 나뉩니다. (1) 사람과 관련하여, 우리가 복수하지 않고 악한 처사를 견디는 경우. (2) 하나님과 관련하여, 우리가 한탄하지 않고 그분의 징계를 견디는 경우. 경건한 사람은 하나님의 뜻을 행할 뿐 아니라 견딥니다. "나는 주님의 분노를 견딜 것이다."미 7:9, 옮긴이 사역 하나님의 뜻을 견디는 이 인내는, 첫째, 냉정한 무관심이 아닙니다. 인내는 하나님의 징계에 무감각한 것이 아닙니다. 우리는 그것을 예민하게 느끼고 있어야 합니다.

둘째, 억지 인내가 아닙니다. 이는 어쩔 수 없이 견디는 것인데, (에라스무스가 말한 대로) 인내라기보다는 불가피함입니다. 하지만 인내는 우리의 의지를 하나님 앞에 기쁜 마음으로 복종시키는 것입니다. "주님의 뜻이 이루어지기를 빕니다."행 21:14 경건한 사람은 하나님께서 하시는 일을 자신에게 유익할 뿐 아니라 최선의 것으로 여겨 기꺼이 동의합니다. 하나님과 우리 사이의 큰 다툼 하나가 바로 누구의 뜻을 앞세울 것인가 하는 것입니다. 중생한 사람들은 하나님의 뜻에 순복할 것입니다. 이러한 인내의 마음과 정반대되는 네 가지 태도가 있습니다.

(1) 영혼의 동요. 거룩한 의무들을 수행할 수 없을 정도로 영혼이 불안과 비정상적인 상태에 빠져 있는 경우입니다. 현악기의 줄이 꼬이고 헝클어졌을 때 거기서 음악이 나올 수 없음은 너무도 당연한 일입니다. 그러므로 그리스도인의 영혼이 혼란과 동요에 처해 있을 경우, 마음에서 하나님께 드리는 선율을 만들어 낼 수 없습니다.

(2) 불만. 무뚝뚝하고 고집스러운 태도입니다. 사람이 자신의 죄가 아니라 처지에 대해 분노하는 경우는 인내라 할 수 없습니다. 불만은 교만의 딸입니다.

(3) 변절. 이는 하나님과 그분의 길을 싫어하여 신앙에서 완전히 이탈하는 경우입니다. 죄인들은 하나님을 대단히 무섭고 냉혹한 분으로 생각하고, 따라서 그분이 그들의 치부를 슬쩍 건드

리기만 해도 즉시 그분에게서 달아나 제복을 벗어던집니다.

(4) 변명. 하나님의 징계를 겸손히 받아들이지 않고, 자신이 고난을 당해야 할 이유가 없다는 듯 스스로의 정당성을 주장하는 경우입니다. 교만한 죄인은 어떻게든 자신을 방어하려 하며 잘못은 하나님께 있다고 비난하는데, 이는 태양을 가리켜 어둡다고 비난하는 격입니다. 이것은 결코 인내가 아닙니다. 경건한 사람은 하나님의 지혜에 동의하고 그분의 뜻에 복종합니다. 경건한 사람은 주님의 말씀이 좋다는 말만 아니라[사 39:8] 주님의 회초리가 좋다는 말도 합니다.

적용 우리가 경건한 사람들임을 보이고자 할진대, 부디 이 인내의 은혜에 뛰어난 사람들이 됩시다. "마음은 자만할 때보다 참을 때가 더 낫다."[전 7:8] 우리가 천국에 가면 더 이상 필요 없는 은혜가 있습니다. 거기서 우리가 온전히 보게 되면 믿음이 필요 없고, 거기서 우리가 완전한 기쁨을 누리게 되면 인내가 필요 없습니다. 하지만 어둡고 슬픈 밤에는 이와 같이 빛나는 별들이 필요합니다.[히 10:36] 부디 인내로써 하나님의 뜻을 견딥시다.

∴

하나님의 뜻을 견디는 인내는 다음 두 가지 상황과 관련됩니다.

1. 하나님께서 우리의 어떤 위안을 거두어 가실 때

이때 우리는 마땅히 인내해야 합니다. 하나님께서 우리의 육친 하나를 데려가시더라도—"사람아, 나는 너의 눈에 들어 좋아하는 사람을 단번에 쳐 죽여 너에게서 빼앗아 가겠다"겔 24:16— 하나님의 그 뜻에 묵묵히 순종함이 우리의 의무입니다. 사랑하는 육친을 잃음은 몸에서 팔다리 하나를 잘라 냄과 같습니다. "사람은 육친을 잃을 때마다 죽는다." 하지만 우리에게 은혜가 있으니 마음의 고요와 평정을 유지하며 그 가혹한 섭리 아래에서도 거룩한 인내를 보일 것입니다. 이제 나는 근친을 잃어버린 고통과 번민을 가라앉혀 줄 영적인 약이 되기를 바라는 마음으로 다음의 여덟 가지 사항을 제시하고자 합니다.

첫째, 주께서는 당신의 백성들에게서 어떤 위안을 거두어 가시면 반드시 그보다 좋은 것을 마련해 주십니다. 제자들이 그리스도의 육신적 현존과 결별하게 되자 그분께서는 성령을 보내 주셨습니다. 하나님께서는 기쁨 하나를 가리시고 더 큰 기쁨을 선사해 주십니다. 그저 바꾸어 주시는 것입니다. 꽃을 가져가시고 다이아몬드를 주십니다.

둘째, 경건한 친구들이 죽는다면 그들은 더 좋은 곳에 있는 것입니다. 그들이 세상을 떠나는 것은 실상은 "재앙을 피하여" 가는 것입니다.사 57:1 그들은 폭풍우를 피하여 천국으로 갔습니다. "주님 안에서 죽는 사람들은 복이 있다."계 14:13 경건한 사람들은 그리스도와 혼인할 때 약속받은 분깃이 있지만, 그 분깃은 그들이 죽는 날 받도록 되어 있습니다. 성도들은 죽어서 더 높아져 하나님과 교제하게 되었습니다. 그들은 생전에 그토록 소망하며 기도하던 바를 이루게 되었습니다. 그런데 왜 우리가 친구들의 이 승급을 괴로워해야 합니까?

셋째, 성도인 여러분은 하늘에 잃을 걱정이 없는 친구를 두었습니다. 유대인들이 장례식에서 하는 말이 있습니다. "네 위로를 하늘에 두라." 여러분은 지금 가까운 누군가를 애도하고 있습니까? 하늘을 올려다보고 거기서 위로를 구하십시오. 여러분과 가장 가까운 이가 거기 있습니다. "나의 아버지와 나의 어머니는 나를 버려도 주님은 나를 돌보아 주십니다."시 27:10 죽음의 시간에 하나님께서 여러분 곁에 계실 것입니다. "내가 비록 죽음의 그늘 골짜기로 다닐지라도 주님께서 나와 함께 계시고."시 23:4 다른 친구들은 여러분이 지킬 수 없으니 잃을 것입니다. 하나님은 여러분이 잃을 걱정이 없는 친구입니다. 바로 그분께서 여러분이 살아가는 동안 안내자가 되시고, 죽을 때의 소망이 되시며, 죽은 후의 상급이 되실 것입니다.

넷째, 하나님께서 여러분의 어떤 잘못을 고쳐 주고 계시는 상황일 수 있으며, 그럴진대 여러분은 마땅히 인내해야 합니다. 여러분의 사랑을 하나님보다는 여러분의 친구가 더 많이 차지했고, 이에 하나님께서 여러분의 사랑의 물줄기를 다시 그분께로 돌려놓기 위해 그러한 관계를 거두어 가신 것일 수 있습니다. 어떤 은혜로운 여인이 처음에는 자식들을 잃고 이어서 남편을 잃었습니다. 여인은 말했습니다. "주님, 당신께서는 나에 대해 모략을 꾸미셨습니다. 그렇게 나의 사랑을 독차지할 생각이셨습니다." 하나님께서는 우리 마음의 보좌에 당신 아닌 어떤 피조물이 앉아 있는 것을 싫어하십니다. 그러니 우리가 위로로 삼는 그것을 거두어 가신 후 우리 마음 깊은 곳을 차지하실 것입니다. 남편이 아내에게 보석을 선물했는데 아내가 남편을 잊을 정도로 그 보석을 사랑한다면, 남편은 아내의 사랑을 되돌리기 위해 그 보석을 빼앗을 것입니다. 사랑하는 육친이 바로 이 보석입니다. 우리가 이 보석을 우상화하기 시작하면 하나님께서는 의당 우리의 사랑을 당신께로 돌려놓으시고자 이 보석을 거두어 가실 것입니다.

다섯째, 경건한 사람들은 잠시 헤어질 뿐 결코 잃는 것이 아닙니다. 다시 볼 희망이 없다면 잃는 것이라 할 수 있습니다. 그러나 믿음의 친구들은 우리보다 조금 먼저 갔을 뿐입니다. 이제 곧 다시 만나 영원히 헤어지지 않는 때가 올 것입니다.살전 5:10 오랫동안 못 보던 친구를 만나면 얼마나 반갑습니까! 하물며 천국에서 그 영광스러운 박수 소리를 들으며 옛 친구들을 부둥켜안는 그 순간이야 얼마나 더 기쁘겠습니까! 대제후가 해안에 상륙하면 기쁨의 표시로 예포를 울립니다. 거룩한 친구들이 모두들 하늘의 바닷가에 닿아 서로 축하인사를 나눌 때의 그 기쁨이 얼마나 지극하겠습니까! 천사들의 합창으로 온 하늘이 떠나갈 듯이 울릴 것입니다! 그리고 무엇보다 영광스러운 것은, 여기 이 땅에서 육신에 참여했던 자들이 거기서는 신비한 몸에 더욱 가까이 연합하여, 모두 함께 그리스도의 가슴, 그 향기로운 꽃밭에 눕게 된다는 것입니다.살전 4:17

여섯째, 사실 우리는 하나님의 손에 눌려 더더욱 심하게 고통을 당해야 마땅했습니다. 그분께서 자식을, 아내를, 부모를 거두어 가셨습니까? 그분의 성령을 거두어 가실 수도 있었습니다. 그분께서 우리의 육친을 거두어 가셨습니까? 우리의 구원을 거두어 가실 수도 있었습니다. 그분께서 지금 쓴잔을 마시라 하십니까? 우리는 독을 마셔도 부족합니다. "그렇지만 주 우리의 하나님은 우리가 지은 죄에 비하여 가벼운 벌을 내리셔서."스 9:13 우리는 바다와 같이 많은 죄를 짓고도 고통은 물 한 방울만큼만 당합니다.

일곱째, 인내하는 영혼은 기쁨이 넘칩니다. 인내하지 못하는 사람은 요동하는 바다와 같아서 고요히 쉬지 못합니다.사 57:20 그는 번민과 분노로 스스로를 고문하지만, 인내는 그리스도께서 요동하는 바다를 잠잠하게 하셨듯 마음을 평화롭게 합니다. 이제 마음에 안식일, 곧 천국이 있는 것입니다. "너희는 참고 견디는 가운데 너희의 목숨을 얻어라."눅 21:19 사람은 믿음으로 하나님을 얻고 인내로 자기 자신을 얻습니다.

여덟째, 주께서 사랑하는 육친을 앗아 가심으로 의지할 지팡이를 부러뜨리셨을 때, 많은 성도들이 길이 참고 인내했습니다. 주께서 자식들을 거두어 가셨음에도 욥은 한탄은커녕 오히려 찬양하기 시작했습니다. "주신 분도 주님이시요 가져가신 분도 주님이시니, 주님의 이름을 찬양할 뿐입니다."욥 1:21 하나님께서는 엘리의 아들들의 죽음을 예고하셨습니다. "네 두 아들 홉니와 비느하스도 한날에 죽을 것이며."삼상 2:34 하지만 엘리는 이 비극적인 소식을 인내로써 받아들였습니다. "그분은 주님이시다! 그분께서는 뜻하신 대로 하실 것이다."삼상 3:18 엘리와 바로가 얼마나 다른지 보십시오! 바로는 말했습니다. "그 주가 누구인데……?"출 5:2 엘리는 말했습니다. "그분은 주님이시다!" 하나님께서 아론의 아들 중 둘을 쳐 죽이셨을 때, 아론은 잠잠했습니다.레 10:2-3 인내는 귀를 열고 입은 닫습니다. 인내는 귀를 열어 회초리 소리를 듣게 하지만, 하나님을 대적하는 말을 하지 않도록 입은 닫습니다. 인내의 모범이 이와 같습니다. 이들의 모범을 이처럼 눈으로 보고도 따라 할 생각이 없습니까? 하나님께서 우리의 의지처에 해골을 얹으시고 우리에게서 사랑하는 사람들을 거두어 가실 때, 이와 같은 인내의 모범적인 사례들을 생각하며 마음을 고요히 합시다.

2. 하나님께서 우리에게 어떤 고통을 강요하실 때

이때도 우리는 마땅히 인내해야 합니다. "환난을 당할 때에 참으며."롬 12:12 다음 사항을 기억합시다.

첫째, 하나님께서는 때때로 당신의 백성들에게 엄청난 고통을 가하십니다. "주님의 손이 나를 짓누릅니다."시 38:2 "고통스럽다"는 단어는 히브리어로 "녹는다"는 뜻입니다. 하나님께서는 당신의 백성들을 풀무불에 넣어 녹이시는 듯합니다.

둘째, 하나님께서는 때때로 성도들에게 여러 가지 고통을 가하십니다. "그분께서……나에게 많은 상처를 입히시는데."욥 9:17 우리가 여러 방식으로 죄를 짓듯, 주께서도 여러 방식으로 고통을 주십니다. 어떤 이들에게서는 재산을 앗아 가십니다. 어떤 이들은 병상에 묶어 놓으시고 또 어떤 이들은 감옥에 가두십니다. 하나님의 화살통에는 다양한 화살이 준비되어 있습니다.

셋째, 하나님께서는 때때로 성도들에게 고통을 오랫동안 가하십니다. "우리에게는······예언자도 더 이상 없으므로, 우리 가운데서 아무도 이 일이 얼마나 오래갈지를 아는 사람이 없습니다."시 74:9 질환이 그러하듯—말하자면 어떤 질환은 만성적이어서 몇 년 동안 몸에서 떨어지지 않습니다—고통 또한 그러합니다. 주께서는 만성적인 고통으로 당신의 귀한 자들을 단련시키십니다. 이처럼 극심하고 다양하며 장기간 지속되는 이 모든 고통들의 경우, 인내로써 하나님의 뜻에 의지함이 성도다운 모습입니다. "인내"로 번역된 그리스어는 하나의 은유로서 꿋꿋이 무거운 짐을 지고 있는 사람을 암시합니다. 이것이 인내의 올바른 개념이니, 우리가 쓰러지거나 안달하는 일 없이 꿋꿋하게 고통을 견디는 경우를 이릅니다.

뱃사람의 진면목은 폭풍우를 만났을 때 드러나고, 그리스도인의 참모습은 고통 속에서 드러납니다. 하늘에서 거센 바람이 불어올 때, 불안과 초조의 암초를 피해 가며 영혼의 배를 지혜롭게 몰아가는 이는 올바른 항해술을 소유한 것입니다. 그리스도인은 언제나 예의와 품격을 유지해야 하며, 하나님의 손에 눌렸다 해서 그릇되게 처신하거나 무분별한 분노를 표출해서는 안됩니다. 인내는 고통마저 빛나게 합니다. 성경에서 고통은 그물에 비유됩니다. "우리를 그물에 걸리게 하시고."시 66:11 어떤 이들은 마귀의 그물을 피해 달아납니다만, 하나님의 고통의 그물은 피할 수 없습니다. 그러나 이 경우에도, "그물에 걸려 있는" 들짐승처럼 사 51:20 발버둥치며 그들의 조물주에게 발길질할 것이 아니라, 그분께서 그물을 푸시고 나갈 길을 마련해 주실 때까지 인내하며 누워 있어야 합니다. 이처럼 하나님께서 우리에게 가하시는 고통스러운 상황 가운데서도 인내하라는 뜻으로 다음의 네 가지 사항을 언급하고자 합니다.

첫째, 고통은 우리의 유익을 위함입니다. "하나님께서는……우리에게 유익이 되도록 징계하십니다."히 12:10 우리는 하나님께 우리 영혼에 유익이 되는 길을 취하시라고 기도합니다. 그분께서 우리에게 고통을 주고 계시다면 우리의 이 기도를 들으신 것이니, "우리에게 유익이 되도록" 고통을 허락하신 것입니다. 그렇다고 고통 자체가 우리를 이롭게 한다는 뜻은 아닙니다. 하나님의 성령께서 그 고통과 함께 일하셔야만 우리에게 유익이 됩니다. 천사가 내려와 휘젓지 않을 경우 베데스다 못의 물 자체만으로는 치유의 효능이 없었듯이,요 5:4 고통의 물 또한 그 자체로는 치유의 효능이 없으니 하나님의 성령께서 공동협력자로 그 고통의 물을 우리에게 거룩하고 선한 물로 만들어 주셔야 합니다. 고통은 여러 면에서 유익합니다.

(1) 고통은 사람의 정신을 맑고 지혜롭게 합니다. 의사들은 정신질환자들을 사슬로 묶어 놓고 제한된 식사만 제공하는 방식으로 제정신을 찾게 했습니다. 많은 이들이 너무 풍요로워서 미쳐 돌아갑니다. 그들은 하나님도 모르고 자신들도 모릅니다. 그

러므로 주께서는 그들을 고통의 끈으로 묶어 올바른 정신을 찾도록 하십니다. "그러나 의로운 사람이라도 하나님께 복종하지 않으면 쇠사슬에 묶이게 하시고 고통의 줄에 얽매여서 벗어나지 못하게 하십니다. 그러는 동안에 하나님은 그들에게 그들이 한 일을 밝히시며……또한 그들의 귀를 열어서 경고를 듣게 하시고."욥 36:8-10

(2) 고통은 은혜의 후원자입니다. 고통은 은혜를 낳습니다. 베자는 자신이 파리에서 심하게 앓아누워 있는 동안 하나님께서 회심의 토대를 마련해 주셨다고 인정했습니다. 또한 고통은 은혜를 늘립니다. 하나님의 성도들은 고통에 신세지고 있습니다. 그토록 무자비한 시련을 만나지 않았다면 그토록 큰 은혜는 결코 얻지 못했을 것입니다. 이제는 물이 흐르고 향기가 퍼져 나옵니다. 스파르타인들이 전쟁으로 부강해졌다면 성도들은 고통으로 번성합니다. 하나님께서는 조락의 계절에 오히려 은혜의 꽃을 무성히 피어나게 하십니다.

(3) 고통은 하늘로 가는 우리의 발걸음을 재촉합니다. 우리는 심부름 갔다 돌아오는 아들과 같습니다. 도중에 과일이나 꽃이 눈에 띄면 해찰하며 집에 가기를 서두르지 않지만, 무섭고 힘든 일을 만나면 있는 힘을 다해 아버지 집으로 걸음을 재촉합니다. 그러므로 우리는 풍족하면 과일이나 꽃을 따 모으며 하늘을 잊지만, 고통이 시작되고 형편이 어려워지면 서둘러 하늘로 향하며 다윗처럼 주님의 계명들이 인도하는 길로 달려갑니다.시 119:32

둘째, 하나님께서는 고통에 자비를 섞어 넣으십니다. 당신의 정의의 칼에 자비의 기름을 먹이시는 것입니다. 이스라엘이 아무리 칠흑 같은 밤을 만난다 해도 언제나 불기둥이 있었습니다. 우리의 삶의 상황이 아무리 음울해도 언제나 불기둥이라는 빛이 있을 것입니다. 육신은 고통스러우나 양심이 평화롭다면 자비가 있는 것입니다. 고통은 죄를 예방하기 위함입니다. 이 또한 자비가 있는 것입니다. 언약궤 안에는 "지팡이와 만나 항아리"가 있었는데, 이는 그리스도인의 삶의 상황을 상징합니다. "주님의 사랑과 정의를 노래하렵니다."시 101:1 이처럼 지팡이와 만나가 함께 있습니다.

셋째, 인내하는 마음에는 하나님이 있습니다. 인내는 하나님의 칭호 중 하나입니다. "인내와 위로의 하나님."롬 15:5, 개역개정 인내라는 이 복된 거푸집으로 여러분의 마음을 찍어 낸다면, 이는 하나님께서 여러분에게 그분의 성품을 많이 나누어 주셨다는 증거입니다. 그래서 여러분도 어느 정도는 그분의 광채로 빛납니다. 인내심이 없음은 마음이 건강하지 못하다는 증거입니다. 어떤 사람의 몸이 무엇에 살짝만 긁혀도 벌겋게 부어오르는 체질이라면, 여러분은 의당 "저 사람은 몸이 건강하지 못하다"고 말합니다. 그러므로 사소한 일에도 늘 참지 못하고 섭리 탓만 하며 벌겋게 부어오른다면 문제가 있는 그리스도인이라 할 수 있습니다. 그러한 마음에도 일말의 은혜가 있어서 이를 찾아내는 사람이 있다면 대단히 시력이 좋다고 말해 주고 싶습니다. 하지만 인내하는 마음을 가진 사람은 경건의 상급자이니 하나님의 많은 성품에 참여합니다.

넷째, 고통의 끝은 영광스럽습니다. 유대인들이 바빌론에서 포로생활을 했지만 그 끝은 어떠했습니까? 그들은 은그릇과 금과 진귀한 보물들을 가지고 바빌론을 떠나왔습니다.스 1:6 그러면 고통의 끝은 어떠합니까? 말할 수 없는 영광으로 끝납니다.행 14:22, 고후 4:17 이만하면 인내 없이 안달과 초조로 얼룩진 우리 마음을 가라앉혀야 합니다. 더러운 길을 조금만 걸으면 그 끝에 아름다운 초원과 값으로 칠 수 없는 유산이 기다리고 있을진대, 누가 그 길을 가지 않겠습니까?

질문 1 나는 어떻게 인내하는 마음을 가질 수 있습니까?
대답 믿음을 가지십시오. 우리의 인내 없음은 불신에서 비롯됩니다. 믿음은 인내의 양육자입니다. 분노의 폭풍이 일기 시작하면 믿음이 마음에게 말하는데, 그리스도께서 요동하는 바다를 일러 말씀하신 듯 말합니다. "고요하고 잠잠하여라." 그리하면 즉시 평화가 찾아옵니다.

질문 2 믿음은 어떻게 인내를 낳습니까?
대답 믿음은 영혼을 설득해서 인내하게 합니다. 믿음은 군중의 다툼을 진정시키고 평화를 회복한 에베소의 시청 서기관과 같습니다.행 19:35-36 그러므로 안달과 초조가 들고 일어나 영혼에 소요를 일으키면 믿음이 이 소동을 가라앉히고 영혼을 달래어 거룩한 인내심을 갖게 합니다. 믿음이 말합니다. "내 영혼아, 네가 어찌하여……그렇게 괴로워하느냐?"시 42:5 "고통스러우냐? 그 고통을 주신 이가 네 아버지 아니더냐? 그분께서 지금 너를 깎고 다듬어 영광을 받기에 합당한 자로 만들고 계신다. 그분께서 너를 치심은 구원하시기 위함이니라. 네 고통이 무엇이냐? 질병이냐? 하나님께서 지금 네 육신의 나무를 흔들고 계시니, 이는 열매를, 그것도 '정의의 평화로운 열매'[히 12:11]를 떨어뜨려 얻기 위함이다. 네 집에서 쫓겨났느냐? 하나님께서 너를 위해 한 도시를 마련해 두셨다.[히 11:16] 그리스도로 인해 비난받고 있느냐? '여러분이 그리스도의 이름으로 모욕을 당하면 복이 있습니다. 영광의 영 곧 하나님의 영이 여러분 위에 머물러 계시기 때문입니다.'[벧전 4:14]" 이와 같이 믿음은 영혼을 설득하고 타일러서 인내하게 합니다.

하나님께 인내를 달라고 기도합시다. 인내는 하나님께서 심으신 꽃입니다. 그 꽃이 여러분 마음에서 자라나 향기를 낼 수 있도록 기도합시다. 기도는 거룩한 마법이니, 인내심 없는 악한 마음을 가라앉힙니다. 인내심 없는 불안과 초조가 마음의 현을 잡아끊고 모든 것을 엉망으로 만들어 놓을 때, 기도가 마음을 가라앉혀 올바른 음을 내게 하는 것입니다. 오, 그러니 하나님 앞으로 갑시다. 기도는 하나님의 귀를 즐겁게 합니다. 기도는 그분의 마음을 녹입니다. 기도는 그분의 인정 많으신 손을 내미시게 합니다. 하나님께서는 기도하는 영혼을 거절하실 수가 없습니다. 부디 그분께 끈질기게 구합시다. 그리하면 고통을 거두어 주시든가 아니면 더 좋은 방책으로, 아예 여러분의 그 인내심 없는 마음을 없애 주실 것입니다.

⓱ 감사

경건한 사람은 감사하는 사람입니다. 찬양과 감사는 하늘의 일이니, 경건한 사람은 장차 하늘에서 일상으로 하게 될 그 일을 여기에서부터 시작합니다. 유대인들의 격언에 따르면, 세상은 세 가지 곧 율법과 하나님에 대한 예배와 감사에 의해 유지된다고 합니다. 감사가 사라진다면 세상을 유지하는 세 기둥 가운데 하나가 치워진 것이니, 세상이 곧 무너져 내릴 것이라는 뜻이 아닌가 합니다. "찬양"이라는 뜻의 히브리어는 "쏘아 올리다"라는 의미의 어근에서 파생했습니다. 경건한 사람은 하늘을 향해 일제 사격을 하듯 찬양을 쏘아 올려 보냅니다. 다윗은 하나님의 마음에 맞는 전형적인 인물이었으니 그분을 향한 찬양의 노래를 얼마나 아름답게 불렀는지 모릅니다! 그리하여 그는 "이스라엘에서 아름다운 시를 읊는 사람"이라고 불렸습니다.삼하 23:1 그리스도인은 최악의 상황에서도 감사드립니다. 예언자 요나는 말벌처럼 성마른 사람이었습니다. 바다가 풍랑으로 요동해도 분노로 요동하는 요나의 마음만큼 심하지는 않았습니다.욘 1:13 하지만 이 일을 통하여 우리는 은혜가 어떻게 나타나는지 볼 수 있을 것입니다. 요나에게는 감사하는 마음이 있었던 것입니다. "그러나 나는 감사의 노래를 부르며 주님께 희생제물을 바치겠습니다. 서원한 것은 무엇이든지 지키겠습니다."욘 2:9 이 점을 좀 더 명확히 설명하고자 다음의 네 가지 사항을 제시하겠습니다.

1. 찬양과 감사는 성도의 일입니다

성경에서 우리가 보는바, 경건한 사람들은 늘 하나님에 대한 찬양을 요청받습니다. "주님을 경외하는 사람들아, 주님을 송축하여라."시 135:20 "성도들아, 이 영광을 크게 기뻐하여라.……성도들의 입에는 하나님께 드릴 찬양이 가득하고……."시 149:5-6 찬양은 다음과 같은 이유로 성도들에게 합당한 일입니다.

첫째, 경건하지 않으면 누구도 하나님을 올바로 찬양할 수 없습니다. 누구나 수금을 연주할 수 있는 기술이 있는 것이 아니듯, 누구나 하나님을 향해 아름다운 찬양의 소리를 낼 수 있는 것이 아닙니다. 악인들도 하나님을 찬양하겠다고 나설 수 있지만, 그들은 그분을 찬양할 능력이 부족합니다. 살아 있는 그리스도인들만이 하나님을 찬양할 수 있습니다. 악인들은 죄 가운데 죽어 있습니다. 죽은 자들이 어떻게 하나님께 찬양을 올려 보냅니까? "죽은 사람은 아무도 주님을 찬양할 수 없습니다."사 38:18 악인은 하나님 찬양을 더럽히고 그 아름다움을 실추시킵니다. 더러운 손으로 연분홍 꽃무늬 천 작업을 하면 옷감의 아름다움은 훼손될 수밖에 없습니다. 하나님께서 바로 그 죄인에게 말씀하실 것입니다. "너희는 어찌하여 감히 내 법도를 전파하며, 내 언약의 말을 감히 너희 입에서 읊조리느냐?"시 50:16

둘째, 경건하지 않으면 누구에게도 찬양이 합당하지 않습니다. "정직한 사람들아, 찬양은 너희가 마땅히 해야 할 일이다."시 33:1 불경한 사람에게 하나님 찬양을 맡긴다는 것은 똥무더기를 꽃으로 장식함과 같습니다. 죄인의 입에서 나오는 찬양은 바보가 지껄이는 신탁일 뿐입니다. 삶으로 하나님을 욕되게 하는 자가 입으로 그분을 찬양하다니, 얼마나 당치 않은 일입니까! 악인이 하나님을 찬양함은 고리대금업자가 믿음의 삶을 이야기하거나 마귀가 성경을 인용함과 다름없이 역겨운 일입니다. 경건한 사람들만이 하나님의 찬양대원이 되기에 합당합니다. 찬양은 "찬송의 옷"이라고 합니다.사 61:3, 개역개정 이 옷은 오로지 성도가 입어야 아름답습니다.

2. 감사는 예배에서 더욱 고귀한 부분입니다

기도는 사실 무엇이 부족해서 드릴 수 있지만, 하나님께 감사드리는 일은 진정으로 정직한 마음이 필요합니다. 까마귀는 울부짖고 종달새는 노래합니다. 간구로 우리는 사람다워 보이지만 감사로 우리는 천사같이 보입니다.

3. 감사는 하나님을 높이는 일입니다

"감사하는 마음으로 제물을 바치는 사람이 나에게 영광을 돌리는 사람이니."시 50:23 하나님의 본질적인 영광을 털끝만큼이라도 늘릴 수 있는 것은 없지만, 찬양은 그럼에도 다른 이들이 보기에 그분을 드높입니다. 찬양은 하나님의 영광을 드러내고, 그분의 이름을 높이며, 그분의 선하심을 펼쳐 보이고, 그분의 뛰어나심을 선언하며, 그분의 명성을 퍼뜨리고, 귀한 옥합을 깨뜨려 여는 일입니다. 그리고 이렇게 열린 옥합에서 하나님의 향기로운 이름이 세상으로 퍼져 나갑니다.

4. 찬양은 더욱 특별한 일입니다

찬양으로 그리스도인은 사악한 모든 영들을 능가합니다. 여러분은 하나님을 이야기합니까? 마귀도 그리 할 수 있으니, 그리스도께 성경 말씀을 꺼내 들었던 것입니다. 여러분은 사람들 앞에서 신앙을 고백합니까? 마귀도 그리 할 수 있으니, 그는 빛의 천사로 모습을 바꿉니다. 여러분은 금식합니까? 마귀는 아예 먹지 않습니다. 여러분은 믿습니까? 마귀들에게도 동의하는 믿음은 있으니, 믿고 떱니다.^{약 2:19} 하지만 모세가 마술사들 누구도 흉내 낼 수 없는 기적을 일으켰듯이, 그리스도인들 또한 그 어느 마귀도 따라 할 수 없는 일을 할 수 있으니, 바로 감사입니다. 마귀들은 하나님을 망령되이 일컬을 뿐 그분을 찬양하지는 못합니다. 사탄은 불화살을 가지고 있지만 수금과 거문고는 없습니다.

적용 1 여기서 경건한 사람의 진정한 특징을 봅시다. 그는 송영과 찬양에 빠져 삽니다. 자신의 하나님께 감사하지 않는 자는 선한 사람이 될 수 없다고 락탄티우스는 말했습니다. 경건한 사람은 하나님을 높이는 사람입니다. 성도들은 성령의 성전입니다.^{고전 3:16} 하나님을 찬양하는 소리가 그분의 성전 아니면 어디에서 울려 퍼져야 합니까? "주님을 찬양하는 노랫소리, 내 입에서 그치지 않을 것이다."^{시 34:1} 자비의 기억이 남아 있는 동안에만 감사를 드리고 얼마 못 가 찬양을 중단하는 사람들이 있습니다. 카르타고 사람들은 처음에는 연 수입의 십분의 일을 헤르쿨레스에게 보내고는 했지만 점차로 싫증을 내다가 종내는 중단해 버렸습니다. 다윗은 목숨이 붙어 있는 한 주님을 찬양하고자 했습니다. "내가 평생토록 주님을 찬양하며 내가 살아 있는 한 내 하나님을 찬양하겠다."시 146:2 그는 하나님께 이따금씩 노래 한 곡 바치고는 악기를 벽에 걸어 둔 것이 아니라 끊임없이 그분을 찬양하고 노래했던 것입니다. 경건한 사람들은 모든 신앙의 의무에서 감사를 표합니다. 그는 기도에 감사를 섞어 넣습니다. "모든 일을 오직 기도와 간구로 하고, 여러분이 바라는 것을 감사하는 마음으로 하나님께 아뢰십시오."빌 4:6 감사는 기도에서 더욱 거룩한 부분입니다. 우리는 간구함으로 우리의 필요를 표현합니다. 하지만 우리는 감사함으로 하나님의 뛰어나심을 선언합니다. 기도는 감사의 향기가 가득할 때 향연처럼 하늘로 올라갑니다.

그리고 경건한 사람은 모든 신앙적 의무에서만 아니라 모든 형편과 처지에서도 감사를 표현합니다. 풍요로울 때는 물론 역경에 처할 때도 감사하는 것입니다. "모든 일에 감사하십시오."살전 5:18 은혜로운 영혼은 고통의 끈에 묶여서리도 하나님께 더 가까이 감을 인해 감사하고 즐거워합니다. 형편이 좋으면 하나님의 자비를 찬양하고 처지가 곤고하면 그분의 정의를 찬양합니다. 하나님께서 손에 회초리를 들고 계실 때 경건한 사람의 입에서는 찬송이 나옵니다. 마귀가 욥을 친 것은 악기를 친 것이나 같습니다. 두드려 맞은 욥에게서 찬양의 노래가 나왔으니 말입니다. "주신 분도 주님이시요 가져가신 분도 주님이시니, 주님의 이름을 찬양할 뿐입니다."욥 1:21 하나님의 영적인 나무들이 베임을 당하면 거기서는 감사의 진액이 흘러나옵니다. 성도들의 눈물이 강물과 같아도 그들의 찬양이 떠내려가는 법은 없습니다.

경건한 사람의 징표가 이와 같을진대, 경건한 사람들의 수가 지극히 적은 듯 합니다. 찬양하는 사람들이 거의 없습니다. 죄인들은 하나님께 드릴 감사의 제물을 차단합니다. "아홉 사람은 어디에 있느냐?"눅 17:17 치유받은 나병환자 열 사람 중 한 사람만이 돌아와서 감사드렸습니다. 세상 사람들 대다수는 하나님의 찬양을 매장한 무덤입니다. 거룩하신 분을 빗댄 욕설과 저주는 들려도 그분을 찬양하는 소리는 듣기 어렵습니다. 찬양은 정기적으로 바치는 세금이나 공물과 같은데, 대부분의 사람들이 이 세금을 안 내고 버팁니다. 하나님께서는 히스기야 왕을 기적같이 구원해 주셨습니다. "그러나 히스기야는……받은바 은혜에 감사하지" 않았습니다.대하 32:25 그 "그러나"라는 말이 그에게 오명처럼 덧씌워졌습니다. 어떤 이들은 하나님께 감사하기는커녕 "선을 악으로" 갚습니다. 그들은 자비를 받고 더 악해집니다. "어리석은 백성아, 이 미련한 민족아, 너희는 어찌하여 주님께 이처럼 갚느냐?"신 32:6 이는 약초를 독초로 바꾸는 두꺼비와 다를 바 없습니다. 감사할 줄 아는 그리스도인은 어디에 있습니까? 손에 거문고를 들고 있는 성도들의 모습이 성경에 나옵니다.계 5:8 여기서 거문고는 찬양의 상징입니다. 많은 이들이 눈에는 눈물을 입에는 불평을 달고 살지만, 손에 거문고를 잡고 하나님의 이름을 찬양하는 이들은 지극히 적습니다.

적용 2 우리 자신을 잘 살펴보고 다음의 특징으로 우리가 경건한 사람인지 평가해 봅시다. 즉, 우리는 자비를 받고 감사드립니까? 감사할 줄 안다는 것은 진정 쉬운 일이 아닙니다.

질문 우리는 어떻게 우리가 올바로 감사드리고 있는지 알 수 있습니까?

대답 1 하나님의 자비를 마음 깊이 새길 때 우리는 올바로 감사드리고 있는 것입니다. "다윗이 레위 사람을 임명하여 주님의 궤 앞에서 섬기며 주 이스라엘의 하나님을 기리며 감사하며 찬양하게 하였다."^{대상 16:4} 의사들이 말하는바, 육신에서 가장 먼저 쇠퇴하는 것이 기억력이라고 합니다. 이 사실은 영적인 문제에도 그대로 적용될 수 있습니다. "그러나 그들은 어느새 주님이 하신 일들을 잊어버리고."^{시 106:13} 경건한 사람은 의사가 처방을 기록해 놓듯 자비를 기록해 두고 잊지 않도록 합니다. 하나님께 받은 자비는 자물쇠를 채워 간수해야 할 보석입니다. 하나님의 자녀는 늘 두 권의 치부책을 몸에 지니고 다니는데, 하나는 자신의 죄를 적어 겸손해지기 위한 것이고, 또 하나는 하나님께 받은 자비를 적어 감사드리기 위한 것입니다.

대답 2 마음이 악기가 되어 찬양할 때 우리는 올바로 감사드리고 있는 것입니다. "내가 온 마음을 다 기울여……주님께 감사를 드리겠다."^{시 111:1} 다윗은 수금으로만 아니라 마음으로도 아름다운 곡조를 연주했습니다. 마음이 혀와 함께하지 않으면 위로가 있을 수 없습니다. 마음이 참여하지 않은 찬양이라면 앵무새도 훌륭한 찬양대원일 수 있습니다.

대답 3 받은 은혜로 인해 하나님을 더욱더 사랑하게 될 때 우리는 올바로 감사드리고 있는 것입니다. 죽음에서 기적적으로 구원받은 다윗에게서는 하나님을 향한 사랑이 솟구쳤습니다. "내가 주님을 사랑합니다."^{시 116:1} 우리가 받은 자비를 사랑하는 것과 그 자비를 주신 주님을 사랑하는 것은 차원이 다릅니다. 많은 이들이 그들의 구원을 사랑하지만 그들의 구원자는 사랑하지 않습니다. 하나님은 그분의 자비보다 사랑받으셔야 할 분입니다.

대답 4 우리 자신의 공로와 가치를 온전히 버리고 하나님을 찬양할 때 우리는 올바로 감사드리고 있는 것입니다. "주님께서 주님의 종에게 베푸신 이 모든 은총과 온갖 진실을 이 종은 감히 받을 자격이 없습니다."^{창 32:10} 야곱은 거의 이처럼 말한 것이 아닌가 합니다. "주님께서 제 접시에 찌꺼기를 담아 주셔도 제게는 과분할 뿐입니다." 므비보셋은 엎드려 말했습니다. "이 종이 무엇이기에 죽은 개나 다름없는 저를 임금님께서 이렇게까지 돌보아 주십니까?"^{삼하 9:8} 그러므로 감사할 줄 아는 그리스도인은 자신이 받은 은총을 헤아려 보고, 세상의 뛰어난 자들도 누리지 못하는 그 모든 것을 자신이 얼마나 분에 넘치게 누리고 있는지 깨달아 이처럼 말합니다. "주님, 죽은 개나 다름없는 이 몸이 무엇이기에, 값없이 주시는 은혜로 나를 굽어보시며 이토록 넘치는 사랑을 베푸십니까?"

대답 5 하나님의 자비를 선용할 때 우리는 올바로 감사드리고 있는 것입니다. 우리는 하나님께 받은 은총을 섬김으로 갚습니다. 주께서 우리에게 건강을 주시면, 우리는 그리스도를 위하여 몸까지도 희생합니다.고후 12:15 주께서 우리에게 재산을 주시면, 우리는 물질로 그분께 영광을 돌립니다.잠 3:9 주께서 우리에게 자녀를 주시면, 우리는 그 아이들을 하나님께 바치고 그분을 위해 가르칩니다. 우리는 달란트를 받아서 땅에 묻어두지 않고 하나님의 영광을 위해 사용합니다. 이것이 바로 주님의 자비를 선용하는 것입니다. 은혜로운 마음은 좋은 토양과 같아서, 자비의 씨앗을 받아 순종의 알곡을 냅니다.

대답 6 현세적인 복보다 영적인 복에 더 마음을 기울일 때 우리는 올바로 감사드리고 있는 것입니다. "하나님을 찬양합시다. 하나님께서는 그리스도 안에서 하늘에 속한 온갖 신령한 복을 우리에게 주셨습니다."엡 1:3 경건한 사람은 곡식의 풍작보다는 마음의 풍작으로 인해 하나님께 감사드립니다. 그는 왕국보다는 그리스도로 인해 더 감사드립니다. 소크라테스는 왕이 가진 금보다 왕의 미소가 더 사랑스럽다고 버릇처럼 말하고는 했습니다. 경건한 마음은 서인도제도의 금보다 하나님 얼굴의 미소에 더 감사드립니다.

대답 7 자비로 인해 신앙의 의무에 매진할 때 우리는 올바로 감사드리고 있는 것입니다. 자비는 하나님을 위해 일하고자 하는 마음을 일으킵니다. 자비는 등불을 초라하게 하는 햇빛이 아니라 바퀴를 더 빨리 굴러가게 하는 기름과 같습니다. 다윗은 자비를 받고서 의무를 다짐하는 지혜를 보여줍니다. "주님, 주님께서 내 영혼을 죽음에서 건져……주셨으니, 내가 살아 있는 동안 주님 보시는 앞에서 살렵니다."^{시 116:8-9} 버나드는 이처럼 말했습니다. "주님, 나의 영혼과 몸, 내가 가진 이 두 렙돈을 당신께 드립니다."

대답 8 다른 이들에게 찬양이라는 이 천사의 일을 권할 때 우리는 올바로 감사드리고 있는 것입니다. 다윗은 스스로 하나님을 찬양할 뿐 아니라 다른 이들에게도 찬양할 것을 호소합니다. "너희 모든 나라들아, 주님을 찬송하며, 너희 모든 백성들아, 그를 칭송하여라."^{시 117:1} 가장 아름다운 음악은 합창입니다. 많은 성도들이 합창에 참여한다면 그들의 합창으로 하늘나라가 크게 울릴 것입니다. 술꾼 하나가 다른 이를 부추기듯, 거룩한 의미에서 그리스도인 하나가 다른 그리스도인을 부추겨 이 감사의 일에 동참하게 해야 합니다.

대답 9 입으로만이 아니라 삶으로도 하나님을 찬양할 때 우리는 올바로 감사드리고 있는 것입니다. 찬양은 감사의 표현이라고 합니다. 삶으로 감사드릴 때에야 우리는 진정으로 감사드리는 것입니다. 자비의 귀감이 되는 이들은 또한 거룩함의 귀감이 되어야 합니다. "그러나 더러는 시온 산으로 피하고 시온 산은 거룩한 곳이 될 것이다."^{욜 17절} 입으로 하나님을 찬양하고 삶으로 그분을 욕되게 함은 신앙의 야만행위이며, 그리스도 앞에 무릎을 꿇고 경배하다가 그분 얼굴에 침을 뱉은 유대인들의 행위와 다를 바 없습니다.^{막 15:19}

대답 10 하나님 찬양을 후손들에게 가르치고 물려줄 때 우리는 올바로 감사드리고 있는 것입니다. 우리는 하나님께서 우리에게 베푸신 일들을 자식들에게 이야기합니다. 그 어렵고 가난하던 때 우리의 필요를 채워 주셨던 일, 병들어 신음하던 우리를 다시 일으켜 주신 일, 유혹에 빠져 헤매던 우리를 붙들어 주신 일. "하나님, 우리는 두 귀로 들었습니다. 그 옛날 우리 조상이 살던 그때에 하나님께서 하신 그 일들을 우리의 조상이 우리에게 낱낱이 일러 주었습니다."^{시 44:1} 우리의 경험을 후손들에게 전함으로써 하나님의 이름이 영원하게 되고, 우리가 죽은 후에도 그분의 자비는 풍성한 찬양의 알곡을 낼 것입니다. 죽은 자가 주님을 찬양할 수 있겠느냐고 헤만이 묻습니다.^{시 88:10} 이런 의미에서라면 죽은 자도 하나님을 찬양할 수 있습니다. 즉, 우리가 하나님의 자비의 역사를 자식들에게 남기고 그들로 하여금 감사를 이어가게 하면, 우리가 죽었을 때도 하나님 찬양이 그치지 아니하므로 우리는 죽어서도 하나님을 찬양하는 것입니다.

적용 3 감사함으로 우리의 경건을 보입시다. "그 이름에 어울리는 영광을 주님께 돌려 드려라."^{시 29:2} 다음 사항들을 기억합시다. 첫째, 감사는 좋은 일입니다. "우리의 하나님께 찬양함이 얼마나 좋은 일이며, 하나님께 찬송함이 그 얼마나 아름답고 마땅한 일인가!"^(시 147:1) 찬양하라고 준 그 혀로 불만과 투정의 거친 소리를 내면 좋지 않습니다. 하지만 감사는 좋은 일입니다. 피조물이 하나님의 이름을 높이기 위해 할 수 있는 것이 바로 감사뿐이므로 좋고, 또한 감사드림으로써 우리 자신에게 유익이 되므로 좋습니다. 우리는 감사드릴수록 거룩해집니다. 우리가 이 감사의 공물을 드리는 동안 우리의 은혜의 재고가 늘어납니다. 다른 빚을 졌을 경우 갚아 나갈수록 우리의 재산이 축나지만, 이 감사의 빚은 갚아 나갈수록 우리의 은혜가 불어납니다.

둘째, 감사는 우리가 하나님께 바쳐야 할 세금입니다. "세상의 모든 임금과 백성들, 세상의 모든 고관과 재판관들아,⋯⋯ 모두 주님의 이름을 찬양하여라."^(시 148:11, 13) 찬양은 하늘나라의 국고를 맡으신 왕께 바쳐야 할 공물이며 세금입니다. 하나님께서 우리의 임차권을 갱신해 주시면 우리도 공물을 새로 드려야 합니다.

셋째, 우리에게는 감사드려야 할 중대한 이유가 있습니다. 받은바 은혜에 감사를 표함이 세상에 접목된 원리입니다. 이교도들은 그들의 승리로 인해 주피터를 찬양했습니다. 하나님께 받은 자비를 일일이 헤아려 볼진대, 우리에게 자비의 열매가 얼마나 주렁주렁 달려 있는지 모릅니다! 우리는 다윗처럼 너무 많아서 어리둥절할 지경임을 인정해야 합니다. "주 나의 하나님, 주님께서는 놀라운 일을 많이 하시며 우리 위한 계획을 많이도 세우셨으니, 아무도 주님 앞에 이것들을 열거할 수 없습니다."시 40:5 하나님의 자비는 이처럼 셀 수 없을 뿐 아니라 크기 또한 잴 수 없습니다. 다윗은 할 수 있는 한 크게 측량해 봅니다. 그래서 땅으로부터 시작하여 구름까지, 아니, 구름 너머까지 자비의 크기를 가늠해 보지만, 이 정도로는 하나님께서 베푸신 자비의 꼭대기에 이를 수 없습니다. "주님의 한결같은 그 사랑, 하늘보다 더 높고."시 108:4 오, 그동안 하나님께서 당신의 은빛 소나기로 우리를 얼마나 비옥하게 하셨습니까! 그 찬란한 자비의 성좌가 우리의 반구를 비추었습니다. 우리가 받은 현세적인 은총이 얼마나 많은지요! 날마다 우리는 새로운 자비의 물결이 밀려드는 것을 봅니다. 자비의 날개가 우리를 감싸 안았고, 자비의 젖가슴이 우리를 먹였습니다. "내가 태어난 날로부터 오늘에 이르기까지 나의 목자가 되어 주신 하나님."창 48:15 우리 앞에 놓인 올가미가 얼마나 많이 부서져 나갔습니까! 우리의 두려움은 또 얼마나 순식간에 사라졌는가 모릅니다! 주께서는 다른 이들에게 무덤을 마련해 주시는 동안 우리에게는 잠자리를 마련해 주셨습니다. 세상에 돌볼 사람이 우리밖에 없는 듯 우리를 돌보아 주셨습니다. 섭리의 구름이 아무리 검고 두터워도 우리는 언제나 그 구름 속에서 사랑의 무지개를 볼 수 있었습니다. 차라리 우리는 자비의 바다에서 헤엄쳤을진대, 이것으로도 부족해 감사드릴 수 없단 말입니까?

우리의 찬양의 악기에 줄 하나를 더 달아 한층 더 큰 소리를 내게 할 수 있는 것이 있으니, 곧 하나님께서 우리에게 주신 영적인 은총을 헤아려 보자는 것입니다. 그분께서는 윗샘에서 물을 끌어와 우리에게 주셨습니다. 천국의 옷장을 열고 우리에게 어느 천사가 입은 것보다 아름다운 예복을 가져다주셨습니다. 그렇게 가장 좋은 옷을 입혀 주시고 그분과 혼인하는 정표로 믿음의 반지를 끼워 주셨습니다. 이 정도만 해도 별표를 받기에 부족함이 없는 일등급의 자비입니다. 하지만 이보다 더한 자비가 있는데, 하나님께서는 마지막 순간을 위해 최상급의 포도주를 간직해 두고 계십니다. 장차 우리가 받을 크나큰 자비에 비하면 지금 여기에서 받는 자비는 소량에 불과합니다. 우리는 여기서 꿀처럼 단 하나님의 사랑을 조금만 맛볼 뿐입니다. 기쁨의 강은 낙원에 예비되어 있습니다. 그러니 수금을 들고 마음껏 하나님을 찬양하며 나아갑시다. 하나님의 그 뜨거운 사랑의 숯불을 밟고서 감사함으로 마음이 뜨거워지지 않을 사람이 있겠습니까?

넷째, 감사함이 가장 뛰어난 지혜입니다. 감사드려서 손해 볼 것은 없습니다. 한 가지 자비에 감사함이 더 많은 자비를 얻는 길입니다. 감사란 펌프에 마중물을 부음과 같으니, 이 적은 물이 더 많은 물을 끌어올립니다. 나팔 연주자는 악기 소리가 잘 울려 퍼지는 곳에서 연주하기를 좋아하고, 하나님께서는 감사의 메아리가 잘 울려 퍼지는 곳에서 자비를 베푸시기를 좋아하십니다.

다섯째, 감사함은 하나님께서 기뻐하시는 마음의 태도입니다. 회개가 천국의 기쁨이라면 찬양은 천국의 노래입니다. 버나드는 감사를 일러 그리스도인에게서 흘러나오는 향유라고 했습니다. 하나님께서 매우 기뻐하시는 네 가지 희생제사가 있으니, 그것은 그리스도의 피의 희생제사, 상한 마음의 희생제사, 구제의 희생제사, 감사의 희생제사입니다. 찬양과 감사는 (그린햄이 말하는바) 하나님의 예배에서 가장 뛰어난 부분인데, 이는 다른 모든 신앙 행위가 끝나도 찬양과 감사만은 천국의 찬양대에서 계속되기 때문입니다.

여섯째, 감사할 줄 모른다는 것은 끔찍한 일입니다. 그러한 태도는 여타의 모든 죄를 염색해서 시뻘겋게 물들여 놓습니다. 배은망덕은 비열함의 본질입니다. "너와 한 밥상에서 먹던 동맹국이 너의 발 앞에 올가미를 놓았다."옵7절 배은망덕은 짐승만도 못한 짓입니다.사1:3 율리우스 카이사르는 감사할 줄 모르는 사람은 결단코 용서하지 않았다고 합니다. 하나님께서는 죄를 용서하시는 하나님이시지만, 이 배은망덕만큼은 어떻게 용서해야 하실지 잘 모르십니다. "예루살렘아, 내가 너를 어떻게 용서하여 줄 수가 있겠느냐? 너의 자식들이 나를 버리고 떠나서 신도 아닌 것들을 두고 맹세하여 섬겼다. 내가 그들을 배불리 먹여 놓았더니 그들은 창녀의 집으로 몰려가서 모두가 음행을 하였다."렘5:7 드라콘은 (그의 법령은 피로 물들었습니다만) 다른 사람에게 은혜를 입고도 감사하지 않았음이 드러난 사람은 사형에 처한다는 칙령을 발표했습니다. 감사할 줄 모르는 사람은 세상에서는 괴물이요 그리스도교 신앙에서는 궤변입니다. 그는 하늘의 조롱거리요 지상의 역병입니다. 배은망덕한 사람이 잘했다 칭찬받는 것은 오로지 하나, 죽는 것뿐입니다.

일곱째, 우리에게 임했던 그 모든 심판의 원인은 감사할 줄 몰랐기 때문입니다. 건강을 주셨는데 우리가 감사하지 않았으므로 그토록 많은 죽음이 있었습니다. 우리가 복음에 감사하지 않고 설교를 지겨워했으므로 하나님께서 그 많은 등불을 말 아래 감추셨습니다. 브래드포드가 말했듯이, "내가 감사하지 않았으므로 에드워드 6세 왕이 죽었습니다." 가시덤불 말고는 나올 것이 없는 땅을 누가 돈 주고 사겠습니까? 우리가 감사하지 않으면 하나님의 그 관대한 황금 유리병이 막혀 더 이상 흘러나올 것이 없습니다.

질문 어떻게 해야 감사할 줄 알게 됩니까?
대답 1 감사드리기를 소망한다면 자신의 무가치함을 자각하고 마음을 크게 낮추어 겸손하십시오. 상한 마음이야말로 하나님을 찬양하는 훌륭한 피리 소리입니다. 자신의 죄를 헤아려 살피는 사람은 자신처럼 무가치한 똥무더기에 하나님께서 빛을 비추어 주셨음을 알고 놀랍니다. "내가 전에는 훼방자요 박해자요 폭행자였습니다. 그러나……하나님께서 나에게 자비를 베풀어 주셨습니다."딤전 1:13 바울의 감사가 얼마나 넘쳤는지요! 그는 진정 값없이 주시는 은혜를 목청껏 외치고 다녔습니다! 교만한 사람은 결단코 감사할 줄 모릅니다. 그는 자신이 받은 모든 자비는 자기 힘으로 얻었거나 받을 만해서 받았다고 여깁니다. 재산이 있을 경우, 자신의 재능과 노력으로 얻었다고 생각할 뿐 다음과 같은 성경 말씀은 전혀 생각하지 않습니다. "그러나 주 당신들의 하나님이……오늘 이렇게 재산을 모으도록 당신들에게 힘을 주셨음을 당신들은 기억해야 합니다."신 8:18 교만은 감사의 흐름을 차단합니다. 오, 그리스도인들이여, 여러분의 무가치함을 생각하십시오. 여러분 자신을 가장 작은 성도요 가장 큰 죄인으로 여기십시오. 그리하면 감사하는 마음을 갖게 될 것입니다.

대답 2 우리를 향하신 하나님 사랑의 건전한 증거들을 얻기 위해 노력하십시오. 여러분의 마음에 찍힌 거룩함의 인장에서 하나님의 사랑을 읽으십시오. 쏟아부어 주시는 하나님의 사랑을 생각하면 자비의 그릇마다 감사로 넘칠 것입니다. "예수 그리스도께서는 우리를 사랑하시며……그에게 영광과 권세가 영원무궁하도록 있기를 빕니다. 아멘."계 1:5-6 깊은 샘이 단물을 내고, 하나님의 사랑을 깊이 깨닫는 마음이 향기로운 찬양을 냅니다.

⓮ 성도들을 사랑함

경건한 사람은 성도들을 사랑하는 사람입니다. 자기 안에 은혜가 있는지 알아보는 가장 좋은 방법은 다른 이들의 은혜를 사랑하는 것입니다. "우리가 이미 죽음에서 생명으로 옮겨갔다는 것을 우리는 압니다. 이것을 아는 것은 우리가 형제자매를 사랑하기 때문입니다."^요일 3:14 신앙^religion이 다시 잇는 것^religation이 아니면, 즉 마음을 서로 잇는 것이 아니면 무엇이겠습니까? 믿음이 있어 우리는 하나님과 이어지고, 사랑이 있어 우리는 서로 이어집니다. 다른 이들에 대한 사랑에는 두 가지가 있습니다.

1. 겸손한 사랑

경건한 사람은 모든 사람을 겸손히 사랑합니다. "아브라함이 일어나서 그 땅 사람들 곧 헷 사람들에게 큰 절을 하고."^창 23:7 그들이 비록 외부인으로서 언약의 울타리 바깥에 있었지만 아브라함은 그들을 호의적으로 대했습니다. 은혜는 본성을 순후하고 세련되게 닦아 줍니다. "겸손하십시오."^벧전 3:8 우리는 다음과 같은 이유로 모든 사람을 겸손히 사랑해야 합니다.

첫째, 그들도 어차피 우리와 똑같은 인간이며, 모두들 하나님께서 섬세하신 손길로 만드신 작품이기 때문입니다.

둘째, 그들을 대하는 우리의 순량한 태도가 그들의 마음을 돌이켜 하나님을 사랑하게 하는 수단이 될 수 있기 때문입니다. 퉁명스럽고 예의에 어긋나는 행동은 빈번히 다른 이들의 마음을 멀어지게 하고 신앙을 오히려 더 안 좋은 눈으로 바라보게 합니다. 하지만 사랑의 태도는 친절하니 자석처럼 그들을 신앙으로 끌어들일 수 있을 것입니다.

2. 신실하고 거룩한 사랑

경건한 사람의 이 사랑은 주로 "믿음의 식구들"을 향한 것입니다.갈 6:10 앞서 언급한 사랑이 겸손의 사랑이라면 이 사랑은 기쁨의 사랑입니다. 성도들을 향한 우리의 사랑은 (아우구스티누스에 따르면) 우리의 육친에 대한 사랑보다 지극해야 하는데, 이는 성령으로 맺어진 관계가 피로 맺어진 관계보다 강하기 때문입니다. 경건한 사람의 징표가 되는 이 성도들을 향한 사랑에는 반드시 다음과 같은 일곱 가지 성분이 있어야 합니다.

첫째, 성도들을 향한 사랑은 진실해야 합니다. "우리는 말이나 혀로 사랑하지 말고, 행동과 진실함으로 사랑합시다."요일 3:18 벌집에서 바로 떨어지는 꿀은 순수합니다. 이처럼 사랑은 속임이 없이 순수해야 합니다. 많은 이들이 납달리와 같습니다. "납달리는 풀어놓은 암사슴이다. 그가 아양 떠는 말을 한다."창 49:21, 옮긴이 사역 거짓 사랑은 그림 속의 불과 같아서 뜨거운 것이 없습니다. 사랑이라는 너울 안쪽에 악의를 숨기고 있는 사람들이 있습니다. 내가 안토니우스 황제에 대해 읽어 본바, 그는 심히 악한 음모를 꾸밀 때는 우정을 가장했다고 합니다.

둘째, 성도들을 향한 사랑은 영적이어야 합니다. 여러분은 그들이 성도이므로 사랑해야지, 그들이 여러분에게 호의적이고 친절하다 해서 자격지심으로 사랑해서는 안됩니다. 우리는 오로지 영적인 면을 고려하여, 그들 안에 있는 선함을 보고 그들을 사랑해야 합니다. 우리는 그들의 거룩함을 존중해야 하며, 그렇지 않을 경우 그것은 육적인 사랑입니다.

셋째, 성도들을 향한 사랑은 광범위해야 합니다. 우리는 하나님의 모습을 닮은 사람이면 누구나 가릴 것 없이 모두 사랑해야 합니다.

(1) 다른 성도들에게 비록 많은 결점이 있다 해도 우리는 그들을 사랑해야 합니다. 이 땅에 사는 그리스도인은 주근깨투성이의 선한 얼굴과 같습니다. 결점이 있다는 이유로 다른 이를 사랑하지 못하는 사람은 한 번도 제 얼굴을 거울에 비춰 본 적이 없는 사람입니다. 여러분 형제의 결점은 연민의 마음으로 바라보고, 부디 그 형제 안에 있는 은혜를 바라보며 그를 사랑하십시오.

(2) 다른 성도들이 비록 우리와 일치하지 않는 점이 다소 있더라도 우리는 그들을 사랑해야 합니다. 우리는 사소한 문제로 다른 그리스도인과 의견을 달리할 수 있는데, 이는 그가 나보다 그리스도의 빛을 더 많이 받았거나 더 적게 받았기 때문일 것입니다. 그가 나보다 빛을 더 많이 받아서 나와 의견이 다르다면 나는 그를 비난할 이유가 없습니다. 또 그가 나보다 빛을 더 적게 받았다면 나는 그를 연약한 그릇으로 보고 감싸 안아야 합니다. 사소한 문제들에 대해서는 그리스도인의 관용이 있어야 합니다.

(3) 다른 성도들의 은혜가 우리의 은혜보다 뛰어나더라도 우리는 그들을 사랑해야 합니다. 다른 성도의 은혜가 현격히 뛰어나면 당연히 이는 우리 신앙의 영광이니, 우리는 마땅히 다른 성도의 그 은혜로 인해 하나님을 찬양해야 합니다. 사실 신자의 교만이 완전히 죽어 없어지기란 쉬운 일이 아닙니다. 성도들은 다른 이들의 뛰어남을 질시하고 불평하는 경향이 있습니다. 그런데 죄가 많다고 어떤 이를 미워하다가 덕이 많다고 또 어떤 이를

시기한다면 모순 아닙니까? 그리스도인들은 모름지기 서로의 마음으로 눈을 돌려야 합니다. 다른 이들의 뛰어난 은혜로 인해 우리가 조금 덜 빛나는 듯 보여도 그들의 은혜를 기뻐한다면 올바르고 참된 사랑이라 할 수 있습니다.

넷째, 성도들을 향한 사랑은 가치를 인정할 줄 알아야 합니다. 우리는 성도 아닌 사람들보다 성도들을 높이 평가해야 합니다. 우리는 주님을 두려워하는 사람을 존경해야 하는 것입니다.시 15:4 그래서 악인들은 쭉정이로 보고 성도들은 보석으로 보아야 합니다. 이 보석은 마땅히 크나큰 존경심을 가지고 대해야 합니다.

다섯째, 성도들을 향한 사랑은 사귐이 있어야 합니다. 우리는 성도들의 사귐을 즐거워해야 합니다. "주님을 경외하는 사람이면 누구에게나 나는 친구가 됩니다."시 119:63 악인들의 모임에 함께함은 지옥에 있음과 같으니, 거기서는 하나님의 이름이 더럽혀지는 소리를 듣지 않을 방도가 없습니다. 티베리우스의 초상이 새겨진 반지나 동전을 몸에 지니고 더러운 곳에 들어가는 행위는 중범죄였습니다. 몸에 하나님의 모습을 새긴 사람들은 죄악스럽고 더러운 무리 가운데로 들어가서는 안됩니다. 나는 살아 있는 두 사람이 죽은 자들과 사귀고 싶어 했다는 이야기는 성경에서나 한 번 읽어 봤을 뿐인데, 그들은 귀신들린 자들이었습니다.마 8:28 살아 있는 그리스도인이 죽은 자들과 대화한들 무슨 위로가 있습니까?유 12절 하지만 성도들의 사귐은 바람직합니다. 이 사귐은 "무덤 사이"를 걷는 것이 아니라 "향기 가득한 꽃밭"을 거니는 것입니다. 신자들은 그리스도의 동산입니다. 그들의 은혜는 꽃이고, 그들의 대화는 이 꽃에서 나오는 향기입니다.

여섯째, 성도들을 향한 사랑은 드러나야 합니다. 우리는 그들을 향한 그 모든 사랑의 직무에 헌신적으로 임해야 합니다. 그래서 그들의 명예를 회복시켜 주고, 그들의 필요를 채워 주며, 선한 사마리아 사람처럼 그들의 상처에 올리브기름과 포도주를 붓고 싸매 주어야 합니다.눅 10:34-35 사랑은 감출 수 없으니, 힘닿는 데까지 최대한 움직여야 하며 다른 이들의 유익을 위해 최선을 다해야 합니다.

일곱째, 성도들을 향한 사랑은 지속적이어야 합니다. 즉, 우리는 "사랑 안에 있는 사람"이어야 합니다.요일 4:16 우리의 사랑은 하룻밤의 유숙이 아니니, 우리는 늘 사랑 안에 살아야 합니다. "서로 사랑하기를 계속하십시오."히 13:1 사랑은 진실하며 위선이 없어야 할 뿐 아니라 지속적이며 흠이 없기도 해야 합니다. 사랑은 맥박과 같아서 쉼 없이 뛸 뿐, 한때는 바울을 위해 두 눈이라도 빼어 줄 듯하다가갈 4:15 그 뒤로는 오히려 바울의 눈을 빼기라도 할 듯 표변하는 갈라디아 사람들과 같아서는 안됩니다. 사랑은 우리의 생명이 끝나는 날까지 지속되어야 합니다. 그러므로 확언하건대, 성도들을 향한 우리의 사랑이 이와 같은 거룩함의 기준에 부합한다면 우리는 경건한 자들의 무리에 들어 있다는 희망적인 결론을 내려도 될 것입니다. "너희가 서로 사랑하면 모든 사람이 그것으로써 너희가 내 제자인 줄을 알게 될 것이다."요 13:35

경건한 사람이 성도들을 사랑해야 하는 이유는 그가 성도들과 근친 관계에 있기 때문입니다. 근친 간에는 사랑이 있어야 합니다. 신자들은 피차 영적인 혈연입니다. 그들에게는 머리가 하나뿐이므로 당연히 마음도 하나여야 합니다. 그들은 한 집을 짓는 데 들어가는 돌이니 벧전 2:5 이 돌들이 사랑으로 결합되어야 하지 않겠습니까?

적용 1 성도들을 사랑함이 경건한 사람들의 현저한 특징일진대, 이제는 쇠퇴해 버린 이 사랑의 은혜를 지켜본다는 것은 너무도 슬픈 일입니다! 이 경건의 특징은 이제 그리스도인들 사이에서 거의 지워지고 없습니다. 영국은 한때 사랑의 꽃이 피어나는 아름다운 동산이었지만, 지금 이 꽃은 잡아 뜯겼거나 시들어 버렸습니다. 그리스도인들 간에 마땅히 있어야 할 그 우정과 화합은 지금 어디 있습니까? 여러분에게 호소하노니, 사랑이 있다면 피차간에 그토록 무도한 비난과 경멸이 오가겠습니까? 비통한 눈물은 없고 원통한 마음만 넘쳐납니다. 많은 이들의 사랑이 식어 간다는 것은 악이 넘친다는 증거입니다. 믿음을 고백한 그리스도인들임에도 지나치게 경원하는 사람들이 있습니다. 이들을 보면 도무지 같은 성령을 받은 자들이라고, 도무지 같은 천국을 사모하는 자들이라고 여길 수 없을 것 같습니다. 저 옛적에는 경건한 이들 간에 사랑이 너무 많아서 이교도들이 다 놀랄 지경이었으나, 지금은 사랑이 너무 없어서 같은 그리스도인임에도 낯이 뜨거울 지경입니다.

적용 2 우리가 장차 하나님의 목록에 성도들로 기입되고자 할진대, 부디 형제들을 사랑합시다.[벧전 2:17] 언젠가 함께 살 사람들은 서로 사랑해야 합니다. 제자가 되는 길이 사랑밖에 또 무엇이 있겠습니까?[요 13:35] 마귀도 우리처럼 지식이 있지만 그가 마귀인 것은 사랑이 없기 때문입니다. 그리스도인들에게 피차간의 사랑을 격려하고자 하니, 다음을 깊이 헤아려 봅시다.

첫째, 성도들의 특징을 생각하면 우리는 그들을 사랑하지 않을 수 없습니다. 즉, 그들은 성령께서 만드신 정교한 작품입니다.[엡 2:10] 그들은 오로지 천국의 연필로만 그릴 수 있는 귀한 은혜의 얼굴을 하고 있습니다. 그들의 눈은 아름다움으로 빛나고, 그들의 가슴은 종려나무 열매 같습니다.[아 7:7] 그리스도께서도 신부의 이 모습을 기뻐하십니다. "삼단 같은 너의 머리채에 임금님도 반한다."[아 7:5] 교회는 귀한 집의 딸입니다.[아 7:1] 교회는 천사들의 섬김을 받습니다.[히 1:14] 교회에게는 영광스러운 집이 예비되어 있습니다.[요 14:2] 이만하면 사랑할 마음이 있어야 하지 않겠습니까?

둘째, 사랑하지 않는 것은 악한 일입니다. 먼저, 그것은 자연스럽지 않습니다. 성도들은 그리스도의 양입니다.[요 21:15] 개가 양을 무는 것은 있을 수 있는 일이지만 양이 양을 무는 것은 비정상적입니다. 성도들은 형제입니다.[벧전 3:8] 형제들이 서로 사랑하지 않는다면 이 얼마나 미개한 일입니까! 또한, 사랑하지 않음은 어리석은 일입니다. 싸울 상대가 그렇게도 없어서 하나님의 백성들이 서로 싸웁니까? 경건한 자들을 대적하는 일이라면 악인들도 서로 동맹을 맺습니다. "그들은 주님의 백성을 치려고 음모를 꾸미고."시 83:3 악인들 간에도 개인적인 반목과 원한이 있겠지만 성도들을 대적하는 경우에는 일치단결할 것입니다. 사냥개 두 마리가 뼈를 놓고 으르렁거리는데, 그 가운데로 토끼 한 마리를 던져 보십시오. 개들은 언제 싸웠냐는 듯 득달같이 토끼를 뒤쫓을 것입니다. 이처럼 악한 자들 간에도 비록 사사로운 불화가 있겠지만 경건한 사람들이 접근하면 다툼을 멈추고 뒤쫓을 것입니다. 그러므로 호시탐탐 하나님 백성들의 약점을 노리고 죽이려 드는 원수들이 사방으로 진을 치고 있는 이때, 성도들이 서로 싸우며 분란을 일으켜야 하겠습니까?

셋째, 사랑하지 않음은 전적으로 때가 맞지 않습니다. 하나님의 백성들은 지금 공동의 재난을 겪고 있습니다. 복음이라는 동일한 목적으로 고난당하고 있는 이 시기에 성도가 서로 불화함은 전적으로 때가 맞지 않습니다. 주께서 당신의 백성들을 사랑으로 결속시키고자 함이 아니면 무슨 이유로 그들을 같은 고난 가운데 몰아넣으시겠습니까? 쇠붙이는 용광로에 들어가면 녹아서 하나가 됩니다. 그리스도인들이 혹시 하나가 된다면 그것은 반드시 고통의 용광로 속에 들어가서야 이루어지는 일일 것입니다. 크리소스토무스는 고통을 비유하는데, 흩어진 모든 양들을 한 곳으로 뭉치게 하는 목양견에 비유합니다. 하나님의 회초리에는 이처럼 큰 음성이 담겨 있습니다. "서로 사랑하라." 모든 그리스도인들이 함께 고통당하고 있는 이때 서로 싸운다는 것은 얼마나 어울리지 않는 일입니까.

넷째, 사랑하지 않음은 심각한 죄악입니다. (1) 성도들이 서로 사랑하지 않는다는 것은 성경과 모순되게 사는 것입니다. 사도는 가장 아름다운 신앙의 음악을 들려주겠다는 듯 줄기차게 이 사랑의 현을 울려 댑니다. "하나님을 사랑하는 사람은 자기 형제자매도 사랑해야 합니다. 우리는 이 계명을 주님에게서 받았습니다."요일 4:21 (다음의 말씀도 보십시오. 롬 13:8, 골 3:14, 벧전 1:22, 요일 3:11) 사랑하지 않음은 말씀과 반대로 걷는 것입니다. 의학의 규칙을 거스르는 자가 좋은 의사가 될 수 있습니까? 신앙의 규칙을 거스르는 자가 좋은 그리스도인이 될 수 있습니까? (2) 그리스도인들 간에 사랑이 없으면 기도의 영이 침묵합니다. 분노가 뜨거울수록 기도는 식어 버립니다. 서로를 위한 기도는 없고 미움과 다툼만 있는 곳에서는 그리스도인들이 언제든지 피차 대적하는 악한 기도를 하게 될 것입니다. 하늘에서 불벼락을 내리게 하여 사마리아 사람들을 죽이고 싶어 했던 제자들처럼 말입니다.눅 9:54 이처럼 분노에 찬 마음에서 나오는 기도를 하나님께서 들으시리라고 여러분은 생각합니까? 우리의 누룩 들어간 빵을 그분께서 드시겠습니까? 적개심 가득한 마음으로 행한 그 쉬어 터진 신앙의 의무들을 그분께서 받아 주시겠습니까? 우리의 죄악스러운 분노라는 그 이상한 불(주께서 금지한 다른 불)로 드린 기도가 향연이 되어 하늘로 올라가겠습니까? (3) 이와 같은 미움과 원한은 우리 영혼의 경건의 진보를 방해합니다. 분노하는 마음에서는 은혜의 꽃이 자라지 아니할 것입니다. 미움과 원한에 감염된 영혼이 잘되기를 바라느니 역병에 걸린 육신이 잘되기를 기대하는 편이 낫습니다. 그리스도인들이 서로 다투는 동안 은혜는 줄어만 갑니다. 비장이 커지면 건강이 무너지고 미움이 커지면 경건이 무너집니다.

다섯째, 사랑하지 않음은 죽음과 같습니다. 하나님 백성들 간의 불화는 멸망의 전조입니다. 이렇게 서로 갈라지면 온갖 재앙이 쏟아져 들어옵니다.마 12:25 성도들이 서로 반목하면 하나님께서 당신의 성전을 떠나실 것입니다. "그때에 주님의 영광이 그룹들에게서 떠올라 성전 문지방으로 옮겨 갔고."겔 10:4 하나님께서 곧 날아올라 떠나가실 듯 당신 성전의 문지방에서 계시는 것 같지 않습니까? 하나님께서 떠나시면 그 재앙을 어찌합니까!호 9:12 선장이 배를 떠나면 그 배는 사실상 침몰하고 있는 것입니다. 하나님께서 한 나라를 떠나시면 그 나라는 필히 가라앉아 멸망합니다.

질문 어떻게 이 뛰어난 사랑의 은혜를 얻을 수 있습니까?
대답 1 마귀의 사환들을 조심합시다. 여기서 사환들이란, 마귀의 심부름꾼으로 그리스도인들 사이에서 다툼의 불을 지펴, 한 편이 다른 한 편을 미워하도록 부추기는 자들을 말합니다.
대답 2 우호적인 모임을 지속하십시오. 그리스도인들은 역병에 걸린 듯 서로 꺼려서는 안됩니다.

대답 3 이 약속의 말씀을 주장합시다. "내가 그들에게 한 마음과 한 길을 주어."렘 32:39, 개역개정 그리스도인들 사이에 더 많이 사랑하기 위한 다툼 말고는 아무런 다툼도 없게 해달라고 기도합시다. 하나님께서 바빌론은 흩으시고 시온은 하나 되게 해달라고 기도합시다.

적용 3 성도들을 사랑함이 경건한 사람의 특징입니까? 그렇다면 성도들을 미워하는 자들은 불경건한 자들로 고발당해야 합니다. 악인들은 하나님의 백성들에 대해 무자비한 원한을 품고 있는데, 그러한 원한이 가라앉겠습니까? 하나님의 거룩한 자녀들을 미워함이 악인들의 낙인입니다. 경건한 사람들을 해치는 자들은 피조세계의 재앙입니다. 하나님의 진노의 대접에서 펄펄 끓는 물이 모두 쏟아져 참화를 당한다 해도 그들은 그 참화를 당하는 쪽을 택할 것입니다. 성도들을 미워하고 박해했던 자들 중 누구도 그 일로 번성한 예가 없습니다. 율리아누스, 디오클레티아누스, 막시미누스, 발레리아누스, 크리센티누스 추기경을 비롯한 사람들이 다 어떻게 되었습니까? 그들 중 일부는 내장이 터져 죽었습니다. 피를 토하고 죽은 이들도 있습니다. 이들은 모두 하나님의 심판을 기리는 영구적인 기념비가 되었습니다. "악인은 그 악함 때문에 끝내 죽음을 맞고, 의인을 미워하는 사람은 반드시 마땅한 벌을 받을 것이다."시 34:21

⓳ 죄 안에 거하지 않음

경건한 사람은 결코 죄에 빠져 살지 않습니다. 비록 죄는 그 안에 살아도 그는 죄 안에 살지 않습니다. 술을 가지고 있다 해서 모두가 술에 빠져 사는 것은 아닙니다. 경건한 사람은 어떤 약함으로 인해 잠시 죄에 길에 발을 들여놓을 수 있지만 그 길을 계속 가지는 않습니다. "내가 나쁜 길을 가지나 않는지 나를 살펴보시고, 영원한 길로 나를 인도하여 주십시오." 시 139:24

질문 죄를 탐닉한다는 것은 무엇입니까?
대답 첫째, 죄에 가슴을 내밀어 젖을 먹이는 것입니다. 응석받이 아이를 둔 부모처럼, 죄가 하자는 대로 다 해주고 비위를 맞춰 주는 것입니다. 둘째, 아주 즐겁게 죄를 범하는 것입니다. "진리를 믿지 않고 불의를 기뻐한 모든 사람들." 살후 2:12

이런 의미에서, 경건한 사람은 죄를 탐닉하지 않습니다. 죄가 그 사람 안에 있지만, 그는 그 죄로 인해 괴로워하고 기꺼이 그 죄를 없애고 싶어 합니다. 악인들 안에 죄가 있다는 것과 경건한 사람들 안에 죄가 있다는 것은 천양지차입니다. 말하자면 뱀에게 독이 있다는 것과 사람 몸 안에 독이 있다는 것의 차이와 같습니다. 뱀 안의 독은 원래 있을 곳에 있는 것이니 즐거울 뿐이지만, 사람 몸 안의 독은 해롭기만 할 뿐이므로 해독제를 써서 배출하는 것입니다. 경건한 사람 안에서는 이처럼 죄가 가지

치기를 당해 잘려 나갑니다. 의지 또한 죄에 대항합니다. 경건한 사람은 죄에 대하여 이의를 제기합니다. "아, 나는 비참한 사람입니다. 누가 이 죽음의 몸에서 나를 건져 주겠습니까?"롬 7:24 하나님의 자녀는 죄를 범하지만 범하는 그 죄를 미워합니다.롬 7장 경건한 사람이라면 다음의 네 가지 죄만큼은 더더욱 짓지 않으려 할 것입니다.

1. 은밀한 죄

어떤 사람들은 아주 조심스러워서 대놓고 중죄를 짓지는 않습니다. 자신들의 명성에 해가 될 테니 말입니다. 하지만 그들은 구석에 홀로 앉아 죄를 생각합니다. 사울이 이처럼 안 보이는 데가서 음모를 꾸몄습니다.삼상 23:9 모두가 창가로 나와 죄를 짓지는 않는다 해도 커튼 뒤에서는 아마 죄를 지을 것입니다. 라헬은 자기 아버지의 수호신상들을 남들이 볼 수 없도록 안장 밑에 감추고 그 위에 올라앉았습니다.창 31:34 많은 이들이 은밀히 죄를 지니고 다닙니다. 하지만 경건한 사람은 감히 은밀한 죄를 짓지 못합니다. 그 이유는 다음과 같습니다.

첫째, 그는 하나님께서 은밀히 보심을 알기 때문입니다.시 44:21 그분께서는 우리의 꾀에 속지 않으시듯 우리의 비밀 또한 모르실 수 없습니다.

둘째, 그는 은밀한 죄가 어떤 의미에서 다른 죄보다 악하다는 것을 알기 때문입니다. 사실 은밀한 죄가 더 음흉하고 무신앙적입니다. 커튼 뒤에 숨어서 죄짓는 자들은 하나님께서 안 보실 것이라고 믿습니다. "사람아, 너는 이스라엘 족속의 장로들이 각각 자기가 섬기는 우상의 방에서, 그 컴컴한 곳에서 무슨 일을 하고 있는지 보았느냐? 그들은 '주님께서 우리를 돌보고 있지 않으시며, 주님께서 이 나라를 버리셨다'고 말하고 있다."겔 8:12 제 눈 나쁜 줄 모르고 해가 어둡다고 탓하는 사람들이 있습니다. 그 무신앙으로 하나님의 전지하심을 거짓이라 비난하다니요, 그분의 진노를 부르지 않겠습니까! "눈을 빚으신 분이 볼 수 없겠느냐?"시 94:9

셋째, 그는 은밀한 죄가 하나님의 정의를 피해 달아날 수 없음을 알기 때문입니다. 법정에 앉은 판사는 증인에 의해 입증된 범죄에 대해서만 처벌할 수 있습니다. 그는 마음으로 꾀한 반역은 처벌하지 못합니다. 하지만 하나님께서는 그 마음의 죄들이 이마에 새겨진 듯 훤히 드러나 보입니다. 하나님께서 은밀한 의무를 칭찬하신다면 은밀한 죄는 응징하실 것입니다.

2. 돈이 되는 죄

돈은 사탄이 영혼을 낚는 황금 미끼입니다. "향기로운 돈 냄새." 이것이 바로 사탄이 그리스도께 사용한 최후의 유혹이었습니다. "이 모든 것을 네게 주겠다."마 4:9 하지만 그리스도께서는 그 미끼 안에 감추어진 낚싯바늘을 보셨습니다. 용케 중죄를 피한 많은 이들이 이 황금 그물에 걸리고 맙니다. 그들은 세상을 손에 넣고자 부정한 수단을 사용합니다. 경건한 사람은 감히 마귀의 대로를 따라 부를 찾아 나설 생각을 할 수 없습니다. 그렇게 해서 얻은 부는 양심의 평화를, 그리고 결국에는 하늘나라마저 앗아 가는 슬픈 재물입니다. 불의하게 재산을 모은 자는 자신의 베개에 가시를 잔뜩 욱여넣음이니, 죽을 때가 되면 머리가 아파 견딜 수 없을 것입니다.

3. 사랑하는 죄

대체로 좋아하는 죄가 하나씩 있는데, 마음이 가장 아끼고 사랑하는 죄를 말합니다. 예수께서 사랑하신 제자가 그분 품에 기댄 것처럼요 13:23 이 사랑하는 죄가 사람의 가슴에 기대어 있습니다. 경건한 사람은 사랑하는 죄에 빠지지 않습니다. "그 앞에서 나는 흠 없이 살면서 죄짓는 일이 없도록 나 스스로를 지켰다." 시 18:23 "나는 내 마음이 좀 더 자연스럽게 기우는 내 체질적인 죄에 빠지지 않을 것이다." "너희는 작은 자나 큰 자를 상대하여 싸우지 말고 오직 이스라엘 왕만 공격하여라." 왕상 22:31 경건한 사람은 이 왕 같은 죄와 싸웁니다. 키라 사람들에게 아폴론의 신탁이 임했는데, 그들이 평화롭게 살고자 하면 국경 지대에 있는 이방인들과 끊임없이 전쟁을 치러야 한다는 것이었습니다. 우리가 영혼의 평화를 누리고자 할진대, 각자 좋아하는 죄를 대적해 늘 전쟁을 벌이며 그 죄가 완전히 정복될 때까지 결코 멈추어서는 안됩니다.

질문 우리는 어떻게 사랑하는 죄를 알 수 있습니까?

대답 1 책망받기 싫어하는 죄가 바로 사랑하는 죄입니다. 헤롯은 자신의 근친상간에 대한 비난을 견딜 수 없어 했습니다. 예언자가 이 죄에 잘못 간섭했다가는 목을 내놓아야 할 것입니다. "나의 헤로디아(사랑하는 죄)를 건드리지 말라!" 사람들은 여타의 죄에 대한 비난에는 수긍을 하면서도, 목회자가 바로 이 죄, 가장 예민한 이 상처를 건드리면 불같은 원한을 품기 시작합니다. 헤롯의 헤로디아는 무서운 징조였습니다.

대답 2 가장 많이 떠오르는 죄가 바로 사랑하는 죄입니다. 생각이 가는 곳에 마음도 갑니다. 사랑에 빠진 사람은 그 대상을 생각에서 떨쳐 낼 수 없습니다. 어떤 죄가 여러분 마음에 가장 많이 떠오르는지, 어떤 죄가 여러분 생각의 첫 자리에 앉아 아침마다 인사를 하는지 점검해 보십시오. 그 죄가 바로 가장 지배적인 죄입니다.

대답 3 우리를 아주 손쉽게 좌지우지하며 간단히 포로로 삼아 버리는 죄가 바로 사랑하는 죄입니다. 우리가 더 잘 저항할 수 있는 죄들이 있습니다. 그 죄들이 좀 놀자고 오면 우리는 비교적 쉽게 그 죄들을 쫓아 버릴 수 있습니다. 하지만 가슴에 품은 죄가 애원하며 찾아오면 거절하지 못하고 넘어갑니다. 복음서의 그 청년은 많은 죄들을 물리쳤지만 한 가지 죄에 정복당해 더럽혀졌으니, 그 죄는 바로 탐욕이었습니다. 그리스도인들이여, 어떤 죄로 인해 쉽게 포로가 되는지 헤아려 봅시다. 그 죄가 바로 여러분의 가슴에 있는 매춘부입니다. 쾌락이 요구하면 나라의 반이라도 떼어 줄 뿐 아니라^{에 7:2} 하늘나라마저 몽땅 내놓겠다 할 만큼 쾌락의 포로가 되어 섬긴다는 것은 슬픈 일입니다.

대답 4 사람들이 언쟁을 벌여 가면서까지 방어하려는 죄가 바로 사랑하는 죄입니다. 가슴에 보석을 품고 있는 사람은 목숨을 걸고 지키려 할 것입니다. 이와 같이 가슴에 어떤 죄를 품고 있으면 사람들은 그 죄를 지키려 합니다. 우리가 편들어 변호하는 죄가 바로 늘 붙어 다니며 유혹하는 죄입니다. 그 죄가 분노라면 우리는 그 죄를 변호합니다. "내가 성내어 죽기까지 할지라도 옳으니이다."욘 4:9, 개역개정 그 죄가 탐욕이면 그 죄를 옹호할 뿐 아니라 아마도 성경을 왜곡해 가면서까지 그 죄의 정당성을 주장할 것입니다. 바로 그 죄가 우리 마음 가장 안쪽에 기대어 있는 죄입니다.

대답 5 우리가 병들거나 곤경에 처했을 때 가장 고통스럽고 후회되는 죄가 바로 사랑하는 죄입니다. 요셉의 형제들이 곤경에 처했을 때, 형제를 팔아 버린 죄가 그들의 마음속에 떠올랐습니다. "아우가 우리에게 살려 달라고 애원할 때에……우리가 아우의 애원을 들어주지 않은 것 때문에 우리가 이제 이런 괴로움을 당하는구나."창 42:21 그러므로 사람이 병상에 누웠는데 양심이 이처럼 말합니다. "네 죄가 그러했다. 너는 줄기차게 그 죄를 범했고, 혀 밑의 꿀처럼 내내 두고 빨았다!" 양심이 슬픈 설교를 하고 있는 것입니다. 바로 그 죄가 명백히 사랑하는 죄였습니다.

대답 6 가장 포기하기 어려운 죄가 바로 사랑하는 죄입니다. 야곱은 자식들 중에서도 유독 베냐민과 떨어지는 것을 힘들어했습니다. "요셉도 잃었고 시므온도 잃었다. 그런데 이제 너희는 베냐민마저 빼앗아 가겠다는 거냐?"창 42:36 그러므로 죄인이 말합니다. "나는 이 죄, 저 죄와 결별했다. 하지만 베냐민이 가다니, 이 즐거운 죄를 떠나 보내야 한단 말인가? 가슴이 아프구나." 주변으로 여러 요새를 거느린 성의 경우, 요새 하나 둘이 함락되는 정도는 두고 볼 수 있으나, 본채가 공격당하면 성주는 목숨을 걸고 싸울지언정 이 성을 내주지는 않을 것입니다. 마찬가지로 사람도 자신의 죄 몇이 함락당하는 정도는 두고 볼 수 있으나, 어느 한 가지 죄에 대해서만큼은 성을 사수하듯 합니다. 그는 결코 이 죄와 결별할 생각이 없습니다. 이 죄가 바로 명백히 우두머리 죄입니다.

늘 붙어 다니며 유혹하는 이 죄는 하나님을 진노하게 하는 죄입니다. 트로이의 현인들은 프리아모스에게 더 이상 헬레나의 미모에 사로잡혀 애태우지 말고 그녀를 그리스인들에게 돌려보내라고 조언했습니다. 그녀를 계속 성안에 붙들어 두었다가는 전쟁이 벌어지리라는 것이었습니다. 그러므로 우리도 이 매혹적인 죄, 이 들릴라를 보내 버려야 합니다. 자칫 이 죄로 인해 하늘의 하나님께서 진노하시어 우리를 상대로 전쟁을 시작하시면 안되니 말입니다.

이 유혹적인 죄는 다른 죄보다 특히 위험합니다. 삼손의 힘이 머리카락에 있었다면 죄의 힘은 바로 이 사랑하는 죄에 있습니다. 이 죄는 심장을 마비시키는 독과 같아서 죽음을 초래합니다. 경건한 사람은 회개의 도끼를 들어 이 죄를 찍어 낼 것입니다. 그는 이 죄를 우리야를 보내듯 최전선으로 보내 전사하게 합니다. 그는 이 이삭을 제물로 바쳐 불사를 것이며, 이 오른 눈을 뽑아 버릴 것입니다. 그렇게 해서라도 천국에 가는 것이 훨씬 더 좋은 일임을 그는 압니다.

4. 세상이 비교적 작게 여기는 죄들

애초부터 작은 죄라는 것은 없습니다만, 어떤 죄들은 상대적으로 작아 보이기도 할 것입니다. 하지만 선한 사람들은 다음과 같이 작은 죄들에도 빠지지 않습니다.

첫째, 태만입니다. 어떤 이들은 가족 기도나 개인 기도를 거르는 정도는 큰 문제가 안 된다고 생각합니다. 그런 식으로 몇 달을 갈 수 있고, 하나님께서도 그들의 기도를 몇 달씩이나 못 들으실 수 있습니다. 경건한 사람은 기도 없이 사느니 음식 없이 살고자 할 것입니다. 하나님의 모든 피조물이 기도로 거룩해짐을 경건한 사람은 압니다.딤전 4:5 새들을 보고 부끄러워해야 할 그리스도인들이 많습니다. 새들은 물 한 방울 마실 때마다 늘 눈을 들어 하늘을 봅니다.

둘째, 헛되고 무익한 대화입니다. 경건한 사람은 거룩한 분을 빗댄 욕설 같은 것은 생각조차 할 수 없습니다. 하나님께서 무익한 말을 심판하실진대, 무익한 욕설은 더더욱 심판하시지 않겠습니까?

셋째, 다른 이들을 향한 무분별한 비난입니다. 비난이 뭐 그리 큰 문제냐고 생각하는 사람들이 있습니다. 그들은 욕은 안 해도 비방은 합니다. 이는 대단히 악한 일입니다. 비방은 상대방이 가장 소중하게 여기는 부분에 상처를 가하는 행위입니다. 경건한 사람은 모든 비난을 자신에게 돌립니다. 그는 자신의 죄에 대해서는 스스로를 심판하지만, 다른 이들의 명예가 걸린 일에 대해서는 대단히 신중합니다.

적용 여러분이 성도들의 계보에 들고자 할진대, 결코 죄에 빠져 살지 맙시다. 우리 안에 사는 죄 하나가 끼치는 해악을 다음과 같이 헤아려 봅시다.

첫째, 내주하는 죄 하나가 많은 죄만큼이나 사탄을 우리보다 유리하게 합니다. 들새 사냥꾼은 한 쪽 날개만 잡고도 새를 제압할 수 있습니다. 사탄은 죄 하나로 유다를 완전히 제압했습니다.

둘째, 내주하는 죄 하나가 우리 마음을 온전하지 못하게 합니다. 집에 반역자를 하나만 숨겨 준 자도 왕에 대한 반역자입니다. 죄 하나에 탐닉하는 자 역시 반역적인 위선자입니다.

셋째, 내주하는 죄 하나가 더 많은 죄들이 들어오도록 길을 냅니다. 작은 도둑 하나가 들어가서 문을 열고 더 많은 도둑을 불러들임과 같습니다. 죄는 서로 연결되어 있습니다. 죄 하나가 더 많은 죄를 끌어들입니다. 다윗의 음행은 살인의 길을 열었습니다. 둥지에 밑알 하나만 있어도 마귀가 앉아서 품을 수 있습니다.

넷째, 내주하는 죄 하나가 많은 죄와 다름없이 하나님의 법을 위반합니다. "누구든지 율법 전체를 지키다가도 한 조목에서 실수하면 전체를 범한 셈이 되기 때문입니다."약 2:10 왕은 흉악범죄, 반역, 살인 등에 대한 법을 제정할 수 있습니다. 누가 이 중 하나만 어겨도 법 전체를 위반한 것과 같습니다.

다섯째, 내주하는 죄 하나가 그리스도께서 들어오시는 것을 막습니다. 도수관에 끼인 돌 하나가 물을 막습니다. 우리가 탐닉하는 죄 하나가 영혼에 끼어 그리스도의 피가 흘러 들어오지 못하도록 막습니다.

여섯째, 내주하는 죄 하나가 우리의 온전한 신앙의 의무들을 망쳐 놓습니다. 독 한 방울이 포도주 한 잔을 버려 놓습니다. 서자 아비멜렉이 형제 일흔을 쳐 죽였습니다.삿 9:5 이 서자 같은 죄 하나가 일흔 번의 기도를 망쳐 놓을 수 있습니다. 죽은 파리 한 마리가 향수 한 병을 모조리 버려 놓는 것입니다.

일곱째, 내주하는 죄 하나가 양심의 평화를 갉아먹습니다. 이 죄는 증거궤 안에서 만나는 가져가고 회초리만 남겨 둡니다. "아아, 어찌하여 안에 전갈이 있단 말인가!"(세네카) 죄 하나는 그리스도인들에게서 위로를 노략질해 가는 해적입니다. 조율 안 된 줄 하나가 음악 전체의 조화를 망칩니다. 그러므로 방치해 둔 죄 하나가 양심의 노래를 망칠 것입니다.

여덟째, 내주하는 죄 하나가 많은 죄와 마찬가지로 파멸을 불러옵니다. 질병 하나로도 죽고 남습니다. 제아무리 울타리를 튼튼히 세워도 틈 하나를 그대로 두면 들짐승들이 들락거리며 곡식을 결딴냅니다. 우리 영혼에 단 하나의 죄만 내버려 둔다 해도 마귀가 들락거릴 틈을 만들어 줌과 같습니다. 크리소스토무스가 이렇게 비유합니다. 즉, 군인이 투구와 흉갑을 착용하더라도 어느 한 부분에 틈을 두면 바로 그곳으로 탄환이 뚫고 들어와, 갑옷을 전혀 입지 않은 것이나 마찬가지로 죽게 된다는 것입니다. 그러므로 여러분이 단 하나의 죄만 좋아한다 해도 그것은 결국 여러분 영혼의 한 부분을 무방비 상태로 놓아둠이니, 하나님의 진노의 탄환이 그리로 뚫고 들어와 여러분을 죽일 것입니다. 죄 하나로 인해 여러분은 천국에서 배제당할 수 있습니다. 제롬이 말한 바 있지만, 많은 죄로 천국에 못 가나 죄 하나로 못 가나 무슨 차이가 있습니까? 그러니 죄 하나에 대한 애착을 조심합시다. 맷돌 백 개 아니라 하나만 달아도 사람이 바다 밑으로 가라앉기는 마찬가지입니다.

아홉째, 영혼에 숨겨 둔 죄 하나가 우리로 하여금 고통에 대처하는 능력을 잃게 합니다. 시련의 시간이 얼마나 빨리 들이닥칠지 모릅니다. 어깨를 다친 사람은 무거운 짐을 질 수 없고, 양심에 걸리는 어떠한 죄라도 가지고 있는 사람은 그리스도의 십자가를 질 수 없습니다. 그리스도를 위해서 자신의 쾌락 하나 못 버리는 사람이 그리스도를 위해서 자신의 목숨을 버릴 수 있겠습니까? 죽여 없애지 못하고 영혼에 숨겨 둔 죄 하나가 쓰디쓴 배교의 열매를 맺을 것입니다.

그러므로 여러분의 경건을 보이고자 할진대, 모든 죄를 상대로 이혼증서를 써 줍시다. 이 골리앗 같은 죄를 죽입시다. "너희는 죄가 너희 죽을 몸을 지배하지 못하게 하여." 롬 6:12, 개역

^{개정} 원문의 뜻을 새기면 "죄가 너희에게 왕 노릇하게 하지 말라"입니다. 은혜와 죄는 같이 있을 수 있지만, 은혜와 죄 사랑은 같이 있을 수 없습니다. 그러니 더 이상 죄와 평화교섭을 하지 말고, 죄 죽임의 창으로 모든 죄의 숨통을 끊어 놓읍시다.

⑳ 타인과 선한 관계를 맺음

경건한 사람은 다른 이들과 선한 관계를 맺습니다. 일반적으로 선한 정도로는 충분치 않으니, 우리는 우리의 관계에서도 경건을 보여야 합니다.

1. 재판관으로서 선한 사람은 경건합니다

재판관은 하나님의 대리자입니다. 경건한 재판관은 심판의 결정권을 쥐고 모든 사람을 공정히 대합니다. "당신들은 재판에서 공정성을 잃어서도 안되고 사람의 얼굴을 보아주어서도 안되며, 재판관이 뇌물을 받아서도 안됩니다. 뇌물은 지혜 있는 사람의 눈을 어둡게 하고."^{신 16:19} 재판관은 소송의 원인을 판단하지 사람을 판단하지 않습니다. 뇌물을 받아 부패한 자는 더 이상 재판관이 아니라 소송당사자일 뿐입니다. 재판관은 반드시 "법에 따라" 재판해야 합니다.^{행 23:3, 한글성경 "율법대로"} 그리고 공정하게 재판하려면 소송의 원인을 조사해야 합니다. 궁사가 활을 명중시키고자 하면 먼저 과녁을 보아야 함과 같습니다.

2. 목회자로서 선한 사람은 경건합니다

목회자는 다음과 같은 자질을 보여야 합니다. 첫째, 부지런합니다. "그대는 말씀을 선포하십시오. 기회가 좋든지 나쁘든지 꾸준하게 힘쓰십시오."딤후 4:2 목회자는 게으르면 안됩니다. 그래서 목회자의 게으름은 파수꾼이 잠을 자는 것처럼 변명의 여지가 없습니다. 세례 요한은 "외치는 이의 소리"였습니다.마 3:3 입 다물고 있는 목회자는 죽은 의사처럼 쓸모가 없습니다. 하나님의 사람은 주님의 포도원에서 일해야 합니다. 아우구스티누스는 자신이 기도하거나 말씀을 전하고 있을 때 그리스도께서 오시기를 소망했습니다.

둘째, 박식합니다. "제사장의 입술은 지식을 지켜야 하겠고, 사람들이 그의 입에서 율법을 구하게 되어야 할 것이다."말 2:7 그레고리 나지엔젠에게 경의를 표하여 하는 말이 있었으니, 그는 신학의 바다였다는 것입니다. 옛적에 예언자들은 "선견자"라고 불렸습니다.삼상 9:9 눈먼 선견자가 있다면 그 자체가 모순입니다. 그리스도께서 베드로에게 말씀하셨습니다. "내 양을 먹이라."요 21:17 하지만 양을 먹여야 할 목자가 오히려 얻어먹어야 한다면 얼마나 슬픈 일입니까! 목회자에게 무지란 안과 의사가 앞을 못 봄과 같습니다. 율법 하에서는 머리에 역병이 있는 자는 부정하다 여겨졌습니다.레 13:44

셋째, 쉽게 설교합니다. 그는 전하고자 하는 말씀의 내용과 형식을 청중의 지적 능력에 맞춥니다.고전 14:19 독수리처럼 높이 날아올라 무척이나 심오한 형이상학을 설파하는 목회자들이 있습니다. 그들은 그 어려운 말로 찬탄을 받으리라 생각하지만 청중은 아예 알아듣지도 못합니다. 구름 위에 올라앉아서 설교하는 자들은 청중의 양심을 꿰뚫기는커녕 머리조차 맞히지 못합니다.

넷째, 죄를 책망하는 열정이 있습니다. "그들을 엄중히 책망하여 그들의 믿음을 건전하게 하고."딛 1:13 에피파니우스는 엘리야를 가리켜 자기 어머니의 젖가슴에서 불을 빨았다고 했습니다. 하나님의 사람은 성경의 젖가슴에서 열정의 불을 빨아야 합니다. 목회자에게 열정이란 제단의 불처럼 합당한 것입니다. 책망하기를 두려워하는 목회자들이 있습니다. 이들은 머리에 날카로운 창을 달았지만 용기가 없는 황새치와 같습니다. 그러므로 이들은 성령의 검을 차고 다닐 뿐 그 검을 휘둘러 죄를 질책할 용기는 없습니다. 청중의 머리에 베개를 받쳐 주는 목회자들이 얼마나 많은지 모릅니다.겔 13:18 그렇게 받쳐 주는 베개를 베고 잠든 교인들은 세상모르고 자다가 지옥에서나 깨어나는 것입니다!

다섯째, 마음과 삶이 거룩합니다. (1) 마음의 거룩함. 목회자가 자신의 영혼으로 느껴 보지 못한 것을 다른 이들에게 설교한다는 것이 얼마나 딱한 일인지 모릅니다. 남들에게는 거룩하라고 훈계하고 정작 자신은 거룩의 문외한이라니요. 이런 일은 이제 없었으면 좋겠습니다! 그 쉰내 나는 입으로 주님의 나팔을 부는 목회자들이 얼마나 많은지 모릅니다! (2) 삶의 거룩함. 율법 시대에는 제사장들이 제단에서 섬기기 전에 먼저 대야에서 몸을 씻었습니다. 주님의 집에서 섬기는 사람들은 먼저 회개의 대야에서 중죄를 씻어야 합니다. 목회자의 삶은 걸어 다니는 성경이어야 합니다. 바실은 그레고리 나지엔젠이 가르침에서는 천둥소리와 같았고 행실에서는 번개처럼 빛났다고 했습니다. 목회자는 세례 요한을 닮아야 합니다. 그는 "외치는 이의 소리"였고 "빛을 내는 등불"이었습니다.요 5:35 스스로 설교한 바와 모순되게 사는 목회자들은 이 고귀한 소명을 욕되게 하는 사람들입니다. 그들이 비록 맡은 직무로는 천사일지 몰라도 삶으로는 마귀일 뿐입니다.렘 23:15

3. 남편으로서 선한 사람은 경건합니다

그는 남편으로서 맺은 관계를 사랑으로 채웁니다. "남편 된 이 여러분, 아내 사랑하기를……."엡 5:25 느릅나무를 감고 올라가 완전히 감싸는 덩굴이 아마 부부간에 있어야 하는 모든 사랑의 상징이 아닐까 합니다. 쓰디쓴 걱정만 있고 달콤한 사랑은 없는 혼인 관계란 슬플 것입니다. 사랑은 결혼반지에 박힌 가장 찬란한 다이아몬드입니다. "리브가는 이삭의 아내가 되었으며, 이삭은 그를 사랑하였다."창 24:67 이처럼 가까운 관계에 정이 없음은 대단히 불행한 일입니다. 우리가 이교도 작가들에게서 읽는바, 아가멤논의 아내 클리타임네스트라는 남편에게서 받은 부당한 대우에 대해 복수하고자, 먼저 순결의 면사포를 찢어 버리고 그 다음에는 남편의 죽음에 동의했습니다. 남편의 아내 사랑은 다음과 같아야 하니, 결점을 덮어 주고, 다툼을 피하며, 부드럽고 정감 넘치는 표현을 사용하고, 경건하게 조언하며, 사랑이 담긴 선물을 주고, 아내의 상냥하고 고결한 모습을 칭찬하며, 피차간에 기도하고, 특별히 급한 일이 아니면 늘 아내와 시간을 함께해야 합니다. 선장이 배를 포기하고 무자비한 파도에 내맡김은 더 이상 그 배가 가치가 없거나 그 안에 귀중한 것이 없다는 뜻입니다.

사도는 남편과 아내 사이에 사랑이 있어야 하는 중요한 이유를 제시합니다. "그리해야 여러분의 기도가 막히지 않을 것입니다."벧전 3:7 부부 사이에 분노가 팽배해 있으면 기도가 끊기거나 막힙니다.

4. 아버지로서 선한 사람은 경건합니다

자녀들에 대한 아버지(부모)의 의무는 다음과 같습니다.

첫째, 아버지는 반드시 자녀들에게 거룩한 교훈을 주입해야 합니다. "또 아버지 된 이 여러분, 여러분의 자녀를 노엽게 하지 말고 주님의 훈련과 훈계로 기르십시오."엡 6:4 아브라함이 바로 이와 같은 아버지였습니다. "내가 아브라함을 선택한 것은, 그가 자식들과 자손을 잘 가르쳐서 나에게 순종하게 하고 옳고 바른 일을 하도록 가르치라는 뜻에서 한 것이다."창 18:19 자녀들은 어린 나무이니, 좋은 교육이라는 물을 주고 길러서, 오바댜처럼 "어릴 때부터"왕상 18:12 주님을 경외하도록 해야 합니다. 플라톤은 말했습니다. "씨 뿌리기를 게을리 한 자가 어찌 추수를 기대할 수 있겠는가." 부모도 마찬가지입니다. 건전한 가르침의 씨앗을 뿌리지 아니한 부모는 자식에게서 좋은 것을 거두기를 기대할 수 없습니다. 이 모든 조언과 훈계에도 불구하고 자식이 죄로 인해 죽을 수밖에 없는 경우에도 경건한 부모는 자식이 죽기 전에 영적인 약을, 먹든 안 먹든, 손에 쥐어 줬다는 점을 위안으로 삼을 수 있습니다.

둘째, 부모는 자녀들을 위해 기도해야 합니다. 아우구스티누스의 어머니 모니카는 아들의 회심을 위해 기도했는데, 이를 두고 누군가, 어머니에게 그토록 많은 기도와 눈물의 은혜를 입은 자식이 망하는 것은 불가능하다는 말을 할 정도였습니다. 여러분 자녀의 영혼이 덫에 걸려 있으면 마땅히 "마귀의 올무에서 벗어"나도록 기도하지 않겠습니까?딤후 2:26 많은 부모들이 자식들에게 물려줄 재산을 쌓는 데는 열중하지만, 그 자식들을 위해 기도를 쌓아 올리는 일은 등한시합니다.

셋째, 부모는 자녀들을 엄히 다스려야 합니다. "아이 꾸짖는 것을 삼가지 말아라. 매질을 한다고 하여서 죽지는 않는다."잠 23:13 회초리는 죄의 먼지와 좀을 털어 냅니다. 버릇없이 키운 자식은 축복이 아니라 짐이 될 것입니다. 다윗이 아도니야를 버릇없이 키웠습니다. "그의 아버지 다윗은 아도니야를 꾸짖지도 않고, 어찌하여 그런 일을 하느냐고 한 번도 묻지도 않았다."왕상 1:6 후일 이 자식이 제 아버지의 애물단지가 되었으니, 곧 아버지를 권좌에서 몰아내고자 했던 것입니다. 징계는 지옥으로 질주하는 자식들을 막아 세우는 가시담장입니다.

5. 주인으로서 선한 사람은 경건합니다

경건한 사람은 온 집안에 믿음을 권면합니다. 자신의 마음뿐 아니라 집에도 경건을 일으켜 세우는 것입니다. "나는 내 집에서 흠이 없는 마음으로 살렵니다."시 101:2 "나와 나의 집안은 주님을 섬길 것입니다."수 24:15 크랜머의 집안이 경건의 양성소라는 말은 그에게 경의를 표하는 뜻임을 나는 압니다. 경건한 사람의 집은 작은 교회입니다. "집에서 모이는 교회에 문안해 주십시오."골 4:15 그의 특징은 다음과 같습니다.

첫째, 경건한 사람은 일가권속에게 하나님의 가르침을 알려 줍니다. 그는 말씀을 읽고 기도의 향기로 집안을 채웁니다. 기록을 보면 유대인들은 장막에서뿐 아니라 집안에서도 제사를 바쳤습니다.

둘째, 경건한 사람은 필요를 채워 줍니다. 그는 종들이 아플 때나 건강할 때나 구제합니다. 그는 병든 하인을 내친 그 아말렉 사람과 같지 아니하고,삼상 30:13 그리스도를 찾아가 병든 하인의 치유를 부탁한 선한 백부장과 같습니다.마 8:5

셋째, 경건한 사람은 자신의 종들에게 본을 보입니다. 그는 술 취하지 않으며 언제나 행실이 거룩합니다. 그의 모범적인 삶은 훌륭한 거울이니, 집안의 종들이 그 거울을 보며 차림새를 단정히 합니다.

6. 자식으로서 선한 사람은 경건합니다

그는 자신의 부모를 공경합니다. 유대인 필로는 다섯 번째 계명을 첫 순위에 놓았습니다. 이는 자녀들이 제 부모를 공경하지 않으면 하나님을 온전히 섬기는 것이 아니라는 뜻 같습니다. 이처럼 부모를 공경함은 다음의 두 가지로 나타납니다.

첫째, 부모를 존경함으로. 이 존경은 말과 행동의 겸손으로 드러납니다. 자식이 부적절하고 거만하게 행동한다면 부모를 존경한다고 볼 수 없습니다. 스파르타 사람들의 경우, 자식이 부모에게 반항하면 부모가 그 자식의 상속권을 취소하고 대신 다른 사람을 상속자로 지명할 수 있는 법적 권리가 보장되었습니다.

둘째, 부모의 지시에 순종함으로. "자녀 된 이 여러분, [주 안에서] 여러분의 부모에게 순종하십시오."엡 6:1 부모에 대한 순종은 부모에게서 받은 원금에 대해 자녀들이 지불하는 이자입니다. 그리스도께서는 세상 모든 자녀들에게 부모에 대한 순종의 모범을 보여주셨습니다. "예수는 부모와 함께 내려가 나사렛으로 돌아가서 그들에게 순종하면서 지냈다."눅 2:51 부모에 대한 순종이라면 레갑 가문 사람들을 빼놓을 수 없습니다. "우리는 포도주를 마시지 않습니다. 우리의 조상 레갑의 아들 요나답께서 우리에게 분부하셨습니다. '너희는 포도주를 마시지 말아라. 너희뿐만 아니라 너희 자손도 절대로 마셔서는 안된다.'"렘 35:6 입법자 솔론이 그가 만든 그 많은 법 가운데 어찌하여 불순종하는 자식들에 대한 조항은 없느냐는 질문을 받았습니다. 그는 그렇게 못된 자식들이 과연 있을까 싶어서 만들지 않았다고 대답했습니다.

하나님께서는 순종의 공물을 바치지 않는 자식들을 벌하셨습니다. 불순종한 아들 압살롬은 하늘과 땅 사이의 참나무에 매달려 하늘과 땅 어느 쪽에서도 쓸모없는 인간으로 죽었습니다. 만리우스라는 어떤 노인이 몰락해서 지독한 가난에 처했습니다.

그에게 부자 아들이 하나 있었으므로 가서 자비를 청하고자 했으나, 불행히도 노인은 자비를 얻지 못했습니다. 그 아들은 입에 담지 못할 말을 하며 노인을 자기 아버지가 아니라고 부인했습니다. 불쌍한 노인은 비통한 눈물을 흘리며 떠나갔습니다. 하나님께서 곧 그 아들의 불순종을 응징하셨고, 이로써 그 아들은 미치고 말았습니다. 마음에 경건이 살아 있는 사람은 다섯 번째 계명 역시 첫 번째 계명만큼 잘 지킵니다.

7. 종으로서 선한 사람은 경건합니다

"종으로 있는 이 여러분, 두려움과 떨림과 성실한 마음으로 육신의 주인에게 순종하십시오."엡 6:5 선한 종은 다음과 같은 자질이 있습니다.

첫째, 부지런합니다. 아브라함의 종은 주인이 맡긴 일을 신속히 처리했습니다.창 24:33

둘째, 자발적입니다. 종은 백부장의 종들처럼 주인의 명에 기꺼운 마음으로 응하는 일꾼이어야 합니다. "내가 이 사람더러 가라고 하면 가고……."눅 7:8

셋째, 충실합니다. 이는 다음의 두 가지로 나타납니다. (1) 주인의 것을 훔치지 아니함으로. "훔쳐 내지 말고."딛 2:10 (2) 비밀을 지킴으로. 들어온 음식물을 잘 보유하지 못하고 토해 낸다면 위장이 안 좋다고 할 수밖에 없듯, 주인이 위임한 비밀을 유지하지 못한다면 나쁜 종일 수밖에 없습니다.

넷째, 복종합니다. "말대꾸를 하지 말고."딛 2:9 잘못은 축소하기보다는 고치는 편이 훨씬 낫습니다. 종 된 이는 다음과 같은 말씀을 위로로 삼아 열심히 일해야 할 것입니다. "여러분은 주님께 유산을 상으로 받는다는 사실을 기억하십시오. 여러분이 섬기는 분은 주 그리스도이십니다."골 3:24 그리스도께서 여러분에게 그분을 위해 일을 좀 하라고 하면 여러분이 안 하겠습니까? 여러분은 여러분의 주인을 섬기는 동안 그리스도를 섬깁니다. 그래서 보수는 얼마나 받느냐 묻습니까? "여러분은 주님께 유산을 상으로 받는다는 사실을 기억하십시오."

적용 1 자신이 맺은 관계에서 거룩함을 보임이 경건한 사람의 크나큰 특징입니까? 그렇다면 주께서 우리에게 자비를 베풀어 주시기를 빕니다. 경건한 사람이 지극히 적습니다! 많은 이들이 그리스도인이라는 외투를 걸치고 있습니다. 그들은 기도도 하고 신앙 문제를 논하기도 할 것입니다. 하지만 어찌하여 이처럼 양 우는 소리가 들려야 합니까?삼상 15:14 그들은 그들이 속한 관계에 선하지 않습니다. 그리스도인들이 관계의 경건에 불성실하다면 얼마나 악한 일입니까! 악한 재판관을 경건하다 할 수 있습니까? 그는 공정성을 훼손합니다. "너희 통치자들아, 너희가 정말 정의를 말하느냐? 너희가 공정하게 사람을 재판하느냐? 그렇지 않구나. 너희가 마음으로는 불의를 꾸미고, 손으로는 이 땅에서 폭력을 일삼고 있구나."시 58:1-2 악한 부모를 경건하다 할 수 있습니까? 그는 결코 자식에게 천국으로 가는 길을 가르치지 않습니다. 그는 제 새끼를 잔인하게 대하는 타조와 같습니다.^욥 39:16 악한 고용주를 경건하다 할 수 있습니까? 많은 고용주들이 신앙을 (점원이 가게에 장부를 두고 나오듯) 교회에 두고 나옵니다. 그들의 집에는 하나님이 없습니다. 그들의 집은 베델이 아니라 벳아웬이니, 곧 작은 성전이 아니라 작은 지옥입니다. 마지막 날 심판정에서 유죄를 인정해야 할 고용주들이 얼마나 많은지 모릅니다. 그들이 비록 하인들의 배는 채워 줬을지 몰라도 그들의 영혼은 굶겼습니다. 악한 자녀를 경건하다 할 수 있습니까? 그는 부모의 훈계를 귓등으로 듣습니다. 차라리 간신을 충신이라 하는 편이 낫습니다. 악한 종을 경건하다 할 수 있습니까? 그는 나태하고 고집스럽습니다. 그래서 자신의 잘못을 고치기보다는 남의 잘못을 캐내려 합니다. 각자 속한 관계에 악한 사람을 경건하다 함은 모순입니다. 그것은 악을 선이라 함과 같습니다.^사 5:20

적용 2 우리가 하나님께 인정받고자 할진대, 우리의 관계에서 경건을 보입시다. 관계에서 선하지 못함은 우리의 다른 모든 선한 것들을 망치는 일입니다. 나아만은 존경받는 인물이었습니다. 그러나 그는 나병환자였습니다.^왕하 5:1 그 "그러나"가 모든 것을 망쳐 놓았습니다. 어떤 이가 하나님의 말씀을 경청하는 사람이라고 합시다. 하지만 그런 그가 유독 관계의 의무만은 무시합니다. 이것이 그의 다른 모든 행동에 깃든 아름다움에 흠집을 냅니다. 인쇄에서 보듯, 활자를 제아무리 아름답게 만든다 해도 올바른 위치에 조판하지 않으면 문장의 뜻을 그르치는 경우와 같습니다. 그러므로 여러 면에서 칭송받을 만한 사람일지라도 자신의 위치에서 올바로 서 있지 못하고 맺고 있는 관계에서 양심에 걸리는 일이 있다면, 전체 신앙에 해를 입히게 됩니다. 그리스도께서 그 젊은이를 가리켜 하신 말씀을 결국 듣게 될 사람들이 많습니다. "네게는 아직도 한 가지 부족한 것이 있다."눅 18:22 여러분은 관계의 능력에서 그릇 행하였습니다. 그러므로 우리가 우리의 구원과 참된 신앙의 영광을 소중히 여길진대, 하나님께서 마련해 주신 그 관계의 궤도 안에서 빛을 냅시다.

㉑ 영적인 일을 영적인 방식으로 행함

경건한 사람은 영적인 일을 영적인 방식으로 행합니다.

> 하나님의 영으로 예배하며 그리스도 안에서 자랑하며, 육신을 의지하지 않는 우리들이야말로 참으로 할례 받은 사람입니다.빌 3:3

영적인 예배는 순수한 예배입니다. "너희도 산 돌 같이 신령한 집으로 세워지고……신령한 제사를 드릴 거룩한 제사장이 될지니라."벧전 2:5, 개역개정 즉, 형식도 신령하고 내용도 신령합니다. 악인은 신앙의 의무를 전적으로 무시하며 살거나, 아니면 아주 무기력하고 부주의한 방식으로 행합니다. 그는 세상을 전혀 이용하지 않는 사람처럼 이용해야 하건만,^{고전 7:31} 오히려 하나님을 전혀 섬기지 않는 사람처럼 그분을 섬깁니다. 경건한 사람은 신앙의 의무를 신령하게 합니다. 그래서 그는 거룩한 일을 행하되 거룩한 방식으로 행합니다.

질문 1 영적인 의무를 영적인 방식으로 행한다는 것은 무슨 뜻입니까?

대답 그것은 세 가지로 이루어집니다. 첫째, 영적인 원리, 즉 은혜에 입각한 새로운 원리에 따라 영적인 의무를 행하는 것입니다. 찬탄스러운 재능을 소유한 사람, 표현력이 뛰어나서 마치 하늘에서 내려온 천사처럼 말을 하는 사람이 있을 수 있습니다. 하지만 이 사람에게 성령의 은혜가 없으면 제아무리 유창하게 기도를 드려도 영적이라고 할 수 없습니다. 도덕적이지만 중생하지 않은 사람이 행하는 것은 무엇이든 세련된 본성에 불과할 뿐입니다. 그가 비록 경건한 사람보다 신앙의 의무를 더 잘 수행할 수 있다 해도—형식과 우아함에서는 더 뛰어날 수 있겠지만—새로운 원리가 없으므로 결코 잘 하는 것이 아닙니다. 돌능금나무도 일반 사과나무처럼 열매가 많이 열리고 먹음직스러워 보이지만, 근본적으로 좋은 뿌리에서 나온 것이 아니므로 일반 사과만큼 좋은 열매가 될 수 없습니다. 그러므로 중생하지 않은 사람들도 하나님의 자녀와 마찬가지로 기도와 묵상 같은 신앙의 의무를 많이 수행할 수 있고, 외부 사람들의 눈에는 그들의 기도가 더 훌륭해 보일 수 있지만,

근본적으로 그들의 의무는 달고 맛있는 은혜의 뿌리에서 나온 것이 아니므로 시고 텁텁할 뿐입니다. 참된 성도는 성령의 순수한 포도나무에서 나온 그 포도주를 하나님께 드립니다.

둘째, 온전히 몰입하는 자세로 영적인 의무를 행하는 것입니다. 그리스도인은 하고 있는 그 일에 진지하게 임하고 모든 생각을 집중하려고 노력합니다. "마음에 헛갈림이 없이 오직 주님만을 섬기게 하려는 것입니다." 고전 7:35

질문 2 하지만 경건한 사람도 의무를 행하는 중에 다른 생각을 할 수 있지 않습니까?
대답 맞습니다. 슬픈 일이지만 그것은 경험으로도 증명이 됩니다. 기도 중에 생각이 널뛰듯 요동칠 것입니다. 성도들을 일러 빛나는 별이라고 하지만 의무를 행하는 중에는 그들도 빈번히 떠돌이별이 되고 맙니다. 마음은 수은과 같아서 좀처럼 안정을 찾지 못합니다. 좋은 생각을 계속해서 이어가기가 어렵습니다. 마음의 문을 단단히 걸어 잠가도 잡념이 바람처럼 스며들어 옵니다. 제롬이 자기 자신에 대해 불평합니다. "하나님을 섬기고 있는 중에도 이따금씩 나는 복도를 걷거나 계산을 합니다." 하지만 경건한 사람의 잡념은 허용된 것이 아닙니다. "내가 두 마음 품는 자들을 미워하고." 시 119:113, 개역개정 잡념은 발견되는 순간 쫓겨나는 달갑지 않은 손님과 같습니다.

질문 3 경건한 사람들의 이 잡념은 어디서 옵니까?

대답 1 본성의 타락에서 옵니다. 잡념은 마음이 집어던지는 진흙덩어리입니다.

대답 2 사탄에게서 옵니다. 마귀는 거룩한 의무를 애초부터 행하지 못하도록 방해할 수 없는 경우, 우리가 의무를 행하고 있는 중에라도 훼방을 놓습니다. 우리가 주님 앞에 나가 있을 때 사탄은 우리의 오른쪽에 서서 대적합니다.^{슥 3:1} 우리가 글씨를 쓰려 하는데, 다른 누군가 옆에 서서 팔꿈치를 슬쩍 밀쳐 올바른 필기를 방해함과 같습니다. 사탄은 우리에게 헛된 것들을 제시하여 생각을 다른 곳으로 돌리게 합니다. 마귀는 형식이 아니라 열정을 못마땅해합니다. 우리가 진지한 마음으로 하나님을 찾으려 하면 마귀가 보고 우리 귀에 헛된 소리를 속삭입니다. 그러니 우리는 시작한 그 일에 온전히 전념할 수 없는 것입니다.

대답 3 세상에서 옵니다. 이 해충들은 땅에 있는 것들을 먹고 자랍니다. 세상일들이 빈번히 우리의 거룩한 의무들 가운데로 쏟아져 들어오고, 따라서 우리는 하나님과 대화하는 중에도 마음으로는 세상을 붙들고 이야기합니다. "그들이 입으로는 달갑게 여기면서도 마음으로는 자기들의 욕심을 따르기 때문이다."^{겔 33:31} 우리가 하나님의 말씀을 듣거나 묵상을 하는 동안 세상일이 대개는 문을 두드리고, 결국 우리는 하던 일을 중단하고 불려 나가는 것입니다. 우리는 아브라함이 예배를 드리고자 할 때 겪었던 것과 동일한 상황을 겪습니다. 말하자면 솔개들이 희생제물 위에 내려앉는 것입니다.^{창 15:11}

질문 4 우리는 어떻게 이 잡념을 쫓아내서 좀 더 영적으로 의무를 행할 수 있습니까?

대답 1 하나님의 정결하심에 여러분의 시선을 고정하십시오. 우리가 섬기는 그분은 거룩하신 하나님입니다. 그러니 우리가 그분께 예배드릴 때 헛된 것을 붙들고 잡담하는 것을 그분께서는 용인하시지 않습니다. 신하가 왕을 알현하는 중에 깃털을 가지고 장난한다면 왕이 마땅하게 생각하겠습니까? 하나님께서 깃털처럼 가볍고 경박한 마음을 참아 주시겠습니까? 천사들의 그 거룩하고 경건한 태도를 보십시오! 그들은 얼굴마저 가리고 외칩니다. "거룩하시다, 거룩하시다, 거룩하시다." 사 6:3

대답 2 우리가 행하는 그 의무들이 얼마나 중요한지 생각하십시오. 하나님의 집을 짓는 일과 관련하여 다윗이 말한 바대로, 그것은 "큰일"입니다. 대상 29:1 우리가 말씀을 들음은 "큰일"입니다. 장차 우리가 이 말씀을 근거로 심판받을 터이니 어찌 큰일이 아니겠습니까. 우리가 기도함은 "큰일"입니다. 우리 영혼의 생사가 걸린 그 간청의 시간에 하찮은 것들을 붙들고 있을 수 있겠습니까?

대답 3 사랑의 마음으로 의무에 임하십시오. 사랑의 본질은 마음을 대상에 고정하는 것입니다. 사랑에 빠진 사람의 생각은 사랑하는 대상을 온전히 향하고 있어서 무엇으로도 그 집중력을 흐트러뜨릴 수 없습니다. 세상을 사랑하는 사람의 생각은 언제나 세상에 몰입되어 있습니다. 여러분의 마음이 사랑으로 불타오를수록 의무에 몰입하는 정도 또한 강해질 것입니다. 오, 그러니 우리가 의무를 사랑해야 하는 까닭이 무엇입니까? 이처럼 의무를 행함이 천국으로 가는 곧은길 아닙니까? 우리가 의무를 행하는 중에 하나님을 만나지 않습니까? 신부가 신랑과 함께 있는 것보다 좋은 일이 있습니까? 영혼이 하나님께 더욱더 가까이 가는 것보다 좋은 일이 있습니까?

대답 4 이 무가치한 잡념이 끼치는 해악을 생각하십시오. 잡념은 우리의 의무에 구더기를 슬어 놓습니다. 잡념은 우리의 열정을 방해합니다. 잡념은 크나큰 무례이니, 하나님께서 우리를 외면하시며 귀를 닫으시는 것입니다. 우리 자신이 그분 말씀에 귀 기울이지 않으면서 어찌 그분께서 우리의 기도를 들어주시리라고 생각합니까?

셋째, 믿음으로 영적인 의무를 행하는 것입니다. "믿음으로 아벨은 가인보다 더 나은 제물을 하나님께 드렸습니다."^{히 11:4} 장막에서 사용하는 거룩한 기름에는 여러 향료가 들어 있습니다.^{출 30:34} 믿음은 우리의 의무에 반드시 들어가야 할 진한 향료입니다. 하나님의 자비나 진리를 의심함은 그분께 대한 범죄입니다. 그리스도인은 성경에 기록된 하나님의 약속에 영혼을 걸어도 됩니다.

적용 1 예배를 영적으로 드리지 않는 자들은 결코 경건하다 할 수 없습니다. 그들은 새로운 원리에 따라 또한 영혼을 온전히 몰입해서 의무를 행하는 것이 아니라, 그저 의무를 거르지 않았다는 것으로 양심의 입을 틀어막고자 합니다! 많은 이들이 의무를 행하기만 할 뿐, 그 행하는 방식에는 주의를 기울이지 않습니다. 하나님께서는 길이가 아니라 사랑을 기준으로 우리의 의무를 판단하십니다. 사람들이 의무의 찌꺼기를 드리며 하나님을 불쾌하게 하면, 그분께서 이사야처럼 말씀하시지 않겠습니까? "이것이 어찌 내가 기뻐하는 금식이겠느냐?"사 58:5 "이러한 것들이 내가 너희에게 원하는 의무란 말이냐? 나는 너희의 온 마음을 요청했건만, 너희는 의무의 시체를 가져오는구나. 내가 이것으로 위안을 얻겠느냐?"

적용 2 우리의 의무에 좀 더 영적으로 임함으로써 거룩함을 보입시다. 의무는 양이 아니라 질이며, 얼마나 많이 했느냐가 아니라 얼마나 잘했느냐입니다. 연주자는 장시간 연주해서 칭찬받는 것이 아니라 훌륭하게 연주해서 칭찬받습니다. 우리는 하나님께서 정하신 것을 행해야 할 뿐 아니라 정하신 대로 행하기도 해야 합니다. 오, 영적인 일들을 전혀 영적이지 않은 방식으로 행하는 사람들이 얼마나 많은지요! 그들은 제물은 가져오되 마음은 가져오지 않습니다. 그들은 하나님께 껍데기만 드리고 살진 기름은 빼놓습니다. "하나님은 영이시니",요 4:24, 개역개정 그분께서 가장 기뻐하시는 것은 우리가 행하는 의무의 영성입니다. "하나님께서 기쁘게 받으실 신령한 제사."벧전 2:5 불을 밝히는 기름으로 치자면 포도주에서 증류한 순 알코올이 최상입니다. 우리가 행하는 의무에서도 영적인 부분이 최상입니다. "너희의 마음으로 주께 노래하며 찬송하며."엡 5:19, 개역개정 노래를 노래 되게 하는 것은 마음이요 가슴입니다. 의무는 영적이어야 생명이 있습니다. 이것이 없으면 죽은 기도요 죽은 경청이니, 죽은 것들은 기쁨을 줄 수 없습니다. 죽은 꽃에는 아름다움이 없고 죽은 가슴에는 향기가 없습니다.

질문 어떻게 영적인 방식으로 의무를 이행할 수 있습니까?

대답 1 영혼을 정결하게 유지하십시오. 쾌락은 사람의 이성을 흐리게 하고 기운을 앗아 갑니다. 조금이라도 더러운 것을 경계하십시오.약 1:21 물에 젖은 나무는 쉽게 타지 않으며, 죄에 젖은 마음은 거룩한 헌신으로 불타오르기 어렵습니다. 육욕으로 가득한 사람이 영적으로 예배드릴 수 있습니까? "나의 백성은 음행하는 일에 정신을 빼앗기고, 묵은 포도주와 새 포도주에 마음을 빼앗겼다."호 4:11 우리 안에 사는 어떠한 죄라도 마음을 빼앗아 갑니다. 그러니 기도나 묵상에 바칠 마음은 없는 것입니다. 마음이 죄 안에서 살아갈수록 의무에 대해서는 죽습니다.

대답 2 두 가지를 마음 깊이 새기십시오. 첫째, 의무를 영적인 방식으로 행함으로써 얻는 유익. 그렇게 행함으로써 죄를 약화시키고, 은혜를 늘리며, 사탄을 물리치고, 하나님과 우리의 사귐을 더욱 견고하게 합니다. 또한 양심의 평화를 낳고, 자비의 응답을 불러오며, 언제나 우리의 마음을 조화로운 상태로 유지하게 합니다.

둘째, 의무를 육적인 방식으로 행함으로써 초래하는 위험. 그런 식으로 행한 의무는 전혀 행하지 않은 것과 다를 바 없으니, 마음으로 행하지 않은 것은 행한 것이 아니기 때문입니다. 부주의하게 행한 의무로 인해, 지키라고 있는 규례가 오히려 심판의 기능을 합니다. 그러므로 많은 이들이 빈번히 의무를 행하지만, 의무를 끝마치고 떠날 때는 더 악한 상태가 됩니다. 약이 제대로 조제되지 않고 각 성분이 올바로 섞이지 아니하면 독약이나 다름없이 몸에 해롭습니다. 따라서 의무가 올바로 수행되지 않으면 이전보다 마음이 더 굳어지고 악하게 됩니다. 육적인 방식으로 행한 의무로 인해 빈번히 현세적인 심판이 초래됩니다. "주 우리 하나님께서 우리를 치셨습니다. 우리가 그분께 규례대로 하지 않아서 그렇게 된 것입니다."대상 15:13 그러므로 하나님께서 사람들의 가족과 친척을 치심은 그들이 그분께서 요구하시는 방식이나 합당한 규칙에 따라 예배드리지 않았기 때문입니다.

대답 3 영적인 마음을 갖추십시오. 세속적인 마음으로는 의무를 영적으로 행할 수 없습니다. 그러니 거룩한 일들의 향미를 음미할 수 있는 영적인 감별력을 달라고 하나님께 청원합시다. 영적인 마음이 없으므로 우리는 아무런 기쁨도 없이 의무에 임했다가 아무런 유익도 얻지 못하고 떠나갑니다. 시계의 균형바퀴를 규칙적으로 움직이게 하려면 태엽을 수리해야 합니다. 그리스도인들이여, 여러분이 계속해서 영적으로 움직이며 의무를 행하고자 한다면 부디 여러분 마음의 태엽을 수리하십시오.

㉒ 철저히 경건을 익힘

경건한 사람은 철저히 경건을 익힙니다. 그는 하나님의 모든 계명에 순종합니다. "내가……다윗을 찾아냈으니, 그는 내 마음에 드는 사람이다. 그가 내 뜻을 다 행할 것이다."행 13:22 그리스어 원문에는 "내 뜻들을 다"로 되어 있습니다. 경건한 사람은 하나님의 법의 모든 범위를 지켜 행하고자 노력합니다. 모든 계명에는 하나님의 권위의 직인이 동일하게 찍혀 있으며, 따라서 경건한 사람은 한 계명만 아니라 다른 모든 계명에도 동일하게 순종합니다. "내가 주님의 모든 계명들을 낱낱이 마음에 새기면, 내가 부끄러움을 당할 일이 없을 것입니다."시 119:6 경건한 사람은 태양이 황도십이궁을 모두 거쳐 가듯, 경건의 주요 부분 모두를 거쳐 갑니다. 십현금을 연주하는 이는 열 줄을 모두 쳐야 전체 음악을 망치지 않을 것입니다. 십계명은 아마도 십현금에 비유될 수 있을 것입니다. 우리는 모든 줄을 치듯 모든 십계명에 순종해야 하며, 그렇지 않을 경우는 경건의 아름다운 음악을 만들어 낼 수 없습니다. 참된 순종은 자식의 순종과 같습니다. 자식이라면 부모의 사려 깊고 올바른 모든 지시에 순종해야 마땅합니다. 하나님의 법은 고리로 이어진 성막의 휘장과 같습니다. 또한 금사슬처럼 모든 고리가 연결되어 있습니다. 경건한 사람은 이 사슬의 고리 하나라도 함부로 끊어 내지 않을 것입니다. 계명 하나를 범하면 전체 연결 고리가 끊어집니다. "누구든지 율법 전체를 지키다가도 한 조목에서 실수하면, 전체를 범한 셈이 되기 때문입니다."약 2:10 하나님의 법 어느 한 부분을 의도적으로 위반하는 사람은 죄책이 있으며 전체 법의 저주 아래 놓이게 됩니다. 참된 순종은 전체적이며 일정합니다. 선한 마음은 자침처럼 자석이 끌어당기는 방향을 가리킵니다.

이것이 하나님의 자녀와 위선자의 큰 차이점입니다. 위선자는 신앙에서 마음에 드는 것만 고르고 선택합니다. 그래서 좀 더 쉬운 의무들, 자만심이나 흥미를 만족시켜 줄 의무들을 행하고 다른 의무들은 외면합니다. "너희는 박하와 회향과 근채의 십일조는 드리면서 정의와 자비와 신의와 같은 율법의 더 중요한 요소들은 버렸다."마 23:23 신앙의 어떤 의무들은 땀을 뻘뻘 흘리면서 행하다가 또 어떤 의무들 앞에서는 얼어붙듯 추위를 탄다면 병든 그리스도인의 증상이라 할 수 있습니다. 예후는 바알의 우상을 몰아내는 일에는 열심이었지만 여로보암의 금송아지는 그대로 남겨 두었습니다.왕하 10:29 이로써 우리는 어중간하게 선한 것은 진정으로 선한 것이 아님을 알 수 있습니다. 여러분의 하인이 여러분이 시킨 일 중 일부만 이행하고 나머지는 방치한다면 어떻겠습니까? 주께서 말씀하십니다. "나에게 순종하며 흠 없이 살아라."창 17:1 하나님 앞에서 어중간하게 행하는데 우리 마음이 어찌 흠이 없을 수 있겠습니까? 우리는 어떤 것은 하고 어떤 것은 방치해 둡니다. 모든 면에서 전체적으로 경건해야 경건한 사람입니다. "아버지, 제가 여기 있습니다. 원하시는 것은 무엇이든 명하십시오"(플라우스투스).

하나님께서 우리에게 요구하시는 열 가지 의무가 있으니, 경건한 사람은 아래에 서술된 이 의무들을 성실히 수행해야 할 것이며, 사실 이 열 가지 의무는 다른 특징들과 마찬가지로 우리의 경건을 평가하는 기준이 될 것입니다.

1. 경건한 사람은 빈번히 자신의 마음을 헤아려 봅니다

그는 말씀의 촛불을 켜 들고 마음 깊은 곳을 살핍니다. "내가 내 마음과 이야기하고, 내 영혼이 부지런히 살펴 이르되."시 77:6, 옮긴이 사역 은혜로운 영혼은 혹 태만히 한 의무는 없는지, 가슴에 품고 있는 죄는 없는지 살핍니다. 그는 하늘나라에 합당한 증거들을 조사해 봅니다. 그는 아무 금이나 순금으로 믿지 않듯, 자신의 은혜 또한 무턱대고 믿지 않습니다. 그는 영적인 상인입니다. 그는 자기 영혼의 재산이 얼마나 되는지 계산해 봅니다. 그는 "자신의 집안을 정돈합니다." 결산을 자주 해야 하나님과 양심을 계속해서 친구로 삼을 수 있습니다. 세속적인 사람은 이 마음의 정돈을 견디지 못합니다. 그래서 자신의 영혼이 어떻게 돌아가고 있는지 알 수 없습니다. 그는 다른 나라에 대해서는 해박하나 제 나라의 사정에는 무지한 자와 같습니다.

2. 경건한 사람은 개인 기도에 열심을 냅니다

그는 개인 경건을 준수합니다. 야곱은 혼자 있는 동안 하나님과 씨름했습니다.창 32:24 그러므로 은혜로운 마음은 홀로 있는 동안 기도로 씨름하며, 복을 얻기 전까지는 하나님을 보내 드리지 않습니다. 경건한 그리스도인은 믿음의 눈과 기도의 무릎을 단련합니다. 위선자들은 남들 앞에 보이기 위한 외양 말고는 신앙이라고 할 만한 것이 없습니다. 그리스도께서 그들을 이렇게 규정하셨습니다. "그들은 사람들에게 보이려고 회당과 큰 길 모퉁이에 서서 기도하기를 좋아한다."마 6:5 위선자는 성전에서는 독실합니다. 거기서는 모두가 그를 쳐다봅니다. 하지만 그는 하나님과 은밀히 교제하는 일에 대해서는 무지합니다. 그는 교회에서는 성도요 개인적으로는 불신자입니다. 경건한 그리스도인은 천국과 은밀히 연락을 주고받습니다. 개인 기도는 이 경건의 사업을 계속 유지하는 힘입니다. 개인 경건을 중단하면 경건의 심장이 칼에 찔립니다.

3. 경건한 사람은 자신의 생업에 충실합니다

그는 가족을 부양하기 위해 노력합니다. 교회는 먹고사는 일을 천시해서는 안됩니다. 퍼킨스가 말했습니다. "남보다 뛰어난 은사가 있고 거룩한 마음으로 말씀을 들으며 성찬을 받는다 해도, 생업의 의무를 다하지 않는다면 모든 것이 위선에 불과합니다." 우리의 신앙은 게으름의 특권을 결코 인정한 적이 없습니다. "그런데 우리가 들으니 여러분 가운데는 무절제하게 살면서 일은 하지 않고 일을 만들기만 하는 사람이 더러 있다고 합니다. 이런 사람들에게 우리는 주 예수 그리스도 안에서 명하며 또 권면합니다. 조용히 일해서 자기가 먹을 것을 자기가 벌어서 먹으십시오."살후 3:11-12 땀 흘려 얻은 빵이 가장 맛있습니다. 경건한 사람이라면 무위도식하느니 굶고자 할 것입니다. 믿음으로 살아야 한다고 떠들면서 일해서는 살지 않는 사람은 헛되이 고백한 그리스도인입니다. 그런 사람들은 들의 백합화와 같습니다. "수고도 하지 않고 길쌈도 하지 않는다."마 6:28 게으른 사람들은 마귀의 테니스공입니다. 마귀와 유혹이 그 공의 수명이 다할 때까지 치고 받으며 노는 것입니다.

4. 경건한 사람은 허용된 일들에서도 스스로 절제합니다

그는 휴식과 음식 문제에서도 자기 절제를 보입니다. 그는 다시 기운을 차려 하나님의 일에 더더욱 열의를 내는 데 필요한 양만 먹습니다. 제롬은 검소하게 살았습니다. 그의 식사는 마른 무화과 몇 알과 냉수가 전부였습니다. 아우구스티누스는 그의 "고백록"에서 이렇게 말합니다. "주님, 당신께서는 내게 약을 대하듯 음식을 대하라고 가르치셨습니다." 이성의 고삐로 식욕을 제어할 수 있다면 은혜의 재갈로야 더더욱 제어할 수 있지 않겠습니까. 죄인의 삶은 짐승과 같습니다. 대식가들은 "겁 없이" 먹어 대고,유 12절 술꾼들은 정신없이 마셔 댑니다. 등잔에 기름을 너무 많이 부으면 불이 꺼질 뿐이며, 오히려 적게 부어야 등불이 더욱 밝게 타오릅니다. 경건한 사람은 절제라는 황금 고삐를 손에 쥐었으니 자신의 식탁을 덫이 되도록 놓아두지 않을 것입니다.

5. 경건한 사람은 도덕적 의로움에도 철저합니다

그는 경건함은 물론 공정함에서도 양심에 걸리는 일이 없습니다. 성경은 언제나 이 둘을 하나처럼 연결해서 언급했습니다. "우리가 평생 동안 주님 앞에서 거룩하고 의롭게 살아가게 하셨다."눅 1:75 거룩함이 첫째 항목이요 의로움이 둘째 항목입니다. 도덕적으로 의로워도 거룩하지 않은 경우는 있을 수 있지만, 도덕적으로 의롭지 않고도 거룩한 경우는 결코 있을 수 없습니다. 이 도덕적 의로움은 사람들과의 거래에서 드러납니다. 경건한 사람은 이 황금률을 지킵니다. "너희는 무엇이든지 남에게 대접을 받고자 하는 대로 너희도 남을 대접하여라."마 7:12 상거래와 관련하여 다음의 세 가지 불의가 있습니다.

첫째, 거짓 저울을 사용함. "거짓 저울을 손에 든 장사꾼이 되어서."호 12:7 사람들은 저울을 가볍게 조작함으로써 자신들의 죄를 무겁게 합니다. "우리가……에바를 작게 하고."암 8:5, 개역개정 에바는 물건을 팔 때 사용하는 되였습니다. 그들은 되의 크기를 줄였습니다. 그런 식으로 양을 박하게 담아 팔았던 것입니다. 경건한 사람은 한 손에 성경을 들고서 감히 다른 손으로 거짓 저울을 사용할 수 없습니다.

둘째, 물건의 품질을 낮춤. "찌꺼기 밀까지도 팔아먹자."암 8:6 그들은 가장 좋은 밀을 빼내고 가장 질 낮은 밀을 최상급의 밀과 같은 가격에 팔고자 했습니다. "네가 만든 가장 좋은 포도주에는 물이 섞여 있구나."사 1:22 그들은 포도주의 질을 떨어뜨리고서도 고객들에게 순수한 포도주라고 속였습니다.

셋째, 폭리를 취함. "너희가 저마다 제 이웃에게 무엇을 팔거나 또는 이웃에게서 무엇을 살 때에는 부당하게 이익을 남겨서는 안된다."레 25:14 경건한 사람은 정확하게 거래할 뿐 부당하게 거래하지 않습니다. 그는 자신에게 도움이 되도록 팔지만 남에게 해가 되도록 팔지는 않습니다. 그의 좌우명은 이와 같습니다. "언제나 하나님과 사람들 앞에서 거리낌 없는 양심."행 24:16

위선자는 하나님께서 늘 하나로 연결해 말씀하신 이 의로움과 거룩함을 갈라놓습니다. 그는 깨끗한 척하지만 결코 공정하지 않습니다. 그리스도의 깃발을 내걸고서 속임수를 쓰고, 경건의 가면 뒤에 숨어 도덕성을 무시한다면 신앙을 모독하는 행위입니다. 경건한 사람은 하나님의 법의 둘째 항목도 첫째 항목만큼 잘 지킵니다.

6. 경건한 사람은 자신에게 해를 끼친 사람을 용서합니다

복수심은 육신의 본능입니다. 하지만 은혜로운 영혼은 모욕을 눈감아 주고, 부당한 대우를 잊으며, 힘이 아니라 인내로 원수를 정복함이 더 위대한 승리라고 여깁니다. "선으로 악을 이김"은 진정으로 영웅적인 행위입니다.롬 12:21 나는 비록 원수를 신뢰하지는 않지만 그를 사랑하려고 노력할 것입니다. 나는 비록 내 신념으로는 그를 받아들이지 않지만 기도로는 그를 받아들일 것입니다.마 5:44

질문 하지만 경건한 사람 누구나 원수들을 용서하고 심지어 사랑하기까지 합니까?

대답 복음적인 의미에서는 그렇습니다. 첫째, 그렇게 하겠다는 내적인 동의가 있는 한. 그는 반드시 그렇게 해야 한다고 판단으로 동의합니다. "나 자신은 마음으로는 하나님의 법을 섬기고."롬 7:25 둘째, 슬픔이 있는 한. 경건한 사람은 자신이 원수들을 더 이상 사랑할 수 없음을 슬퍼합니다. "아, 나는 비참한 사람입니다."롬 7:24 오, 저열하고 부패한 이 마음이여, 그토록 많은 자비를 받고도 남에게는 베풀지 않는구나! 그토록 많은 달란트를 탕감받고도 남에게는 한 데나리온을 탕감해 주기 어렵구나! 셋째, 기도가 있는 한. 경건한 사람은 원수들을 사랑할 마음을 달라고 하나님께 기도합니다. "주님, 이 미움의 쓴 뿌리를 내게서 잡아 뜯으시어, 내 영혼을 사랑의 향기로 채우시고 나를 증오 없는 비둘기 되게 하소서." 넷째, 노력이 있는 한. 경건한 사람은 그리스도의 힘으로 마음의 모든 증오와 맞서 싸우기로 결심합니다. 이것이 복음적인 의미에서 우리의 원수를 사랑하는 것입니다. 악인은 이렇게 할 수 없습니다. 그의 원한과 증오는 복수심으로 끓어오릅니다.

7. 경건한 사람은 교회의 고통을 가슴 아파합니다

"우리가……시온을 생각하면서 울었다."시 137:1 어떤 나무들에 관한 글을 읽어 보니, 이 나무들의 일부 잎이 잘리거나 해를 입으면 주변의 나머지 잎들이 크기를 줄이고 한동안 축 늘어진다고 합니다. 그리스도인들에게도 이와 같은 영적인 연민이 있습니다. 교회의 다른 지체들이 고난을 당하면 나머지 그리스도인들은 말하자면 자신이 해를 당한 듯 느낍니다. 암브로시우스가 전하는바, 테오도시우스는 죽을병에 걸려서도 자신의 병보다는 교회를 더 걱정했다고 합니다. 아이네이아스가 안키세스를 구해 주려 하자, 안키세스가 이렇게 말합니다. "트로이가 이처럼 무너져 멸망했는데 내 어찌 살기를 바라겠느냐." 하나님께서 다른 이들을 치시면 경건한 마음은 크게 영향을 받습니다. "나의 심장이 수금 줄이 튀듯 떨리고."^{사 16:11} 하나님의 자녀는 비록 개인적으로는 유복하고 편안하게 살아도 공공의 불행을 슬퍼할 줄 압니다. 에스더 왕비는 왕의 총애와 궁 안의 온갖 호사를 누리며 살았지만, 유대인들의 죽음을 승인하는 피의 칙령이 발표되자 통곡하며 금식했고, 동포들의 목숨을 살리기 위해 자신의 목숨을 걸었습니다.

8. 경건한 사람은 처한 상황에 만족합니다

양식이 떨어져 가도 그의 마음은 이 처지를 유순히 받아들입니다. 카토가 말합니다. "많은 이들이 나를 가난하다고 비난하지만, 나는 가난에 처할 줄 모르는 그들을 비난한다." 경건한 사람은 재난이나 불행을 긍정적으로 해석합니다. 하나님께서 쓴잔을 마시라 하시면 그는 이렇게 말합니다. "이는 내게 약이 되는 잔이니, 나를 정화하고 내 영혼을 유익하게 하려 하심입니다." 그러므로 그는 더없이 만족스럽습니다.^{빌 4:11}

9. 경건한 사람은 선한 행실의 열매를 맺습니다 딛 2:7

"경건하다"라는 말을 히브리어로 새겨보면 차시드 "자비롭다"는 뜻이 되는데, 이는 경건과 자비가 사실상 같은 말임을 함축합니다. 선한 사람은 굶주린 이들을 먹이고 헐벗은 이들을 입힙니다. "그런 사람은 언제나 은혜를 베풀고."시 37:26 독실한 유대인들은 오늘날까지도 재산의 십분의 일을 가난한 사람들에게 나누어 주는바, 그들에게는 "십분의 일을 바치라. 그리하면 너희가 더 부유해지리라"는 잠언이 널리 퍼져 있습니다. 위선자들은 오로지 믿음만 강조할 뿐 행함이 없으니, 잎은 무성하되 열매가 없는 월계수와 같습니다.

10. 경건한 사람은 핍박을 견딥니다

그는 그리스도께 받을 것이 십자가뿐이어도 그분과 혼인합니다. 그는 자원하여 담대한 마음으로 고난을 견딥니다.히 11:35 폼포니우스 아게리우스는 이와 같은 제목으로 친구에게 편지를 썼습니다. "교황 레오 감옥의 즐거운 동산에서." 복된 순교자들은 하나님의 전신갑주를 입고 담대한 정신으로 박해의 칼날을 무디게 합니다. 로뎀나무의 그늘은 시원하기가 이를 데 없는데 죽어서는 또 뜨겁기가 이를 데 없는 숯을 냅니다. 박해가 이 나무와 같으니, 사랑의 숯불은 더 뜨겁게 하고 죽음의 그늘은 더 시원하게 합니다.

지금까지 살펴본 대로 경건한 사람은 신앙의 의무의 전 영역을 답파하며, 하나님께서 무엇을 명하시든 순종합니다.

이의 하지만 하나님의 법의 모든 영역을 다 지켜 행하며 하나님을 완전하게 따른다는 것은 불가능합니다!

대답 하나님의 법에 대한 순종에는 두 가지가 있습니다. 먼저, 율법이 요구하는 모든 것을 지켜 행하는 완벽한 순종입니다. 이는 우리가 이 땅에서 사는 한 도달할 수 없는 목표입니다.

다음으로, 그리스도 안에서 인정되는 불완전한 순종입니다. 이 순종은 다시 네 가지로 나뉩니다. 첫째, 하나님의 모든 계명을 시인함. "그러므로 율법은 거룩하며 계명도 거룩하고 의롭고 선한 것입니다.……율법이 선하다는 사실에 동의하는 것입니다."롬 7:12, 16 율법에 대한 찬성과 동의가 다 있습니다. 둘째, 하나님의 계명을 즐거워함. "주님의 계명들을 내가 사랑하기에 그것이 나의 기쁨이 됩니다."시 119:47 셋째, 하나님의 모든 계명을 따라 걷고자 하는 진심 어린 열망. "내가 주님의 율례들을 성실하게 지킬 수 있도록 내 길을 탄탄하게 하셔서 흔들리는 일이 없게 해주십시오."시 119:5 넷째, 하나님의 모든 계명을 따라 걷고자 하는 진심 어린 노력. "내가 발걸음을 돌려 주님의 증거를 따라 갑니다."시 119:59 바로 이것을 하나님께서는 완전한 순종으로 생각하시고 너그러이 받아 주십니다. 사가랴에게는 흠이 있었으니, 곧 믿지 못하고 주저하다가 벙어리가 되어 한동안 말을 못했습니다. 그럼에도 성경은 그가 "주님의 모든 계명과 규율을 흠잡을 데 없이 잘 지켰다"고 말합니다.눅 1:6 이는 그가 모든 면에서 하나님께 순종하려고 진심으로 노력했기 때문입니다. 복음적인 순종은 비록 정도 면에서는 완전하지 못하나 본질 면에서는 참되다 할 수 있으며, 정도가 미약하고 불완전할 때는 그리스도께서 그 저울에 자비를 더 얹어 주시어 정량으로 채우십니다.

㉓ 하나님과 동행함

경건한 사람은 하나님과 동행합니다. "노아는 하나님과 동행하는 사람이었다."^{창 6:9} 노아가 살던 시대는 타락이 극심했습니다. "사람의 죄악이 세상에 가득 차고."^{5절} 하지만 시대의 악이 그토록 심했어도 노아는 길을 벗어나지 않고 꿋꿋이 걸어갔습니다. "노아는 하나님과 동행하는 사람이었다." 노아를 일러 정의를 부르짖고 전파하는 사람이라고 합니다. "오직 의를 전파하는 노아."^{벧후 2:5, 개역개정} 노아는 먼저 가르침으로 전파했습니다. 그의 가르침의 취지는 (어떤 랍비들에 의하면) 대략 다음과 같았습니다. "여러분은 그 악한 행실에서 돌아서야 합니다. 그래야 여러분에게 홍수가 닥쳐 아담의 모든 자손이 멸절하는 일을 피할 수 있습니다." 또한 자신의 삶으로 전파했습니다. 그는 겸손과 인내와 거룩함으로 전파했습니다. "노아는 하나님과 동행하는 사람이었다."

질문 하나님과 동행한다는 것은 무슨 뜻입니까?
대답 하나님과 동행한다는 것은 다섯 가지를 함축합니다. 첫째, 하나님께서 지켜보고 계신 듯 행함. 노아는 하나님을 경외했습니다. 경건한 사람은 하나님 앞에 나와 있는 듯 행동하며, 심판자께서 바라보고 계심을 압니다. "내가 여호와를 항상 내 앞에 모심이여."시 16:8, 개역개정 다윗의 눈은 언제나 여기에 있었습니다.

둘째, 영혼과 하나님의 친밀성. 친구들은 서로 이야기하고 피차 위로합니다. 경건한 사람들은 자신들의 청을 하나님께 알리고, 하나님께서는 당신의 사랑을 그들에게 알립니다. 하나님과 그분의 백성들 간에는 아름다운 사귐이 있습니다. "우리의 사귐은 아버지와 또 그의 아들 예수 그리스도와 함께하는 사귐입니다."요일 1:3

셋째, 세상을 초월한 동행. 경건한 사람은 이 세상 모든 것보다 높은 곳에 있습니다. 하나님과 동행하는 사람은 아주 높은 데까지 올라가야 합니다. 난쟁이는 별들 사이로 걸을 수 없으니, 난쟁이처럼 지상에 속한 영혼 역시 하나님과 함께 걸을 수 없습니다.

넷째, 눈에 보이는 경건. 걷는다는 것은 눈에 보이는 행동입니다. 은혜는 주변 사람들이 잘 알아볼 수 있어야 합니다. 행실에서 하나님의 모습을 드러내는 이는 하나님과 동행하는 사람입니다. 그는 성경적인 행실에 뛰어납니다.

다섯째, 지속적으로 은혜가 자라남. 한 걸음이 모여 먼 길을 갑니다. 성숙을 향한 전진입니다. 경건한 사람은 도중에 주저앉지 아니하고, "믿음의 목표"에 이를 때까지 걷습니다.벧전 1:9 경건한 사람은 작은 길에서는 벗어나도 큰길에서는 벗어나지 않습니다. 그는 (베드로처럼) 그릇 행하여 잠시 길을 벗어날 수 있지만 곧 회개로써 기운을 되찾아 계속되는 경건의 길을 갑니다. "그러므로 의인은 그 길을 꾸준히 가고."^{욥 17:9, 개역개정}

적용 1 이로써 보건대, 하나님과 동행하지 않는 자들을 경건하다 함이 얼마나 부적절한 일인지요. 그들은 노아의 왕관을 원하지만 노아의 걸음은 사랑하지 않습니다. 대다수 사람들이 마귀의 암흑의 길 위에서 걷습니다. "내가 여러분에게……지금도 눈물을 흘리면서 말하지만, 그리스도의 십자가의 원수로 살아가는 사람이 많이 있습니다."^{빌 3:18} 다음과 같은 사람들이 있습니다.

첫째, 어떤 이들은 하나님과 동행함을 칭송하고 그것이야말로 세상에서 귀하기 이를 데 없는 삶이라고 떠들지만, 정작 자신은 그 길에 한 발도 들여놓지 않습니다. 포도주가 좋다고 칭찬하는 사람들 모두가 실제로 값을 치르고 사는 것은 아닙니다. 많은 아버지들이 자녀들에게 덕행의 훌륭함을 가르치지만 실천으로 본을 보이지는 않습니다.

둘째, 어떤 이들은 그 선한 옛길을 몇 걸음 걷다가 되돌아 나옵니다.^{렘 6:16} 하나님의 길이 좋지 않았다면 애초에 왜 그 길로 들어섰습니까? 하나님의 길이 좋았다면 왜 중도에 포기하고 돌아섰습니까? "그들이 의의 길을 알고서도 자기들이 받은 거룩한 계명을 저버린다면 차라리 그 길을 알지 못했던 편이 더 좋았을 것입니다."^{벧후 2:21}

셋째, 어떤 이들은 하나님과 동행함을 구슬픈 패배의 길이라고 비방하고, 그 길에 열의가 없는 자들을 더 성공적인 사람으로 평가합니다. 하나님께서는 이를 당신께 대한 모독으로 여기십니다. "그들 때문에 진리의 길이 비방을 받게 될 것입니다."벧후 2:2 그리스어로는 "그 길이 모독을 당하게 될 것이다"입니다.

넷째, 어떤 이들은 하나님과 동행함을 소심함의 극치라도 되는 양 비웃습니다. "뭐요? 당신도 그 '거룩한 지파'에 들어가겠다는 거요? 남들보다 지혜로운 자가 되고 싶다는 말이오?" 거룩함을 세상 물정 모르는 촌스러움으로 한껏 조롱하려는 자들이 있습니다. 비웃는 자들이 앉을 의자는 지옥의 입구에 놓여 있습니다.잠 19:29

다섯째, 어떤 이들은 하나님과 함께 걷지 아니하고 육체를 따라 걷습니다.벧후 2:10 먼저, 그들은 육체의 생각을 따라 걷습니다. 여기에는 다음의 여섯 가지가 있습니다. (1) 대다수 사람들이 하는 대로 함이 최선이라는 생각. 말하자면 세상이 가는 대로 따라가는 것입니다. 이는 유행을 좇음이니, 새 마음을 입지 아니하고 새 유행을 걸칩니다. (2) 신앙 문제는 이성이 최고의 재판관이요 심판이라는 생각. "우리는 눈에 보이는 것 말고는 아무것도 믿지 않겠다!" 어리석어서 오히려 지혜롭다는 것, 온전히 다른 이의 의로 구원받는다는 것, 모든 것을 잃음으로 모든 것을 얻는다는 것—육에 속한 사람은 이 모든 것을 도저히 신념으로 받아들일 수 없습니다. (3) 적당히 믿어도 충분하다는 생각. "생기 없는 형식주의는 지혜롭게 유지될 수 있지만 열정은 미친 짓이다!" 신앙은 금박처럼 얇게 바르는 것이 최고라고 세상은 생각합니다. (4) 고통스러울 것이 뻔한 길은 좋지 않다는 생각. 곧은 막대기도 물에 넣으면 구부러져 보입니다. 신앙도 그러해서, 고통 속에 넣으면 육신의 눈에는 구부러져 보입니다. (5) 사람의 모든 관심은 현 세상에 있어야 한다는 생각. 그 불경한 추기경이 말한 대로, 그는 "파리에서 추기경직을 유지하기 위해 낙원의 일조차 버려둘 것입니다." (6) 고난받느니 죄를 짓는 편이 더 낫다는 생각. 그들은 속에 있는 양심을 깨끗이 하기보다는 겉에 있는 피부를 보존하려 합니다. 이와 같은 생각들은 저 부정한 뱀이 찾아낸 규칙들이니, 이 규칙들을 따라 걷는 자는 누구든지 평화를 얻지 못할 것입니다.^{사 59:8}

또한, 그들은 육체의 쾌락을 따라 걷습니다. 그들은 오로지 육신을 위해 모든 것을 조달합니다.^{롬 13:14} 로마 황제 헬리오가발루스가 바로 그런 사람이었습니다. 그는 육체의 향락에 너무 빠져서, 붉고 사향내 나는 꽃들 한가운데가 아니면 앉지 않았으며, 진귀한 보석들로 장식한 자색옷을 입었고, 아라비아에서 비싸게 들여온 발삼 향유를 등불의 기름으로 땠으며, 향수를 푼 물로 목욕했습니다. 요컨대 그는 자신의 육체를 오로지 먹고 마시며 배설하는 용도로만 사용했습니다. 이와 같이 죄인들은 육체를 따라 걷습니다. 술 취하고 부정한 쾌락이 부르면 그들은 기꺼이 달려가서 충족시킵니다. 그들은 감히 자신들처럼 빈번히 죄를 짓지 못하는 모든 이들을 겁쟁이로 매도합니다. 그들은 하나님과 함께 걷는 것이 아니라 정반대로 걷습니다. 쾌락은 그들의 항해를 돕는 나침반이요, 사탄은 그들의 선장이며, 지옥은 그들이 최후로 들어가게 될 항구입니다.

적용 2 우리가 경건한 사람의 이 특징을 소유하고 있는지 다음으로 평가해 봅시다. 즉, 우리는 하나님과 동행합니까? 이는 다음에 의해 알 수 있습니다.

첫째, 우리가 걷는 길에 의해. 그 길은 사적이고 은밀한 길이니 거룩한 소수만이 걷습니다. 그러므로 그 길은 일반적인 큰 길과 구분하여 "좁은 길"이라고 합니다. "그 길에는 사망이 없느니라." 잠 12:28, 개역개정

둘째, 하나님을 두려워하며 걸음으로써. "에녹은······하나님과 동행하면서." 창 5:22 갈대아어 성경에는 이렇게 되어 있습니다. "에녹은······하나님을 두려워하며 걸었다." 경건한 사람들은 하나님의 진노를 부를 수 있는 일을 두려워합니다. "내가 어찌 이런 나쁜 일을 저질러서 하나님을 거역하는 죄를 지을 수 있겠습니까?" 창 39:9 이것은 비열하고 굴종적인 두려움이 아니라 사랑하는 마음에서 나오는 두려움입니다. 호 3:5 아버지를 사랑하는 자녀는 아버지를 거스르는 행동을 두려워합니다. 이처럼 아버지를 사랑하는 마음이 있었으므로 거룩한 안셀무스는 말했습니다. "한 쪽에 죄가 있고 또 한 쪽에 지옥이 있다면, 나는 하나님을 거슬러 죄를 짓느니 지옥으로 뛰어들고 말

리라." 또한 이것은 믿음과 결합한 두려움입니다. "믿음으로 노아는······하나님을 경외하고."^{히 11:7} 믿음과 두려움은 손잡고 갑니다. 영혼은 하나님의 거룩하심을 보고 두려워하며, 하나님의 약속을 보고 믿습니다. 경건한 사람은 두려워 떨지만 믿습니다. 두려움에는 경외심이 있고, 믿음에는 용기가 있습니다. 두려움으로 영혼은 경박에 떨어지지 않고, 믿음으로 영혼은 과도한 슬픔에 짓눌리지 않습니다. 이로써 우리는 우리가 하나님과 동행하고 있는지, "하나님을 두려워하는 마음으로" 걷고 있는지 알 수 있을 것입니다. 우리는 하나님의 법을 침해할까, 또는 그분의 사랑을 잃지 않을까 두려워합니다. 죄인들에게는 이와 같은 낙인이 찍혀 있습니다. "그들의 눈에는 하나님을 두려워하는 빛이 없다."^{롬 3:18} 경건한 사람들은 두려워서 죄를 짓지 않습니다.^{시 4:4} 악인들은 죄를 짓고도 두려워하지 않습니다.^{렘 5:23-24} 부주의하고 무절제하게 걷는다면 하나님과 우리의 사이는 곧 멀어질 테고, 하나님께서도 우리와의 사귐을 더 이상 참아 주지 아니하실 것입니다. "빛과 어둠이 어떻게 사귈 수 있겠습니까?"^{고후 6:14}

적용 3 거룩한 자로 인정받고자 하는 모든 이들은 부디 노아의 길에 들어서기를 권합니다. 은혜의 진리가 마음에 있어도 그 아름다움은 우리의 걸음에서 드러납니다. 하나님과 동행하는 것의 고귀함은 다음과 같습니다.

첫째, 하나님과 동행함은 그분께서 대단히 기뻐하시는 일입니다. 하나님과 함께 걷는 사람은 그 자신이 누구와의 사귐을 가장 사랑하는지 세상을 향하여 선언합니다. "우리의 사귐은 아버지와 또 그의 아들 예수 그리스도와 함께하는 사귐입니다."요일 1:3 그는 하나님과 함께하는 시간을 가장 아름다운 시간으로 여깁니다. 이 동행이야말로 하나님께서 크게 기뻐하시고 만족스러워하시는 일입니다. "에녹은 하나님과 동행하다가."창 5:24 그러니 하나님께서 에녹으로 인해 얼마나 기뻐하셨는지 모릅니다. "그는 하나님을 기쁘게 해드렸다는 증언을 받은 것입니다."히 11:5

둘째, 하나님과 친밀히 동행하면 다른 이들이 보고 이끌려 그분과 동행하게 될 것입니다. 사도는 아내들에게 남편들이 보고 따라 믿을 수 있도록 모범적으로 생활하라고 권면합니다.벧전 3:1 저스틴 마터는 초대교회 성도들의 거룩하고 순결한 삶을 보고 그리스도인이 되었다고 고백했습니다.

셋째, 하나님과 친밀히 동행하면 진리의 대적자들이 침묵합니다.벧전 2:15 우리의 부주의한 행실은 악인들의 손에 칼을 쥐어 줌과 같으니, 그들은 이 칼로 우리의 신앙을 훼손합니다. 믿음을 고백한 그리스도인들에 대해서 남들과 다름없이 교만하고 탐욕스러우며 불의하다는 말이 나온다면 얼마나 슬픈 일인지 모릅니다. 이로 인해 하나님의 길이 모욕을 당하지 않겠습니까? 그러나 거룩하고 친밀한 동행으로 우리는 죄인들의 입을 막을 수 있을 테고, 죄인들은 거짓에 의하지 아니하고는 하나님의 백성들에 대해 험담을 할 수 없을 것입니다. 사탄은 그리스도에게 와서 흠을 찾으려 했지만 어떻게 해볼 수가 없었습니다.요 14:30 아무리 찾아도 경건한 사람들에게 뒤집어씌울 죄목이 없어서 거룩함을 다 트집 잡아야 한다면 악인들로서는 얼마나 낭패스러운 일이겠습니까. "다니엘이라는 자는 그가 믿는 신의 법을 문제 삼지 않고는 고발할 근거를 찾을 수 없다."단 6:5

넷째, 하나님과 동행함은 즐거운 길입니다. 지혜의 길은 즐겁다고 합니다.잠 3:17 빛이 즐겁지 않겠습니까? "주님, 그들은 주님의 빛나는 얼굴에서 나오는 은총으로 살아갈 것입니다."시 89:15 하나님과 동행함은 온갖 향기를 내뿜는 꽃밭을 걷는 일과 같습니다. 이 동행에 평화가 있습니다. "주님을 두려워하는 마음과 성령의 위로로 정진해서."행 9:31 우리가 하나님과 동행하는 동안 양심의 새가 우리 가슴에서 지저귀는 그 소리가 얼마나 아름다운지요! "주님께서 하신 일을 그들이 노래합니다."시 138:5

다섯째, 하나님과 동행함은 영예로운 일입니다. 비천한 자가 왕과 함께 걷는다는 것은 영광입니다. 하물며 유한한 인간이 그를 만든 창조주와 대화하며 날마다 동행하는 일보다 더 큰 영예와 위엄이 있겠습니까?

여섯째, 하나님과 동행함으로 안식을 얻습니다. "하나님의 백성에게는 안식하는 일이 아직 남아 있습니다."히 4:9 아리스토텔레스는 말했습니다. "운동은 정지하려는 경향이 있다." 그런데 도무지 정지하려 하지 않는 운동이 있습니다. 죄와 동행하는 자들은 결단코 정지하려 하지 않습니다. "그들은 밤낮 쉬지 않고."계 4:8 하지만 하나님과 동행하는 사람들은 하나님 나라에 앉아 쉴 것입니다.눅 13:29 피곤하고 지친 여행자가 집에 와서 쉼과 같습니다. "이기는 사람은······나와 함께 내 보좌에 앉게 하여 주겠다."계 3:21 보좌는 영예를, 앉음은 안식을 뜻합니다.

일곱째, 하나님과 동행함이 가장 안전한 길입니다. 죄악의 길을 걷는다는 것은 강둑을 걷는 것처럼 위험합니다. 죄인은 바닥없는 구덩이 주위를 배회하는 셈인데, 죽음이 와서 슬쩍 밀기만 해도 그는 심연으로 쓸려 들어갑니다. 그러나 하나님의 길을 걸으면 안전합니다. 하나님과 동행하는 사람은 그분의 성령이 있어 죄로부터 보호받을 것이며, 그분의 천사가 있어 위험으로부터 지켜질 것입니다.시 91:11

여덟째, 하나님과 동행함으로 평화로운 죽음을 맞을 것입니다. 아우구스투스는 큰 고통 없이 조용하고 편안하게 죽기를 소원했습니다. 임종 시에 우리의 베개가 편안하다면 그것은 아마도 우리가 사는 동안 하나님과 동행했기 때문일 것입니다. 하나님과 동행해서 조금이라도 손해나는 것이 있습니까? 임종의 자리에 누워서, 그동안 너무 거룩하게 살았다고, 그동안 너무 기도를 많이 했고 너무 하나님과 오래 동행했다고 후회하며 외치는 사람들을 본 적이 있습니까? 아닙니다. 임종하는 이들의 뼈저린 후회는 자신이 그동안 하나님과 더 가까이 동행하지 못했다는 것입니다. 그들은 생전에 세상 즐거움에 너무 현혹되었음을 생각하며 머리칼을 움켜쥡니다. 그러나 하나님과 친밀히 동행하면 우리의 원수(죽음)가 우리를 편안하게 대할 것입니다. 아하수에로 왕이 밤에 잠이 오지 않아, 자신의 통치를 기록한 궁중실록을 가져다 읽게 했습니다.에 6:1 그러므로 우리는 병세가 위중하여 잠을 이룰 수 없을 때, 양심을 불러내 거기 기록된 것을 읽어 볼 수 있습니다. "그날에 우리는 겸손히 영혼을 낮추어 금식했도다. 그날에 우리의 마음이 기도로 녹아내렸도다. 그날에 우리가 하나님과 아름답게 사귀었도다." 이 얼마나 위로가 되는 기록이겠습니까! 그러므로 죽음이 비록 눈앞에 보일지라도 낙심치 말고 아룁시다. "주님, 이제 우리를 하늘에 계신 당신께로 데려가소서. 우리가 그토록 오래 사랑했던 곳에서 이제 결실을 보게 하소서."

아홉째, 하나님과 동행함이 그분 마음을 아는 가장 좋은 길입니다. 함께 걷는 친구들은 허물없이 속 깊은 이야기를 나눕니다. "주님께서는 주님을 경외하는 사람과 의논하시며."시 25:14 노아는 하나님과 동행했고, 주님께서는 그에게 옛 세계를 멸하고 그는 방주에 두어 구하시리라는 크나큰 비밀을 밝히셨습니다. 아브라함 또한 하나님과 동행했으며, 하나님께서는 그를 왕실회의 자문위원으로 삼으셨습니다.창 24:40 "내가 앞으로 하려고 하는 일을 어찌 아브라함에게 숨기랴?"창 18:17 하나님께서는 기도나 성찬에 임해 있는 영혼에게 흉금을 털어놓기도 하십니다. 우리가 알듯, 그리스도께서도 빵을 떼실 때에 제자들에게 당신을 온전히 알리셨습니다.눅 24:35

열째, 하나님과 동행하는 사람들이 그분께 완전히 버림받는 일은 없을 것입니다. 하나님께서는 당신의 백성들이 당신을 더욱 열심히 부르짖도록 잠시 떠나 계실 수는 있어도 그들을 완전히 떠나지는 아니하실 것입니다. "분노가 북받쳐서 나의 얼굴을 너에게서 잠시 가렸으나 나의 영원한 사랑으로 너에게 긍휼을 베풀겠다."사 54:8 하나님께서는 옛 친구를 버리지 아니하십니다. 지금까지 함께해 온 사람과 헤어지지 않으시는 것입니다. "에녹은 하나님과 동행하다가 사라졌다. 하나님이 그를 데려가신 것이다."창 5:24 그분께서는 에녹을 하늘로 데려가셨습니다. 아람어 성경은 이렇게 표현합니다. "에녹은 하나님의 사랑의 가슴에 깃들였다."

질문 하나님과 동행하려면 어찌해야 합니까?
대답 1 하나님과 동행하려면 죄의 옛길에서 벗어나야 합니다. 아름다운 초원에서 걷고자 하는 사람은 가던 길에서 벗어나야 합니다. 죄의 길은 여행자들로 붐빕니다. 이 길을 걷는 사람들이 어찌나 많은지, 지옥이 다 반색을 하며 그 큰 규모를 더더욱 늘려 그들을 다 받아들이겠다고 나설 판입니다.사 5:14 이 죄의 길은 즐거워 보이지만 끝은 저주스럽습니다. 그 음녀가 말합니다. "누울 자리에는 몰약과 침향과 육계향을 뿌려 두었습니다."잠 7:17 보십시오. 달콤한 것(육계향) 하나에 쓴 것(몰약과 침향)이 둘입니다. 지금 이 순간 죄가 주는 소소한 단맛은 후일 지독하게 쓴맛으로 되돌아올 것입니다. 그러므로 향기롭지만 가시투성이인 이 덤불에서 벗어나야 합니다. 우리는 하나님과 죄와 동시에 동행할 수는 없습니다. "정의와 불의가 어떻게 짝하며, 빛과 어둠이 어떻게 사귈 수 있겠습니까?"^{고후 6:14}

대답 2 하나님과 동행하려면 그분과 아는 사이가 되어야 합니다. "그러므로 너는 하나님과 화해하고."^{욥 22:21} 하나님의 성품과 약속을 알아야 합니다. 모르는 이들은 함께 걷지 않습니다.

대답 3 하나님과 동행하려면 그분과 불일치하는 모든 것들을 제거해야 합니다. "두 사람의 뜻이 같지 않은데 어찌 동행하겠으며."^{암 3:3, 개역개정} 우리가 하나님과 일치하고 화해함은 믿음으로 이루어집니다. "하나님께서는 이 예수를 속죄제물로 내주셨습니다. 그것은 그의 피를 믿을 때에 유효합니다."^{롬 3:25} 우리가 일단 그분의 친구가 되면 모세처럼 산 위로 불려 올라가, 천국에서 사랑하는 자가 되어 하나님과 동행하는 영예를 누리게 될 것입니다.

대답 4 하나님과 동행하려면 그분의 길을 좋아해야 합니다. 그분의 길은 아름다움으로 물들어 있으며,^{잠 4:18} 즐겁고 평안하며,^{잠 3:17} 진리의 담장으로 방비되어 있고,^{계 15:3} 생명이 있으며,^{행 2:28} 영원으로 이어져 있는 길입니다.^{합 3:6} 그러니 경건의 길을 사랑하십시오. 그리하면 곧 그 길을 걷게 될 것입니다.

대답 5 하나님과 동행하려면 그분의 팔을 붙들어야 합니다. 제 힘으로 걷는 자들은 곧 지치고 피곤할 것입니다. "나는 주 하나님의 힘으로 갈 것이다."^{시 71:16, 옮긴이 사역} 우리는 하나님 없이 하나님과 동행할 수 없습니다. 그러니 그분의 약속을 언급하며 꼭 그렇게 해달라고 매달립시다. "너희로 내 율례를 행하게 하리니."겔 36:27, 개역개정 하나님께서 우리의 손을 잡아 주시면, 우리는 걸어도 피곤하지 않을 것입니다.사 40:31

㉔ 다른 이들의 경건을 위해 노력함

경건한 사람은 다른 이들을 경건하게 하는 도구가 되려고 노력합니다. 그는 혼자만 천국에 가려 하지 않고 다른 이들도 함께 데려가고자 합니다. 거미는 제 한 몸을 위해 일하지만 벌은 다른 존재들을 위해 일합니다. 경건한 사람은 다이아몬드이자 자석이니, 그 찬란한 은혜의 광채로 인하여 다이아몬드요 다른 이들을 끌어들이는 힘으로 인하여 자석입니다. 그는 언제나 다른 이들을 이끌어 경건을 받아들이게 합니다. 살아 있는 것들은 모름지기 번식의 능력이 있습니다. 마음에 경건이 살아 있다면 상대방 안에 있는 은혜의 생명을 번식시키려는 노력이 있을 것입니다. "내가 갇혀 있는 동안에 얻은 아들 오네시모."몬 10절 하나님께서 은혜의 샘이시면 성도들은 그 생명의 물을 다른 이들에게 전하는 수로입니다. 다른 영혼들의 회심을 위한 이 지극한 노력은 다음에서 비롯됩니다.

1. 경건의 본질에서

경건은 모든 것을 받아들여 뜨거움이라는 자신의 본질로 동화시키는 불과 같습니다. 마음에 은혜의 불이 있다면 다른 이들을 불사르려는 노력이 있을 것입니다. 은혜는 거룩한 누룩이니, 거룩한 원리로 다른 이들을 익히고 발효시킵니다. 바울은 기꺼이 아그립바 왕을 개종시키려 했을 것입니다. 그 훌륭한 언변으로 왕을 설득하는 모습을 보십시오! "아그립바 임금님, 예언자들을 믿으십니까? 믿으시는 줄 압니다."행 26:27 바울의 열정과 웅변으로 왕은 거의 설복당할 뻔 했습니다. 그러자 왕이 바울에게 말했습니다. "그대가 짧은 말로 나를 설복해서 그리스도인이 되게 하려고 하는가!"

2. 연민의 마음에서

은혜가 있으면 마음이 부드러워집니다. 경건한 사람은 고통으로 몸부림치는 사람들에게 연민의 정을 금할 수 없습니다. 그는 악인들을 위해 준비된 죽음의 잔을 봅니다. 회개하지 않는다면 필연적으로 그들은 하나님의 진노에 넘겨져야 합니다. 그들이 장차 겪을 지옥불에 비하면 소돔에 소낙비처럼 내렸던 불과 유황은 아무것도 아니었습니다. 지옥불은 극렬한 불입니다. "영원한 불의 형벌을 받아."유 7절 그러므로 경건한 사람은 언제라도 저주에 떨어질 사로잡힌 죄인들을 보면 그들을 그 그릇된 길에서 돌이키려고 노력합니다. "우리는 주님이 두려운 분이심을 알기에 사람들을 설득하려고 합니다."고후 5:11

3. 그리스도의 영광을 위하는 거룩한 열정에서

경건한 사람에게는 그리스도의 영광이 자신의 구원만큼이나 중요합니다. 따라서 그는 그리스도의 영광을 드러내기 위해 최대한의 노력을 기울여 영혼들을 그리스도께 인도합니다.

많은 이들이 그리스도에게서 태어나면 그분께 영광이 됩니다. 별 하나하나가 밤하늘에 빛을 더하듯, 회심자 하나하나가 그리스도의 몸에 더해지는 지체요 그분의 왕관을 아름답게 하는 보석입니다. 그리스도께서 하나님이신 한은 그분의 영광이 더 늘어날 수 없겠지만, 그분께서 중보자이신 한은 더 늘어날 것입니다. 그러니 구원받는 이들이 많을수록 그리스도께서도 더 높임을 받으십니다. 회개하는 죄인 하나를 두고 천사들이 기뻐해야 할 이유가 달리 무엇이겠습니까?눅 15:10 그로 인해 그리스도의 영광이 더욱 빛나기 때문 아닙니까?

적용 1 이러하므로 영적인 번식 능력이 없는 자들은 경건한 사람들의 무리에 들 수 없음이 명백합니다. 그들은 다른 이들의 구원을 증진하려는 노력을 보이지 않습니다. "다른 사람을 낳지 못하는 자는 태어난 값어치를 못하는 자이다."

그리스도를 사랑하는 이들은 할 수 있는 한 많은 사람들을 그분께 이끌고자 할 것입니다. 자신의 지도자를 사랑하는 이는 그 지도자의 기치 아래 모이도록 다른 사람들을 설득합니다. 위선자들의 정체는 이로써 드러납니다. 그들은 은혜받은 듯 가장하지만 애써서 다른 이들에게 그 은혜를 소개하려고 하지는 않습니다. 위선자들에게는 연민이 없습니다. 나는 위선자들의 마음을 대변하는 구절을 언급할 수도 있습니다. "죽을 놈은 죽고 망할 놈은 망하여라. 그러고도 남는 것들은 서로 잡아먹어라."슥 11:9 위선자들은 영혼들이 마귀에게 가든 말든 전혀 개의치 않습니다.

다른 이들에게 은혜를 전해 주려 하기는커녕 자라나는 은혜의 싹마저 잘라 버리는 자들은 경건에서 얼마나 먼 자들입니까! 그들은 사람들을 그리스도께 이끄는 것이 아니라 그분께 있는 이들마저 끌어냅니다. 그들의 일이란 영혼들을 더럽히고 해롭게 하는 것입니다. 이처럼 영혼을 해치는 그들의 일은 다음의 세 가지 방식으로 이루어집니다. 첫째, 악한 칙령에 의해. 여로보암이 그런 식으로 이스라엘을 죄짓게 했습니다.왕상 16:26 그는 백성들에게 우상숭배를 강요했던 것입니다. 둘째, 악한 본보기로 인해. 말보다는 본을 보임이 효과적입니다만, 지도적 위치에 있는 사람들의 본보기는 특히 영향력이 큽니다. 지도층은 "구름기둥"과 같습니다. 구름기둥이 가면 이스라엘도 갔습니다. 높은 자리에 있는 사람들이 그릇되게 살면 다른 사람들도 따라 할 것입니다. 셋째, 악한 사귐으로 인해. 죄인들의 입김은 전염력이 강합니다. 그들은 "입에서 물을 강물과 같이 토해 내는" 그 뱀과 같습니다.계 12:15 그러니 그들은 입에서 불경한 욕설을 강물과 같이 토해 냅니다. 악인들의 혀에는 지옥불이 붙어 있습니다.약 3:6 죄인은 성냥과 화약을 가져오고 마귀는 불을 가져옵니다. 악인들은 다른 이들 앞에 끝없이 덫을 놓고 유혹합니다. 물론 의도는 전혀 다르지만 그들은 예언자가 말한 것처럼 합니다. "내가 포도주가 가득한 술단지와 잔을……앞에 내놓고 그들에게 마시라고 권했다."렘 35:5, 옮긴이 사역 이처럼 악인들은 다른 이들 앞에 술단지를 내어놓고 마시게 하여 마침내는 이성을 잃고 쾌락에 취하도록 합니다. 이와 같이 사람들을 마귀에게로 개종시키는 자들은 극악무도한 악인들입니다. 자신들이 지은 죄에 더하여 다른 이들의 피에 대해서까지 책임져야 하는 자들의 최후는 얼마나 슬프겠습니까!

다른 이들에게 은혜를 권장함이 경건한 사람의 징표일진대, 가족과 근친에게는 더더욱 은혜를 장려해야 하지 않겠습니까. 경건한 사람은 자녀들이 하나님을 알도록 각별히 마음을 씁니다. 그로서는 육친 중 누구 하나라도 지옥불에 탄다면 슬픈 일일 것입니다. 그는 자신의 분신이라 할 수 있는 이들 안에 그리스도가 자라나도록 노력합니다. 아우구스티누스의 말에 따르면, 그의 어머니 모니카는 자신을 육신으로 낳을 때보다 영적으로 낳을 때 한층 심하게 산고를 겪었다고 합니다. 우리 자식들에게 경건의 씨앗을 심기로는 어린 시절만큼 좋은 때가 없습니다. "저 자가 누구를 가르친다는 건가? 저 자의 말을 들어야 할 사람이 누구란 말인가? 젖 뗀 아이들이나 가르치라고 하여라. 젖을 먹지 않는 어린아이들이나 가르치라고 하여라."사 28:9 밀랍은 딱딱하게 굳기 전이라야 어떤 도장이고 찍을 수 있습니다. 자녀들은 아직 어릴 때라야 책망을 두려워할 것입니다. 자식이라도 나이 들면 질책을 달가워하지 않습니다. 우리의 자식들이 인생 초년부터 하나님을 안다면 그분께서 기뻐하실 일입니다. 우리가 알듯, 정원을 거닐다 이제 막 피어나기 시작하는 꽃들을 따서 향기를 맡아 보는 기쁨은 각별합니다. 하나님께서 이 꽃봉오리 같은 성도를 사랑하십니다. 주님께서는 예언적 환시로 보여주실 수 있는 나무들 중에서도 유독 살구나무를 보여주셨습니다.렘 1:11 이 나무는 가장 먼저 개화하는 나무에 속합니다. 그와 같은 살구나무가 바로 어린 회심자입니다. 우리의 아이들을 주님을 경외하는 사람들로 양육함으로써 우리는 우리가 죽고 없을 때도 하나님의 영광이 이어지도록 대비할 수 있을 것입니다. 경건한 사람은 살아 있을 때야 당연히 하나님을 영화롭게 하겠지만 죽고 없을 때도 하나님의 영광이 증진되도록 기반을 만들어 놓습니다. 우리의 자식들이 은혜로운 원리로 교육받아 성숙에 이르면, 이미 죽어 세상에 없는 우리 대신 서서 그들의 생애가 다할 때까지 하나님을 영광스럽게 할 것입니다. 땅이 좋으면 곡식을 여러 번 심고 거둘 수 있습니다. 경건한 사람은 자기 세대에 풍성한 순종의 곡식을 거두어 하나님께 드릴 뿐 아니라, 자신이 죽고 없을 때도 살아생전 경건의 원리로 훈육한 자식을 통하여 이모작을 주님께 바치는 것입니다.

적용 2 하나님의 이름이 몸에 기록된 모든 이들은 다른 이들의 경건의 진보를 위해 각자 힘닿는 데까지 노력합시다. 자석에 닿았던 칼은 바늘을 끌어옵니다. 우리의 마음이 하나님의 성령의 자석에 거룩하게 닿으면 주변 사람들을 그리스도께 이끌고자 노력할 것입니다. 이교도들도 이렇게 말했습니다. "우리는 우리만 살자고 태어난 것이 아니다." 무엇이 뛰어나면 파급력도 그만큼 큽니다. 몸의 각 지체는 고유한 능력을 확산합니다. 눈은 빛을 퍼뜨리고, 머리는 정신을 전달하며, 간은 피를 실어 나릅니다. 그리스도인은 자신의 영역에서만 쳇바퀴 돌듯 해서는 안되며, 반드시 다른 이들의 행복을 추구해야 합니다. 이처럼 선을 널리 퍼뜨림이 그 거룩하신 영향력을 고루 확산하시는 하나님을 닮는 일입니다.

그러므로 확신하건대, 적어도 이 문제와 관련하여 우리가 천국을 채우려는 노력으로 하나님께 영광을 돌렸다고 양심이 증언한다면 결단코 슬퍼할 이유가 없을 것입니다. 물론 그렇다고 이 노력에 어떤 식으로든 공로의 의미가 있다든가 우리의 구원에 우발적인 영향을 끼칠 만한 요소가 있다는 말은 아닙니다. 우리 구원의 유일한 원인은 그리스도의 피이며, 우리가 다른 이들에게 하나님의 영광을 널리 알리고자 하는 이 노력은 우리가 구원받았다는 중요한 증거일 뿐입니다. 이는 무지개가 하나님께서 세상을 다시는 물로 멸하지 아니하실 이유가 아니라 멸하지 않겠다는 표시인 것과 같습니다. 또한 라합이 창문에 매어 둔 홍색 줄이 죽음을 면해 주는 원인이 아니라 이미 죽음을 면했다는 표시인 것과 같습니다. 마찬가지로 우리가 다른 이들을 믿음으로 세우려는 그 노력 또한 우리 구원의 이유가 아니라 우리 경건의 상징이요 장차 누릴 지복스러움의 전조일 뿐입니다.

이와 같이 해서 나는 경건한 사람의 특징을 모두 제시했습니다. 이러한 특징으로 설명된 사람을 광신자라고 한다면, 아브라함과 모세와 다윗과 바울 역시 광신자들이었음이 분명한데, 불신자들 외에 누가 과연 이 말에 동의하겠습니까!

chapter **05.**

두 가지 결론

앞서 언급한 전형적인 특징들에 대해 두 가지 결론을 제시하고자 합니다.

첫째, 이러한 특징들은 그리스도인의 증거입니다. 회개하지 않는 죄인이 얼굴에 무수한 죽음의 반점을 가진 사람들처럼 영벌의 징표를 받아 죽을 수밖에 없음을 스스로 알듯, 경건한 사람의 행복한 징표를 보일 수 있는 이들은 누구나 자기 영혼의 구원의 징조를 볼 수 있고, 또한 "죽음에서 생명으로 옮겨" 갔음을 알 것입니다.요 5:24 그는 자신의 천국행을 스스로가 이미 천국에 있는 듯 강력하게 확신합니다. 그러한 사람은 의심의 여지없이 그리스도의 지체이니, 그가 죽는다면 결국 그리스도의 지체가 죽는다는 뜻이 됩니다.

이 거룩한 특징들은 세상의 온갖 낙심스러운 일들과 사악한 음모에 시달리는 그리스도인의 위로입니다. 사탄은 하나님의 자녀를 유혹하며, 너는 위선자이니 약속에 땅에 대한 권리가 없다고 속삭입니다. 이때 그리스도인은 경건한 자들의 특징이라는 이 증거들을 꺼내 들고, 어느 악인이나 위선자가 이토록 확실한 천국증명서를 소지한 적이 있더냐고 다그칠 수 있을 것입니다. 사탄은 성도가 위선자임을 입증하기는커녕 저 자신이 거짓말쟁이라는 사실만 스스로 드러내고 말 것입니다.

둘째, 이러한 특징들 중 하나라도 진정으로 소유한 사람에게는 모든 특징의 싹이 자라나고 있습니다. 사슬의 고리 하나를 잡으면 사슬 전체를 잡은 것입니다.

이의 하지만 하나님의 자녀가 이렇게 말할 수도 있지 않습니까? "내게는 이 모든 특징들이 전혀 없거나, 있더라도 내 마음에 너무 희미하게 새겨져서 알아볼 수 없습니다."

대답 이 자책을 해소하려면 성경이 말하는 각 그리스도인들 간의 차이를 잘 살펴야 합니다. 성경은 그리스도인들을 여러 단계와 등급으로 나눕니다. 어떤 이들은 이제 막 복음의 젖을 먹기 시작한 아기들입니다. 또 어떤 이들은 좀 더 성숙한 은혜에 다다른 젊은이들입니다. 그런가 하면 영광의 학위를 받아 마땅한 아버지들도 있습니다.요일 2:12-14 하지만 그리스도 안에서 드높은 성숙의 위치에 오른 이들과 마찬가지로 이제 막 첫걸음을 떼기 시작한 여러분에게도 경건의 생명이 있습니다. 성경은 거대한 삼나무도 말하고 상한 갈대도 언급하거니와,

상한 갈대 역시 하늘의 낙원에서는 다른 나무들과 마찬가지로 귀합니다. 그러니 연약한 이들은 낙심할 이유가 없습니다. 누구나 이 경건의 특징들을 또렷하게 새겨서 다니는 것은 아닙니다. 자신들의 영혼에 이 특징들이 희미하게 찍히거나 새겨져 있다 해도 하나님께서는 거기서 이루어지는 성령의 일을 읽으실 수 있습니다. 봉랍에 인장이 희미하게 찍혔다 해도 유언이 인정되어 재산이 양도됩니다. 주님을 향한 선한 것이 그 마음에 보이면 (아비야의 경우처럼) 하나님께서 받아 주실 것입니다.왕상 14:13

chapter **06.**

경건을 권면함

지금도 여전히 육신의 상태에 있는 이들, 그래서 하나님의 일의 향기를 전혀 음미한 바 없는 그들에게 간곡히 청하노니, 부디 힘써서 경건한 사람의 이 특징들을 마음에 새기십시오. 경건이 비록 (테르툴리아누스 시대에 그리스도인이라는 이름을 소유함이 범죄였듯이) 세상의 조롱과 미움의 대상이라 해도 이 경건을 자신의 신념으로 받아들이기를 부끄러워 맙시다. 핍박받는 경건이 번창하는 악보다 좋음을 알아야 합니다. 경건 없이 온 세상을 소유한들 무슨 소용입니까? 박식하되 불경건함은 빛의 천사로 가장한 마귀와 같습니다. 아름답되 불경건함은 더러운 방에 걸린 멋진 그림과 같습니다. 세상의 영예를 누리되 불경건함은 고관대작의 예복을 걸친 원숭이와 같고, 머리는 순금이요 발은 진흙으로 된 그 신상과 다를 바 없습니다.^{단 2:32-33} 마음을 고귀하게 하고 성별해서 하나님과 천사들마저 이 마음을 사랑하지 않을 수 없도록 하는 것이 바로 경건입니다.

경건의 본질을 추구합시다. 성령의 일반 사역에 기대서는 안 됩니다. 지적이고 논리적인 것으로 충분하다는 생각은 버리십시오. 남들에게 찬사를 받을 정도로 경건을 논할 줄 안다 해서 그의 영혼도 경건의 향기를 느끼는 것은 아닙니다. 악기는 남들에게 아름다운 소리를 들려주지만 저 자신은 제 소리를 전혀 느끼지 못합니다. 유다는 그리스도에 대해 고상한 말을 할 줄 알았지만 그분에게서 나오는 효능은 느끼지 못했습니다.

감정의 사소한 동요를 믿어서는 안됩니다. 위선자들도 아합처럼 슬퍼할 수 있고 발람처럼 소원할 수 있을 것입니다. 하지만 이러한 감정은 경박하고 일시적이며 참된 경건과는 전혀 상관이 없습니다. 오, 그러니 그 왕의 딸처럼 되기 위해 노력합시다. "왕의 딸은 그 속이 온통 영화롭다."시 45:13, 옮긴이 사역

이제 나는 사람들을 경건에 이르도록 설득하고자 몇 가지 강력한 동기와 논점을 제시할 것입니다. 주께서 성령의 능력으로 이 내용을 사람들의 마음에 못처럼 단단히 고정해 주시기를 빕니다.

1. 불경건한 상태에 머물러 있는 것은 비참한 일입니다

이 사실을 진지하게 검토할 때, 사람들은 소돔에서 빠져나올 수 있을 것입니다. 불경건한 자들의 재앙은 다음의 아홉 가지 항목으로 나타납니다.

첫째, 그들은 죽음의 상태에 있습니다. "허물과 죄로 죽었던."^{엡 2:1} 생명의 원리이신 그리스도에게서 단절된 자들은 명백히 죽어 있습니다. 영혼 없는 몸이 죽은 것이듯 그리스도 없는 영혼 또한 죽은 것입니다. 이 영적인 죽음은 그 결과를 보면 확연합니다. 그 죽음으로 인해 그들은 감각을 잃습니다. 죄인들에게는 하나님에 대한 감각이 없습니다. "그들은 수치의 감각을 잃고……."^{엡 4:19} 그들의 도덕적 자질은 시체 위에 뿌린 꽃에 불과합니다. 그러니 지옥이란 죽은 자들을 매장하는 무덤이 아니고 무엇이겠습니까?

둘째, 그들이 바치는 제물은 오염되었습니다. 밭을 갈든 기도를 하든 악인들이 하는 일은 다 죄입니다. "악한 사람의 제사는 주님께서 역겨워하시지만……."^{잠 15:8} 우물이 오염되면 두레박으로 길어 올린 물도 깨끗할 수 없습니다. 마음에 죄가 가득하면 거기서 나오는 신앙의 의무도 정결할 수 없습니다. 규례를 지키지 않는 불경건한 자들은 누구나 할 것 없이 얼마나 처지가 딱한지 모릅니다. 그들은 자신들이 지키지 않는 규례는 경멸하고 지키는 규례는 더럽혀 놓습니다.

셋째, 불경건하게 살다가 죽은 자들은 은혜의 언약에 대한 권리가 없습니다. "그때에 여러분은 그리스도와 상관이 없었고……약속의 언약과 무관한 외인으로서."^{엡 2:12} 언약의 울타리 바깥에 있음은 저 옛 세계에서 방주 바깥에 있었던 경우와 같습니다. 언약은 복음의 헌장이며, 이 헌장에는 영광스러운 특권이 풍부하게 기록되어 있습니다. 그렇다면 이 언약의 혜택을 주장할 수 있는 사람은 누구입니까? 오로지 그 마음이 은혜로 장식된 사람들뿐입니다. 헌장을 읽어 보십시오. "너희에게 새로운 마음을 주고 너희 속에 새로운 영을 넣어 주며……나는 너희의 하나님이 될 것이다."겔 36:26, 28 불경건한 상태로 죽는 자는 새 언약과 아무런 상관이 없으니, 이는 산골의 농부가 시청의 혜택과 아무런 관련이 없는 것과 같습니다.

하나님께서는 먼저 서신을 쓰신 후에 직인을 찍으십니다. "여러분은 분명히 그리스도께서 쓰신 편지입니다.……그것은 먹물로 쓴 것이 아니라 살아 계신 하나님의 영으로 쓴 것이요, 돌판에 쓴 것이 아니라 가슴 판에 쓴 것입니다."고후 3:3 여기에 황금의 서신이 있습니다. 이 편지는 믿음으로 작성합니다. 이 편지가 기록되는 판은 가슴판입니다. 편지를 쓰는 손가락은 성령입니다. 이처럼 성령께서 편지를 쓰신 연후에 성령의 날인이 있습니다. "여러분도 그리스도 안에서……복음을 듣고서 그리스도를 믿었으므로, 약속하신 성령의 날인을 받았습니다."엡 1:13 말하자면 여러분은 영광의 확신으로 날인을 받은 것입니다. 그러니 불경건한 자들—가슴판에 편지가 없는 사람들—이 언약의 날인과 무슨 상관이 있겠습니까?

넷째, 그들은 영적인 바보입니다. "내가 어리석은 자들에게는 어리석게 행동하지 말라고 했고, 악한 자들에게는 뿔을 들지 말라……고 했다."시 75:4-5, 옮긴이 사역 자식이 용모는 뛰어나지만 백치나 다름없는 바보라면 부모로서는 기쁠 것이 없을 것입니다. 성경은 죄인들을 줄곧 바보로 규정하는데, 이참에 한 마디 하자면,

차라리 이성 없는 바보가 될지언정 은혜 없는 바보는 되지 마십시오. 은혜 없는 바보는 마귀가 부리는 바보입니다.잠 14:9 막대한 유산을 거절한다면 바보 아닙니까? 하나님께서 그리스도와 구원을 주시겠다는데 죄인들은 이 유산을 거부합니다. "이스라엘은 내 뜻을 따르지 않았다."시 81:11 유산을 마다하고 눈앞에서 번쩍이는 동전에 혹한다면 바보 아닙니까? 이것이 대들보는 썩게 놓아두고 집 벽이나 열심히 칠하자는 것과 무엇이 다르겠습니까? 자신의 사자에게 꿩을 먹이로 주던 그 황제처럼, 마귀에게 자신의 영혼을 먹이려 한다면 바보 아닙니까? 제 함정을 제가 판다면,잠 1:18 스스로 패가망신을 도모한다면,합 2:10 죽음을 사랑한다면잠 8:36 바보 아닙니까?

다섯째, 그들은 쓸모없는 자들입니다. "내가……네 무덤을 준비하리니 이는 네가 쓸모없게 되었음이라."나 14절 죄는 사람을 천하게 만듭니다. 사람의 이름을 더럽히고 피를 오염시킵니다. "너희 모두는 다른 길로 빗나가서 하나같이 썩었으니."시 14:3 히브리어 성경에는 "그들은 악취를 풍기게 되었다"로 되어 있습니다. 악인들에게는 아무리 심한 이름을 갖다 붙여도 과하지 않습니다. 그들은 돼지요마 7:6 독사이며마 3:7 악마입니다.요 6:70 또 악인들은 찌꺼기이니,시 119:119 천국은 너무 깨끗해서 이러한 찌꺼기들이 섞여 들어올 수 없습니다.

여섯째, 그들이 현세에서 누리는 자비는 심판으로 이어집니다. 악인들은 건강과 부를 원 없이 누리겠지만시 73:7 "그들 앞에 차려 놓은 잔칫상이 도리어……덫이" 됩니다.시 69:22 죄인들이 여기서 자비를 누리는 것은 하나님의 허락으로 인함일 뿐 그분의 사랑 때문이 아닙니다. 이스라엘 백성들이 그토록 교만해질 것 같았으면 차라리 메추라기가 없는 편이 더 나았을 것입니다. 불경건한 자들은 강도들입니다. 그들에게는 지금 소유하고 있는 것에 대한 영적인 권리가 없습니다. 그들이 가진 좋은 것들은 포목점에서 값도 치르지 않고 집어 온 옷감과 같습니다. 마침내 죽음이 오면 슬픈 계산서를 내밀 것입니다.

일곱째, 그들이 현세에서 받는 심판은 불쌍하게 보아주셔서 제거된 것이 아닙니다. 바로는 화살 열 발(열 재앙)을 맞았고, 그 재앙은 모두 제거되었습니다. 하지만 그의 마음이 여전히 강퍅했던 것처럼 그 열 재앙도 불쌍히 여기셔서 제거해 주신 것이 아니었습니다. 그것은 보전이 아니라 유예였습니다. 하나님께서는 바로를 잠시 남겨두셨다가 바다 깊은 곳에 수장시킴으로써 당신의 정의를 보여주시는 중대한 기념비로 삼으셨던 것입니다. 그분께서는 사람들의 죄를 용서하지 아니하실 경우에도 더러 그들의 생명을 유예해 주십니다. 악인들은 유예의 자비는 받아도 구원의 자비는 받지 못합니다.

여덟째, 그들은 살아 있는 내내 하나님의 진노와 대면해야 합니다. "아들에게 순종하지 않는 사람은 생명을 얻지 못하고 도리어 하나님의 진노를 산다."요 3:36 은혜 없는 자는 사면받지 못한 자와 같습니다. 그러니 한시라도 처형의 두려움을 벗어날 길이 없습니다. 이러할진대 악인들에게 무슨 낙이 있겠습니까? 그들의 머리 위에는 하나님의 정의의 칼이 드리워져 있고 그들의 발밑에서는 지옥불이 타오르고 있습니다.

아홉째, 그들은 죽어서도 하나님의 진노를 감당해야 합니다. "악인들이 갈 곳은 스올……그곳뿐이다."시 9:17 나는 에티오피아에 있다는 어느 자철광에 대해 읽었는데, 이 자석은 두 극을 가지고 있어서 한 쪽으로는 철을 끌어오고 다른 한 쪽으로는 밀어낸다고 합니다. 하나님께서도 이와 같은 방식으로 두 손을 가지고 계시니, 한 손으로는 경건한 사람들을 천국으로 끌어올리시고 또 한 손으로는 죄인들을 지옥으로 밀어 넣으실 것입니다. 오, 지옥은 얼마나 무서운 곳인지요! 이 지옥을 일러 불바다라고 합니다.계 20:15 바다라 함은 지옥의 고통이 그만큼 많다는 뜻이요, 이에 더하여 불바다라 함은 그 형벌의 정도가 말할 수 없이 극렬하다는 뜻입니다. 불만큼 고통스러운 원소는 없습니다. 스트라보는 그의 책 『지리학』에서 갈릴리의 한 호수를 언급하는데, 이 호수는 무엇을 던져 넣든 표피가 다 익어 버릴 만큼 유독하다고 합니다. 그러나 어찌합니까. 저주받은 자들이 들어갈 그 불바다에 비하면 이 호수는 무척 시원한 편이니 말입니다. 지옥의 불바다가 얼마나 무서운지 보여주는 두 가지 치명적인 특징이 있습니다.

(1) 이 불은 유황과 섞여 타오르는데,계 21:8 유황은 숨조차 쉴 수 없을 정도로 유독합니다.

(2) 이 불은 꺼지지 않습니다. 악인들은 불에 타 죽지는 않겠지만 화염 속에서 질식의 고통을 당할 것입니다. "그들을 미혹하던 악마도 불과 유황의 바다로 던져졌는데, 그곳은 그 짐승과

거짓 예언자들이 있는 곳입니다. 거기에서 그들은 영원히, 밤낮으로 고통을 당할 것입니다."계 20:10 불경건한 사람들의 저 비참한 처지를 보십시오! 그들은 다음 세상에서 끝없이 죽는 삶과 끝없이 사는 죽음을 영원히 겪어야 할 것입니다. 이만 하면 다들 놀라서 죄를 버리고 경건으로 돌아서야 할 줄로 압니다. 하지만 지옥불이 얼마나 뜨거운지 기어코 한번 맛보아야겠다는 사람들은 어쩔 도리가 없는 것 아닙니까?

2. 경건한 사람들은 진실로 드뭅니다

의인은 뛰어나므로 그 이웃의 인도자가 됩니다.잠 12:26 경건으로 장식한 사람에게서 나오는 광채는 태양의 빛살과도 같고 레바논의 포도주와도 같으며 아론의 흉패의 찬란함과도 같습니다. 경건한 사람의 뛰어남은 다음의 일곱 가지 항목으로 나타납니다.

첫째, 경건한 사람들은 귀중합니다. 따라서 그들은 하나님을 위해 구별되고 선택됩니다. "여호와께서 자기를 위하여 경건한 자를 택하신 줄 너희가 알지어다."시 4:3, 개역개정 우리는 소중한 것들을 따로 간직합니다. 경건한 사람들은 하나님의 가장 소중한 보물로,시 135:4 그분의 기쁨의 동산으로,아 4:12 그분의 왕관으로사 62:3 택함을 받습니다. 그들은 땅에 있는 고귀한 자들이며,시 16:3 순금에 비유되고,애 4:2 은처럼 단련되고 금처럼 시험을 거친 자들입니다.슥 13:9 그들은 피조세계의 영광입니다.사 46:13 오리게네스는 성도들을 사파이어와 수정에 비유합니다. 하나님께서는 그들을 보석이라고 부르십니다.말 3:17, 한글성경 "특별한 소유" 그들은 다음과 같은 이유로 보석입니다.

(1) 그 가치로 인해. 다이아몬드는 (플리니가 말하는바) 오랫동안 일반에 알려지지 않았고 왕들이나 그 존재를 알아 자신들의 왕관을 장식하는 데 사용했습니다. 하나님께서는 그분의 백성을 어찌나 귀하게 여기시는지, 이들을 되찾으시기 위해 여러 왕국을 몸값으로 지불하겠다 하십니다.^{사 43:3} 또 그분께서는 가장 귀하게 여기시는 보석인 자신의 아들을 그들을 위해 담보로 잡으셨습니다.^{요 3:16}

(2) 그 광채로 인해. 은혜의 진주 하나가 빛나 그리스도의 마음을 기쁘시게 할진대—"그대의 눈짓 한 번 때문에……나는 그대에게 마음을 빼앗기고 말았다."^{아 4:9} 말하자면, 그대의 은혜 하나가 그토록 빛난다면—모든 은혜가 별처럼 성단을 이룰 때는 얼마나 눈부시겠습니까!

둘째, 경건한 사람들은 존귀합니다. "내가 너를 보배롭고 존귀하게 여겨."^{사 43:4} 경건한 사람들은 "하나님의 손바닥에 놓여 있는 왕관"입니다.^{사 62:3} 그들은 명성이 자자한 나무입니다.^{겔 16:14} 그들은 자비의 그릇이며 존귀의 그릇입니다.^{딤후 2:21} 아리스토텔레스는 영예를 중요한 덕목이라 했습니다. 경건한 사람들은 거룩한 삼위일체와 대단히 유사합니다. 즉, 그들은 천사들의 보호를 받고, 몸에 하나님의 이름이 기록되어 있으며,^{계 3:12} 성령께서 그들 안에 살고 계십니다.^{딤후 1:14}

경건한 사람들은 거룩한 제사장입니다. 율법 시대에 제사장은 존귀한 자들이었습니다. 여호람 왕의 딸이 제사장 여호야다의 아내였습니다.대하 22:11 이집트인들의 경우, 제사장들 가운데서 왕을 선택하는 것이 관습이었습니다. 성도들은 신령한 제사를 드리는 거룩한 제사장입니다.벧전 2:9 그들은 <u>그리스도</u>와 더불어 공동상속자입니다.롬 8:17 그들은 왕입니다.계 1:6, 한글성경 "나라와 제사장" 노바리누스가 옛적의 한 왕에 대해서 이야기합니다. 이 왕이 가난한 그리스도인 한 무리를 불러들여 큰 잔치를 베풀었다고 합니다. 어찌하여 그 천한 사람들을 그토록 극진히 대접하느냐는 주변의 질문에 왕은 이렇게 대답했습니다. "나는 이 사람들을 지극히 높으신 하나님의 자녀로 예우해야 합니다. 영원한 세상에서는 이 사람들이 나의 왕이요 군주가 될 것입니다." 경건한 사람들은 어떤 면에서 천사들보다 높습니다. 천사들은 하나님의 친구이지만 이들은 그분의 신부인 것입니다. 천사들을 새벽별들이라고 하지만욥 38:7 성도들은 의로운 해를 옷으로 걸쳐 입습니다.계 12:1 모든 사람에게는 명예욕이 있다고 크리소스토무스는 말합니다. 그렇다면 경건한 사람들의 명예를 봅시다! "지혜가 으뜸이니 지혜를 얻어라. 네가 가진 모든 것을 다 바쳐서라도 명철을 얻어라. 지혜를 소중히 여겨라. 그것이 너를 높일 것이다. 지혜를 가슴에 품어라. 그것이 너를 존귀하게 할 것이다."잠 4:7-8 영원한 세상에서는 성도들의 영예의 기념비가 세워질 것입니다.

셋째, 경건한 사람들은 하나님께 사랑받습니다. "주님께서 사랑하시는 야곱의 자랑거리."시 47:4 거룩한 마음은 하나님께서 당신의 사랑의 꽃을 심으시는 동산입니다. 백성을 향하신 하나님의 사랑은 오래된 사랑이니, 영원에서부터 있었던 사랑입니다.엡

1:4 그분의 사랑은 비길 데 없이 뛰어난 사랑입니다. 그러니 경건한 사람들은 그분께서 진정으로 사랑하는 백성입니다.렘 12:7 세상 사람들은 하나님의 손가락에서 떨어지는 구호품을 받지만 경건한 사람들은 그분의 마음에서 떨어지는 사랑을 받습니다. 그분께서는 그리스도를 사랑하시듯 경건한 사람들을 사랑하십니다.요 17:26 그 사랑은 정도는 달라도 종류는 같습니다. 성도들은 여기서는 하나님의 사랑을 맛이나 볼 뿐이지만 천국에서는 복락의 강물을 마실 것입니다.시 36:8 게다가 하나님의 이 사랑은 영구적입니다. 죽음이 경건한 사람들의 생명은 빼앗아 가도 하나님의 사랑은 빼앗아 가지 못합니다. "내가 영원한 사랑으로 너를 사랑하기에."렘 31:3, 개역개정

넷째, 경건한 사람들은 분별력이 있습니다. 그들은 통찰력과 선견지명이 뛰어납니다.

(1) 그들은 통찰력이 뛰어납니다. "신령한 사람은 모든 것을 판단"합니다.고전 2:15 경건한 사람은 사람과 일을 꿰뚫어 봅니다. 그들은 하나님께 기름 부음을 받았으므로 사람을 통찰하고, 분별의 영으로 귀한 것과 천한 것을 분간할 줄 압니다.렘 15:19 하나님의 백성은 무턱대고 비판하지 아니하고 언제나 사려 깊게 판단합니다. 그들은 드러낸 가슴과 분칠한 얼굴을 보고 음탕한 마음을 압니다. 그들은 신랄한 혀를 보고 원한에 찬 마음을 압니다. 그들은 열매를 보고 나무를 압니다.마 12:33 그들은 악인들에게서 나타나는 죄의 재앙의 징후를 볼 수 있으니, 그러한 죄인들의 장막을 떠나는 것입니다.민 16:26

경건한 사람들은 신비한 일들을 꿰뚫어 보는 능력이 있습니다. 그들은 자신들의 마음의 신비를 많이 압니다. 나라의 복잡한 일들을 줄줄이 꿰고 있는 정치인도 제 마음의 신비는 알지 못합니다. 정치인들이 제 마음이 깨끗하다고 맹세하듯 말하는 소리를 우리는 종종 듣습니다만, 하나님의 자녀는 마음의 무수한 악을 봅니다.^{왕상 8:38} 거기에 비록 은혜의 꽃들이 얼마간 자라고 있다 해도, 하나님의 자녀는 죄의 잡초가 얼마나 빨리 퍼져 나가는지 알고 있으므로 회개와 죄죽임으로 부단히 자기 마음의 잡초를 제거합니다.

경건한 사람들은 시대의 신비를 분간할 줄 압니다. "그들은 때를 잘 분간할 줄 알고, 이스라엘이 하여야 할 바를 아는 사람들이다."^{대상 12:32} 경건한 사람들은 한 시대가 저물어 가는 것을, 그래서 하나님의 이름이 더럽혀지고 그분의 사자들이 경멸을 당하며 그분의 복음이 빛을 잃어가는 때를 압니다. 하나님의 백성들은 그들의 옷을 더럽히지 않으려고 노력합니다.^{계 16:15} 그들은 자신들로 인해 때가 더 악해지는 일이 없도록 또한 시대로 인해 자신들이 더 악해지는 일이 없도록 각별히 마음을 씁니다.

경건한 사람들은 믿음으로 사는 삶의 신비를 압니다. "나의 의인은 믿음으로 살 것이다."^{히 10:38} 그들은 하나님을 더듬어 찾을 수 없는 곳에서도 그분을 신뢰할 줄 압니다. 그들은 모세가 바위에서 물을 얻듯^{출 17:6} 약속에서 위로를 얻습니다. "무화과나무에 과일이……없을지라도 나는 주님 안에서 즐거워하련다."^{합 3:17-18}

(2) 그들은 선견지명이 뛰어납니다. 그들은 유혹의 해악을 예견합니다. "우리는 사탄의 속셈을 모르는 것이 아닙니다."^{고후 2:11} 악인들은 유혹을 알약처럼 집어삼키고, 돌이킬 수 없이 늦어서야 그 알약으로 인한 양심의 괴로움을 느낍니다. 하지만 경건한 사람들은 유혹을 예견하고 근처에는 얼씬도 하지 않습니다. 그들은 푸른 풀밭 아래 숨은 뱀을 봅니다. 그들은 사탄의 친절이 얼마나 교묘한지 압니다. 사탄은 입다의 딸이 한 것처럼 합니다. 그래서 사람들 앞에서 소구를 잡고 춤을 추며^{삿 11:34} 유혹해서는 패가망신하게 합니다.

경건한 사람들은 현세적인 위험을 예견합니다. "슬기로운 사람은 재앙을 보면 숨고 피하지만."^{잠 22:3} 하나님의 백성은 진노의 구름이 한 나라에 임박해 있음을 알고 방으로(하나님의 속성과 약속 안으로) 또한 바위틈으로(그리스도의 피 흘린 상처 속으로) 들어가 숨습니다.^{사 26:20} 그러므로 그들에게 지혜로운 처녀들이라는 이름이 붙는 것은 당연합니다.

다섯째, 경건한 사람들은 한 나라의 성벽입니다. "나의 아버지! 나의 아버지! 이스라엘의 병거이시며 마병이시여!"^{왕하 2:12} 경건한 사람들은 한 도시와 나라가 무너지지 않도록 떠받치는 기둥입니다. 그들은 한 나라에 내릴 심판을 방지합니다. 헥토르가 살아 있는 한 트로이는 함락될 수 없다는 고사가 있습니다. 하나님께서는 롯이 빠져나가기 전까지는 소돔에 손을 대실 수 없었습니다.^{창 19:22} 정예의 그리스도인들은 놋성벽입니다. 하나님께서는 소수의 경건한 백성들만 없다면 즉시 이 세상에 심판을 집행하실 것입니다. 하나님께서 과연 주정뱅이와 욕설꾼들 때문에 세상을 보전하시겠습니까? 그분께서는 선택하신 소수의 백성이 함께 타고 있지 않다면 교회와 나라의 배를 곧 침몰시키실 것입니다. 사정이 이러함에도 사람들은 분별이 없어서 성도들을 모함하고, 복을 불러오는 그들을^{사 19:24} 오히려 골칫거리로 여깁니다.

여섯째, 경건한 사람들은 용감하고 영웅적입니다. "나의 종 갈렙은 그 마음이 남과 다르고."^{민 14:24} 그리고 다니엘에게는 탁월한 정신이 있었습니다.^{단 5:12} 경건한 사람들은 저열하고 야비한 것을 싫어합니다. 그들은 양심을 팔아 제 지갑을 불리는 일은 하지 않습니다. 그들은 하나님의 일을 위해 숭고하고 담대한 정신을 발휘합니다. "의인은 사자처럼 담대하다."^{잠 28:1} 성도들은 그리스도인이라는 고귀한 신분에 합당하게 살아갑니다. 그래서 하나님의 사랑을 열망하고 영광을 사모합니다. 그들은 세상 사람들이 마음 바치는 곳을 발로 밟고 다닙니다. 그들은 복음의 깃발을 높이 내걸고 세상에서 그리스도의 이름과 영향력을 드높입니다.

일곱째, 경건한 사람들은 행복합니다. 발락 왕은 사람들을 보내 하나님의 백성을 저주하려 했지만, 주께서 허락지 아니하셨습니다. "하나님이 발람에게 말씀하셨다. '……그 백성은 복을 받은 백성이니 저주하지도 말아라.'"^{민 22:12} 그리고 후일 모세는 하나님께서 왕이 의도한 저주를 복으로 바꾸신 이 일을 중요한 사건으로 기록합니다. "주님께서 발람의 말을 듣지 않으시고 오히려 그 저주를 복으로 바꾸셨습니다."신 23:5 언제나 강한 편에 서 있는 사람들은 행복할 수밖에 없습니다. "여호와는 내 편이시라."시 118:6, 개역개정 어떠한 형편도 거룩한 축복으로 되돌려 받는 이들,롬 8:28 살아서 평안을 누리고시 119:165 죽어서 영광을 누리는시 73:24 이들은 행복합니다. 이만하면 모두의 마음이 끌려 경건한 사람이 되어야 하지 않겠습니까? "이스라엘이여, 너는 행복한 사람이로다. 여호와의 구원을 너같이 얻은 백성이 누구냐."신 33:29, 개역개정

3. 경건을 얻기 위해 노력함은 지극히 이성적입니다

다른 사람이 된다는 것은 더할 수 없이 이성적인 행동입니다. 육신의 토양에 그대로 머물러 있어서 죄로 오염된다면—두꺼비가 천사가 될 수 없듯 하나님과 사귀는 일은 사실상 불가능하므로—변화를 추구함이 이치에 맞습니다.

이 변화는 더 나은 변화이므로 이성적입니다. "너희가 전에는 어둠이더니 이제는 주 안에서 빛이라."엡 5:8, 개역개정 어두운 감옥을 왕궁으로 바꾸기 싫어하는 사람이 있습니까? 놋쇠를 금으로 바꾸어 주겠다는데 마다할 사람이 있습니까? 경건하게 되는 사람은 더 나은 쪽으로 변화하는 것입니다. 여러분은 교만을 겸손으로, 더러움을 거룩함으로 바꿉니다. 여러분을 지옥으로 빠뜨릴 쾌락을 여러분을 구원하실 그리스도로 바꿉니다. 전혀 이성이 없지 않다면, 혹 머리가 어떻게 되지 않았다면, 경건하게 됨이 세상에서 가장 이치에 맞는 일임을 사람들은 알 것입니다.

4. 경건은 뛰어납니다

"금보다 뛰어난 것은 무엇인가? 벽옥이다. 그러면 벽옥보다 뛰어난 것은 무엇인가? 덕이다." 경건의 뛰어남은 다음의 몇 가지 방식으로 나타납니다.

첫째, 경건은 우리의 영적인 아름다움입니다. "주의 백성이 거룩한 옷을 입고."시 110:3, 개역개정 빛이 세상을 비추어 아름답게 한다면 경건은 영혼을 비추어 아름답게 합니다. 하나님께서 우리를 보아주심은 우리의 아름다움 때문이지 결코 우리의 위대함 때문이 아닙니다. 거룩함이 아니라면 천사가 아름다운 까닭이 무엇입니까? 경건은 성령의 정교한 작품입니다. 경건을 갖춘 영혼은 아름다움으로 충만하고 정결함으로 빛납니다. 이는 금으로 수놓은 옷감과 같으니 하늘의 왕께서 우리를 사랑하지 아니하실 수 없습니다. 거룩함이 뛰어나지 않다면 위선자들이 애써서 거룩한 체할 필요가 없을 것입니다. 경건으로 인해 성도들은 영광으로 빛납니다. 그리스도의 비둘기들의 찬란한 황금 깃털이 아니면 은혜가 달리 무엇입니까?시 68:13

둘째, 경건은 우리의 방어입니다. 은혜는 "빛의 갑옷"이라고 합니다.롬 13:12 아름다우므로 빛이고 방어해 주므로 갑옷입니다. 그리스도인은 하나님께서 지으신바 무엇으로도 뚫을 수 없는 갑옷을 가지고 있습니다. 그에게는 믿음의 방패와 소망의 투구와 의의 흉배가 있습니다. 이 갑옷은 튼튼해서, 유혹의 맹습을 막고 지옥의 두려움을 견뎌 냅니다.

셋째, 경건은 참된 평안을 낳습니다. "주님의 법을 사랑하는 사람에게는 언제나 평안이 깃들고."시 119:165 경건은 마음을 가라앉혀 센바람이나 폭풍우가 없는 저 위에 있는 나라처럼 고요하고 평화롭게 합니다. 평화의 왕께서 들어와 사시는 그 마음이 어찌 소란스러울 수 있겠습니까? "여러분 안에 계신 그리스도."골 1:27 거룩한 마음은 솔로몬 성전의 문에 비유될 수 있는데, 이 문은 올리브나무로 만들었고 활짝 핀 꽃 모양이 새겨져 있었습니다.왕상 6:32 이처럼 그 마음에는 평화의 올리브와 활짝 핀 기쁨의 꽃이 있는 것입니다. 경건은 그리스도인의 기쁨을 눌러 없애는 것이 아니라 더 고상하게 끌어올립니다. 그의 장미에는 가시가 없고, 그의 포도주에는 거품이 없습니다. 하늘나라의 사랑을 받는 이는 기쁨과 평화가 넘칠 수밖에 없습니다. 그는 자신의 영혼에게 진정으로 축하의 노래를 불러 주며 이처럼 말합니다. "영혼아,……너는 마음 놓고……."눅 12:19 프톨레마이오스 왕이 어떤 이에게 어떻게 해야 꿈을 꿀 때 마음이 편안할 수 있느냐고 물었습니다. 그가 대답했습니다. "전하께서 하시는 모든 일을 신심의 눈으로 헤아리십시오." 누군가 내게 어떻게 해야 깨어 있을 때 마음이 편안할 수 있느냐고 묻는다면, 나 또한 비슷한 대답을 내놓을 것입니다. "당신의 영혼에 경건을 새기십시오."

넷째, 경건은 수지맞는 장사이니 이득을 냅니다. 악인들은 말합니다. "하나님을 섬기는 것은 헛된 일이다.……무슨 유익이 있단 말인가?"말 3:14 죄에는 당연히 이익이나 유익이 없습니다. "불의의 재물은 무익하여도."잠 10:2, 개역개정 하지만 경건은 유익합니다. "경건은 범사에 유익하니."딤전 4:8, 개역개정 경건은 금을 캐는 것과 같아서 힘이 많이 들지만 이득도 많습니다. 이 경건을 보시고 하나님께서는 자신을 우리의 분깃으로 주십니다. "아, 주님, 주님이야말로 내가 받을 유산의 몫입니다."시 16:5 하나님이 우리가 받을 유산이요 분깃이면 우리의 재산을 헤아릴 필요조차 없습니다. 하나님께서 자신을 주실 때는 다른 모든 것들이야 당연히 주십니다. 영지를 소유한 자는 누구나 거기에 딸린 모든 특권을 아울러 갖고 있습니다. 하나님께서는 썩어도 없어지지 않고 잃어버릴 염려도 없는 분깃이십니다.시 73:26 이와 같이 우리가 보듯, 경건은 번창하는 사업입니다.

또한 경건은 그 자체로 유익할 뿐 아니라 "모든 면에서" 유익합니다.딤전 4:8 모든 면에서 유익한 것이 경건 외에 또 무엇이 있습니까? 음식이 지혜까지 주지는 못합니다. 금으로 건강해지지 않습니다. 명예가 있다고 아름답기까지 한 것은 아닙니다. 하지만 경건은 모든 일에 유용합니다. 온갖 어려움을 막아 주고, 부족한 모든 것을 채워 주며, 영혼과 육체를 온전히 행복하게 합니다.

다섯째, 경건은 견고한 실체입니다. 그러므로 조락이 없습니다. 하지만 세상 즐거움에는 한결같이 죽음의 문양이 찍혀 있습니다. 그림자에 불과하며 쏜살같이 달아납니다. 지상의 안락은 바울의 친구들과 같습니다. 그들은 바울을 배로 데리고 가 홀로 남겨 두고 떠났습니다.행 20:38 이처럼 세상의 안락은 사람을 무덤으로 데리고 가서 작별하고 떠나 버립니다. 하지만 경건은 강탈당할 염려가 없는 재산입니다. 경건은 영원과 나란히 갑니다. 완력에 눌리지 않고 세월에 시들지 않습니다. 담대히 고난에 맞서고 죽음을 견딥니다.^{잠 10:2} 죽음이 비록 우리 육신의 줄기를 꺾을지라도 그 위에 핀 은혜의 꽃은 온전히 보전됩니다.

여섯째, 경건은 그토록 뛰어나므로 아무리 악한 자들이라 해도 장차 죽을 때는 이 경건을 얻어 가고 싶어 합니다. 지금은 비록 경건이 멸시와 수모를 당하고 있지만 죽을 때는 누구나 경건해지고 싶어 합니다. 어떤 철학자가 한 젊은이에게 돈 많은 왕 크로이소스와 덕망스러운 소크라테스 중 누구처럼 되고 싶으냐고 물었습니다. 젊은이는 크로이소스처럼 살다가 소크라테스처럼 죽고 싶다고 대답했습니다. 이와 같이 사람들은 악인들처럼 쾌락을 누리며 살고 싶어 하지만 죽을 때만큼은 경건한 사람들과 같기를 원합니다. "나는 정직한 사람이 죽듯이 죽기를 바란다. 나의 마지막이 정직한 사람의 마지막과 같기를 바란다."^{민 23:10} 그러므로 죽을 때 경건이 그토록 절실한 것이라면 지금 당장 추구하지 못할 이유가 무엇입니까?

5. 경건한 사람들이 너무 적습니다

지금 경건한 사람들은 추수 끝난 들판의 이삭과 같습니다. 세상 사람들 대다수는 짐승의 표를 받습니다.^{계 13:17} 마귀는 오는 손님들을 모두 받을 요량으로 제 집을 개방하고 있거니와, 이 집에 손님이 없는 때가 없습니다. 이것을 봐서라도 우리는 경건해야 합니다. 성도들의 수가 그토록 적다면 우리는 더더욱 힘써 이 진주들의 무리에 들어야 하는 것입니다! "남은 사람만이 구원을 얻을 것이다."^{롬 9:27} 다수와 함께 지옥에 가느니 소수와 함께 천국에 감이 훨씬 좋습니다.

6. 경건을 도외시하고 매달리는 다른 것들은 헛됩니다

사람들은 이생의 일들에 사로잡혀 있으니, 바람을 잡으려는 수고를 한들 무슨 보람이 있습니까?전 5:16 바람이 우리를 채워 줄 수 있습니까? 금덩이가 만족은커녕 숨이나 막히게 하는 흙먼지 암 2:7 아니면 무엇입니까? 해 아래 가장 아름답다는 것도 한 꺼풀 벗기고 들여다보면 온갖 근심이 눌어붙어 있습니다. 그런데 이와는 비교도 할 수 없이 큰 근심이 아직 남아 있으니, 장차 하나님 앞에 가서 해명해야 한다는 것입니다. 세상일들은 물거품이나 별똥별과 같습니다.

하지만 경건은 진정한 가치가 있습니다. 참된 영예라 하면 하나님께로서 나는 것이요, 참된 용기라 하면 믿음의 선한 싸움을 싸우는 것이며, 참된 기쁨이라 하면 성령 안에서 누리는 기쁨입니다. 오, 그러니 경건을 맞아들입시다! 이제 참된 것을 얻어야 합니다. 그리고 다른 것들에 대해서는 이렇게 말할 수 있습니다. "그들은 꾸며 낸 꿈 이야기를 하며 헛된 말로 위로하니."슥 10:2

chapter **07.**

경건에 도움이 되는 몇 가지 처방

그렇다면 우리는 어떻게 해야 경건해질 수 있습니까? 이제부터 경건에 이르기 위한 몇 가지 규칙 혹은 도움을 제시하겠습니다.

첫째, 경건을 증진할 수 있는 모든 수단을 부지런히 사용하십시오. "너희는 좁은 문으로 들어가기를 힘써라."눅 13:24 목적은 추구하라고 있는 것 아닙니까? 경건을 깊이 평가해 보고, 그것을 얻기에 가장 적합한 수단들을 실행하십시오.

둘째, 세상을 조심하십시오. 흙덩어리가 별이 되기는 난망한 일입니다. "여러분은 세상이나 세상에 있는 것들을 사랑하지 마십시오."요일 2:15 많은 이들이 경건하게 되고 싶어 하지만, 세상 명예와 이득을 쫓아 방향을 바꿉니다. 세상이 머리와 가슴에 들어차 있으면 그리스도께서 계실 자리가 없습니다. 땅에 마음의 뿌리를 내린 자들은 경건을 비웃기 십상입니다. 우리 구주께서 죄를 대적하여 가르치실 때 "돈을 좋아하는 바리새파 사람들이 이 모든 말씀을 듣고 나서 예수를 비웃었"습니다.눅 16:14 세상에 마음을 빼앗기면 경건을 얻을 수 없으니, 담쟁이덩굴에 수액을 빼앗기면 참나무를 얻을 수 없음과 같습니다. 세상은 황금 화살로 사람들을 죽입니다.

셋째, 거룩한 생각이 몸에 배도록 하십시오. 깊이 생각하면 모든 것이 제 색깔을 드러냅니다. 죄의 해악과 은혜의 빛이 거기서 보입니다. 거룩한 생각으로 머리가 맑아지고 마음이 선해집니다. "내가 내 행위를 생각하고 주의 증거들을 향하여 내 발길을 돌이켰사오며."시 119:59, 개역개정 사람들이 온갖 소음과 분주함에서 조금만 비켜나 날마다 반 시간만이라도 자신의 영혼과 영원에 대해 생각한다면, 그들 안에 놀라운 변화가 일어날 테니 깊은 생각이 참되고 복스러운 회심에 기여하는 바가 적지 아니할 것입니다.

넷째, 마음을 지키는 파수꾼이 되십시오. 그리스도께서는 제자들에게 이와 같은 구호를 주셨습니다. "그러므로 깨어 있어라."마 24:42 마음은 우리가 알기도 전에 이미 우리를 죄로 몰아갑니다. 교묘한 마음에는 감시의 눈이 필요합니다. 여러분의 생각과 감정을 지키십시오. 마음에는 열고 달아날 문이 셀 수 없이 많습니다. 오, 여러분의 영혼을 단단히 지키십시오! 언제나 초소 위에 올라가 서십시오.합 2:1 죄를 대적하여 기도했으면 유혹에 대적하여 파수를 서십시오. 세상 대부분의 악은 파수를 서지 않아 저질러집니다. 그러니 경건은 파수꾼을 붙임으로 유지됩니다. 경건이 마모되지 않게 하려면 테두리를 씌워야 하는 것입니다.

다섯째, 시간 사용에 부끄러움이 없도록 하십시오. "세월을 아끼십시오."엡 5:16 시간을 낭비하는 이들이 많습니다. 쓸데없이 사람들을 찾아다니거나 오락과 유흥에 빠져서 시간을 소모하는데, 이는 우리도 모르는 사이에 마음을 현혹해 더 좋은 것들에서 멀어지게 합니다. 황금 같이 귀한 시간을 우리의 영혼을 돌보는 데 쓰지 않고 무엇에 쓴단 말입니까? 잘못 사용한 시간은 사용한 시간이 아니라 잃어버린 시간입니다. 시간은 소중한 일용품입니다. 밀랍은 그 자체로는 별 가치가 없지만 유언장의 봉인으로 사용되어 재산 양도의 증거가 될 때는 엄청난 가치가 있습니다. 시간 역시 그 자체로는 대단한 것이 아니지만, 구원이 바로 이 시간 속에서 이루어지고 천국의 양도가 이 시간의 선용 여부에 달려 있다고 할 때는 무한한 가치가 있는 것입니다.

여섯째, 여러분은 이 세상에 잠시 체류할 뿐임을 기억하십시오. "우리가 세상에 사는 날이 마치 그림자와 같아서 의지할 곳이 없습니다."대상 29:15 요람에서 무덤까지는 한 뼘 길이에 불과합니다. 솔로몬은 태어날 때가 있고 죽을 때가 있다는 말은 하면서전 3:2 사는 때에 대해서는 말이 없습니다. 인간의 삶이란 너무 짧아서 언급할 가치도 없다는 듯이 말입니다. 시간은 한번 가면 다시 불러올 수 없습니다. 성경은 시간을 날아가는 독수리에 비유합니다.욥 9:26 하지만 독수리와 시간은 이 점에서 차이가 있는데, 말하자면 독수리는 앞으로 날아갔다 되돌아오지만 시간은 오로지 앞으로 가는 날개만 있어서 결단코 되돌아올 수 없습니다.

"시간은 돌이킬 수 없이 흐른다." 우리는 여기서 잠시 머물다 갈 뿐이라는 생각을 해야 경건의 증진에 큰 도움이 될 것입니다. 우리가 준비도 하기 전에 죽음이 닥치면 어찌합니까? 하나님의 성령께서 숨결로 들어오시기도 전에 우리의 숨이 끊어지면 어찌합니까? 생명이 덧없이 날아가는 것임을 기억하는 사람은 서둘러 회개할 것입니다. 하나님께서는 일을 빨리 마치기로 작정하셨으면 오래 끌지 아니하십니다.

일곱째, 여러분이 창조된 목적은 거룩함이니, 이것을 여러분의 좌우명으로 삼으십시오. 하나님께서는 오로지 먹고 마시고 좋은 옷 입으라고 사람들을 세상에 보내신 것이 아니라 "우리가 평생 동안 주님 앞에서 거룩하고 의롭게 살아가게"눅 1:75 하기 위하여 보내셨습니다. 하나님께서는 세상을 우리 영혼이 옷을 갈아입는 탈의실의 용도로만 만드셨고, 따라서 우리는 경건이라는 크나큰 사명을 띠고 이곳에 파견된 것입니다. 그러니 우리가 (짐승처럼 미개한 부분인) 육신만 돌본다면, 이는 저열하게도 우리 존재의 숭고한 목적을 저하시키는, 그렇습니다, 정반대로 왜곡하고 좌절시키는 일이 될 것입니다.

여덟째, 언제나 경건한 사람들과 함께하기를 힘쓰십시오. 경건한 사람들은 세상의 소금이니, 여러분이 맛이 들고 성숙해지는 데 도움이 될 것입니다. 그들의 조언이 여러분을 이끌 수 있고 그들의 기도가 여러분에게 힘이 될 수 있습니다. 여러분 안에 경건의 불을 일으킬 수 있는 거룩한 불꽃이 여러분의 가슴으로 옮겨 붙을 수 있는 것입니다. 틈나는 대로 성도들과 함께하여

경건의 사업을 배움이 좋습니다. "지혜로운 사람과 함께 다니면 지혜를 얻지만."잠13:20

chapter **08.**
굽힘 없이 경건에 힘쓰기를 권면함

경건의 옷을 입은 사람들—그래서 적어도 다른 이들의 눈에 경건하게 보이는 사람들—에게 나는 끝까지 경건에 힘쓰기를 권합니다. "우리는 흔들리지 말고 우리가 고백하는 그 소망을 굳게 지킵시다."^{히 10:23} 이는 요즘같이 마귀의 심부름꾼들이 만연한 때에 더할 수 없이 적절한 권면입니다. 마귀의 심부름꾼들이 하는 일이란 사람들을 흔들어, 이전에 고백하여 굳게 지키던 신앙에서 멀어지게 하는 것뿐입니다. 다음과 같은 그리스도인들이 보임은 슬픈 일입니다.

첫째, 신앙이 흔들리는 그리스도인들. 르우벤과 같은 사람들,^{창 49:4} 그래서 거친 파도와 같이 흔들리고 요동하는 사람들을 우리는 얼마나 많이 보는지 모릅니다. 마침맞게도 사도는 이들을 "거친 바다 물결이요, 길 잃고 떠도는 별들"에 비유합니다.^{유 13절}

그들은 경건의 원리에 확고하지 않습니다. 베자는 한 볼세쿠스를 가리켜 "그의 신앙은 달처럼 바뀌었다"고 썼습니다. 에비온파 사람들 역시 그러했으니, 그들은 유대교와 그리스도교의 안식일을 모두 지켰습니다. 자칭 그리스도인이라 하는 많은 사람들이 언제나 물이 들고 나는 에우리포스 강과 같아서 신앙의 들고 남이 수시로 바뀝니다. 그들은 갈대처럼 사방으로 흔들리며 미사로 또는 코란으로 몰려다닙니다. 그들은 또, 늘 변하며 일정한 운행 궤도를 좀처럼 보여주지 않는 수성과 같습니다. 그들은 천국과 거기서 받을 상급을 생각할 때는 경건하게 살고 싶어 하지만, 박해를 생각할 때는 그리스도를 버린 유대인들처럼 되어 더 이상 그와 함께 다니지 않습니다.^{요 6:66} 사람의 얼굴이 생각이 바뀌듯 수시로 바뀐다면 우리는 결코 그들을 알아볼 수 없을 것입니다. 이와 같이 신앙이 우유부단하고 흔들린다는 것은 단적으로 가볍다는 뜻입니다. 깃털은 종잡을 수 없이 날리는데, 깃털 같은 그리스도인들도 그러합니다.

둘째, 한때 얻었던 것 같았던 경건을 저버린 그리스도인들. 그들은 세상과 향락으로 돌아섰습니다. 그들이 둘렀던 경건의 옷이 몸에서 떨어져 내렸고, 사실 그들이 항성이 아니라면 당연히 유성일 수밖에 없습니다. 이 영적인 발작 혹은 간질이 지금처럼 만연한 적이 없었습니다. 사람이 이전에 소유했던 것 같았던 경건을 저버림은 무서운 죄입니다. 크리소스토무스는 말했습니다. "배교자들은 공공연한 악인들보다 더 악하다. 그들은 경건의 평판을 흐리게 한다." 테르툴리아누스가 하는 말도 있습니다. "배교자는 하나님과 사탄을 동시에 저울에 올려놓고 누구의 종살이가 더 나은지 달아본 다음, 사탄의 종살이를 더 낫게 판단하여 그를 최고의 주인으로 선언하는 것 같다." 그런 점에서 배교자는 그리스도를 드러내 놓고 욕되게 하는 자라고 합니다.히 6:6

이와 같은 변절의 끝은 처참할 것입니다.히 10:38 스피라가 겪은 양심의 고통이 어떠했습니까! 임종의 자리에 누워, 베드로처럼 주님을 부인했다고 소리치던 스티븐 가디너의 마음이 얼마나 무서웠겠습니까! 하지만 그는 베드로처럼 회개하지는 않았습니다! 우리가 경건을 굳게 붙들고 흔들리지 않도록 다음의 두 가지 사항을 실천합시다.

1. 우리의 고백을 점차 저버리게 하는 것들을 조심합시다

첫째, 탐욕을 조심합시다. "사람들은 자기를 사랑하며 돈을 사랑하며……겉으로는 경건하게 보이나 경건함의 능력은 부인할 것입니다."딤후 3:2, 5 다른 누구도 아닌 그리스도의 사도들 중 하나가 돈의 미끼에 걸려들었습니다. 탐욕은 대의를 배신하게 하고 선한 양심을 파탄에 이르게 합니다. 나는 발렌스 황제 시대의 어떤 사람들에 대해 읽은 적이 있는데, 이들은 물자 징발을 회피할 목적으로 그리스도교 믿음을 부인했다고 합니다.

둘째, 불신을 조심합시다. "형제자매 여러분, 여러분 가운데에 믿지 않는 악한 마음을 품고서 살아 계신 하나님을 떠나는 사람이 아무도 없도록 여러분은 조심하십시오."히 3:12 악한 것으로 치자면 악한 마음을 따를 것이 없는데, 악한 마음 중에서는 또 믿지 않는 마음이 최악입니다. 왜 그렇습니까? 믿지 않는 마음은 거룩하신 하나님을 떠나게 하기 때문입니다. 하나님의 자비를 믿지 않는 자는 그분의 정의를 두려워하지 않을 것입니다. 반역은 배교의 온상이니, 불신과 불안정은 늘 붙어 다닙니다. "그들이 하나님을 믿지 않고……그들은 하나님을 거듭거듭 시험하고."시 78:22, 41

셋째, 비겁함을 조심합시다. 선을 두려워하는 자는 악할 수밖에 없습니다. "사람을 두려워하면 올무에 걸리지만."잠 29:25 죄보다 위험을 더 무서워하는 자들은 위험을 피하기 위해 죄를 지을 것입니다. 오리게네스는 무서워서 우상 앞에 향을 바쳤습니다. 아리스토텔레스는 말했습니다. "카멜레온이 그토록 많은 색깔로 모습을 바꾸는 것은 극단적인 두려움 때문이다." 두려움은 사람들로 하여금 카멜레온이 색을 바꾸듯 빈번히 신앙을 바꾸게 합니다. 그리스도인들이여, 여러분은 그토록 오랫동안 공개적으로 경건을 고백했고, 다른 사람들 또한 그들의 목록에 여러분을 성도로 기록해 놓았는데, 어찌하여 여러분은 두려워 움츠립니까? 여러분이 시작한 일은 선합니다. 여러분은 죄를 대적하여 싸우고 있습니다. 여러분에게는 앞에서 이끌어 가시는 뛰어난 선도자가 계시니, 곧 그리스도 "구원의 창시자"히 2:10입니다. 여러분은 무엇을 두려워합니까? 자유를 잃을까 두렵습니까? 양심이 결박당해 있는데 자유가 무슨 소용입니까? 여러분의 평화를 잃고 자유를 지키느니 자유를 잃고 평화를 지키는 편이 낫습니다. 또 재산을 잃을까 두렵습니까? 여러분도 아마샤처럼 묻습니까? "지불한 은 백 달란트는 어떻게 하면 좋겠습니까?"^{대하 25:9} 나도 그 예언자와 같이 대답하겠습니다. "주님께서는 그것보다 더 많은 것을 임금님께 주실 수 있습니다."^{10절} 그분께서는 여러분에게 여기서 사는 동안 "백 배"를 주시겠다 약속하셨거니와, 이것 가지고도 안 된다면 아예 영원한 생명을 주실 것입니다.^{마 19:29}

2. 경건에 흔들림이 없도록 모든 수단을 사용합시다

첫째, 여러분의 영혼에 역사하는 은혜의 진정한 효능을 얻기 위해 노력합시다. 은혜야말로 최상의 방어입니다. "마음이……은혜로 튼튼해지는 것이 좋습니다."^{히 13:9}

질문 이 은혜의 진정한 효능이란 무엇입니까?

대답 그것은 두 가지로 드러납니다. 첫째, 은혜는 마음을 겸손하게 하는 효능에서 드러납니다. 죄의 가시가 바울의 양심을 찔렀습니다. "죄는 살아나고 나는 죽었습니다."^{롬 7:9-10} 다른 사람들에 비해 산고를 덜 느끼는 사람이 있듯이, 어떤 이들 역시 다른 사람들에 비해 덜 겸손할 수 있지만 양심의 고통을 느끼는 것은 모두가 같습니다.

둘째, 은혜는 마음을 변화시키는 효능에서 드러납니다. "그러나 여러분은……씻겨지고 거룩하게 되고."^{고전 6:11} 같은 육신에 전혀 다른 영혼이 들어와 사는 것처럼 한 사람이 온전히 변했습니다. 여러분이 하나님의 길에 굳건히 서고자 한다면, 부디 은혜의 이 필수 원리를 소유하십시오. 사람들이 신앙을 바꾸는 이유는 마음의 변화를 전혀 겪어 본 적이 없기 때문 아닙니까? 그들은 있는 은혜를 저버리는 것이 아니라 애초부터 은혜가 부족한 것입니다.

둘째, 신중하고 현명하게 판단합시다. 모든 것을 저울에 올려놓고 신중히 평가해 보십시오. "너희 가운데서 누가 망대를 세우려고 하면……먼저 앉아서 셈하여 보아야 하지 않겠느냐?"눅 14:28 경건하게 살고자 하면 비용이 얼마나 드는지 혼자 생각해 보십시오. 세상에서 받을 미움을 반드시 계산에 넣어야 합니다.요 15:19 악인들은 경건한 사람들이 거룩하므로 미워합니다. 하지만 그들의 이러한 태도는 앞뒤가 맞지 않습니다. 꽃이 향기롭다고 미워합니까? 경건한 사람들은 은혜의 향기를 내므로 미움을 받습니다. 처녀가 아름답다고 미움을 받습니까? 악인들은 경건한 사람들에게서 빛나는 거룩함의 아름다움으로 인해 그들을 미워합니다. 은밀한 미움은 공공연한 폭력으로 돌변합니다.딤후 3:12 그리스도인들은 망대를 세우기 전에 비용부터 계산해야 합니다. 사람들이 그토록 서둘러 신앙을 포기하는 이유는 그토록 서둘러 신앙을 받아들였기 때문 아닙니까?

셋째, 하나님에 대해 명료하고 확실한 지식을 습득합시다. 아버지의 사랑과 아들의 공로와 성령의 능력을 알아야 합니다. 하나님을 올바로 알지 못하는 사람들은 점차로 그들의 고백을 철회하게 될 것입니다. 사마리아인들은 호의를 입어 형편이 좋을 때는 종종 유대인들을 편들었습니다. 하지만 그 후 안티오쿠스에게 박해를 받게 되자 유대인들과의 동족 관계를 부인했습니다. 그러니 신앙에 대해서도 그런 식으로 발뺌을 한 것은 당연한 일이었는데, 이는 그리스도께서 사마리아인들을 가리켜 하신 말씀을 보면 알 수 있습니다. "너희는 너희가 알지 못하는 것을 예배하고." 요 4:22 그들은 무지로 둘러싸여 있었습니다. 소경이 넘어지기는 다반사이거니와, 마음의 소경 또한 그러합니다.

넷째, 오로지 선택에 의해서 경건에 들어섭시다. "내가 성실한 길을 선택하고." 시 119:30 경건은 그 자체의 가치로 인해 받아들여야 합니다. 경건에 흔들림이 없고자 하면, 세상의 온갖 찬사와 함께 죄를 선택할 것이 아니라 비난과 함께 경건을 선택해야 합니다. 두려워서 신앙을 받아들이는 사람은 누구나 두려워서 다시 신앙을 내던질 것입니다. 이득을 바라고 경건을 받아들인 자는 누구나 그 이득이라는 보석이 떨어져 나가면 신앙을 내팽개칠 것입니다. 그러니 세상적인 의도로 경건을 받아들일 것이 아니라 오로지 신앙적 선택에 의해 받아들여야 합니다.

다섯째, 진실합시다. 이는 여러분을 받쳐 주는 황금 기둥이 될 것입니다. 속이 빈 나무는 바람에 날려 쓰러질 수밖에 없습니다. 위선자는 신앙을 팔기 위해 가게를 열지만 곧 파산할 것입니다. "이는 하나님께 향하는 그들의 마음이 정함이 없으며 그의 언약에 성실하지 아니하였음이로다." 시 78:37, 개역개정 유다는 처음에는 교활한 위선자였다가 그 후로는 반역자가 되었습니다. 구리는 도금해 봐야 벗겨질 뿐입니다. 진실한 것만이 끝까지 견딥니다.

"완전하고 올바르게 살아가도록 지켜 주십시오."시 25:21 욥은 얼마나 많은 폭풍우를 만났는지요! 사탄뿐 아니라 하나님께서도 그를 쳤습니다.욥 7:20 이 정도면 욥으로서는 경건을 내팽개치고도 남을 만한 상황이었습니다. 하지만 그는 진실했으므로 흔들림이 없었습니다. "내가 내 공의를 굳게 잡고 놓지 아니하리니 내 마음이 나의 생애를 비웃지 아니하리라."욥 27:6, 개역개정 색상은 기름으로 고착시켜야 최상으로 유지됩니다. 우리가 우리의 고백을 본래의 색상으로 유지하고자 하면 반드시 진실성의 기름으로 고착시켜야 합니다.

여섯째, 의무의 활력과 열기를 유지합시다. "성령으로 뜨거워진 마음을 가지고 주님을 섬기십시오."롬 12:11 우리는 석탄을 집어넣어 불이 꺼지지 않도록 합니다. 그리스도인들이 무기력한 형식주의에 빠져들면 기운을 잃기 시작하고 점차 경건의 열정이 약해집니다. 뜨뜻미지근한 그리스도인보다 더 배교자가 되기에 적격인 사람은 없습니다.

일곱째, 자기 부인을 철저히 연습합시다. "누구든지 나를 따라오려거든 자기를 부인하고······."마 16:24 자신의 안락, 자신의 목적, 무엇이 됐든 그리스도의 영광과 유익에 대립하고 싸우는 것은 남김없이 부인되어야 합니다. 자아는 크나큰 덫입니다. 자기애는 경건의 능력을 약화시킵니다. 복음서의 그 젊은이는 그리스도를 따를 수도 있었지만, 자아라는 것이 방해가 되었습니다.마 19:20-22 자기 사랑은 자기 미움입니다. 자기를 넘어설 수 없는 사람은 천국에 닿지 못할 것입니다.

여덟째, 여러분의 마음에 대하여 언제나 거룩한 경계심을 품읍시다. "그러니 교만한 마음을 품지 말고, 도리어 두려워하십시오."롬 11:20 집에 화약이 있는 사람은 거기에 불이 옮겨 붙지 않을까 두려워합니다. 마음에 있는 죄가 이 화약과 같으니, 우리는 혹 우리에게 유혹의 불꽃이 튀어 폭발하지 않을까 두려워하고 조심해야 합니다. 우리가 언제나 마음을 지키고 경계해야 하는 이유는 다음의 두 가지, 곧 마음의 속임수와 마음의 욕망 때문입니다. 베드로가 물에 빠질까 두려워 그리스도께 "주님, 살려주십시오." 하고 외치자, 그리스도께서는 그의 손을 잡아 도와주셨습니다.마 14:30-31 하지만 베드로가 자신만만해져서 혼자 설 수 있다고 생각했을 때는 그리스도께서도 그를 넘어지도록 내버려 두셨습니다. 오, 그러니 늘 우리 자신을 의심하고, 거룩한 의미에서 "떨림을 입듯" 합시다.겔 26:16, 개역개정

아홉째, 확신을 가집시다. "더욱더 힘써서 여러분이 부르심을 받은 것과 택하심을 받은 것을 굳게 하십시오."벧후 1:10 하나님이 자기 하나님이심을 확신하는 사람은 반석 위에 지은 성과 같아서 지옥의 모든 권세가 대들어도 흔들지 못합니다. 자신의 영적인 재산에 대해 무지한 사람, 그래서 자신에게 은혜가 있는지 없는지도 모르는 사람이 어떻게 흔들림 없이 경건을 유지할 수 있겠습니까? 그리스도께서 자신을 위해 돌아가셨음을 모르는 사람이 그리스도를 위해 생명을 바치기란 대단히 어려운 일일 것입니다. 고난과 격동의 시기에는 확신이 그리스도인을 잡아 줍니다. 마음에 대고 증언해 주시는 하나님의 성령을 소유한 사람

은 틀림없이 진리를 증언할 것입니다.^{롬 8:16} 오, 더욱더 힘씁시다! 기도와 말씀읽기와 거룩한 대화에 더욱 부지런히 임합시다. 이와 같은 일들은 기름이니, 이 기름이 없으면 확신의 등불이 빛을 내지 못할 것입니다.

열째, 하나님의 힘을 이용합시다. 하나님은 이스라엘의 힘이라고 합니다.^{삼상 15:29, 한글성경 "영광", "지존자"} 우리는 우리 자신의 힘이 아니라 그분의 힘으로 섭니다. 아기는 유모의 수중에 있어야 가장 안전합니다. 우리가 굳건히 설 수 있는 것은 우리 편에서 하나님을 붙들어서가 아니라 하나님께서 우리를 붙드심으로 인함입니다. 바위에 단단히 붙들어 맨 작은 배는 안전하니, 우리 또한 만세반석에 단단히 매여 있음으로 안전합니다.

chapter **09.**

경건에 굳건히 서도록 하는 동기

나는 경건의 고백에 흔들림이 없도록 그리스도인들을 격려하고자 다음의 네 가지 사항을 제시하려 합니다.

1. 경건으로 머리가 희어짐은 그리스도인의 영광이요 왕관입니다

"한 오랜 제자 구브로 사람 나손." 행 21:16, 개역개정 백발이 되도록 경건에 흔들림이 없어, 그 옷은 피로 붉되 양심은 순결하여 희고 은혜는 푸르러 무성한 그리스도인을 우리 눈으로 목도함이 얼마나 영광스러운 일인지요!

2. 죄인들은 죄에 대해 흔들림이 없습니다

그들은 그들의 찌꺼기 위에 앉아 있습니다. 습 1:12, 한글성경 "찌꺼기같이 가라앉아서", "술찌꺼기 같은" 이 죄, 곧 찌꺼기는 하나님의 심판으로도 방지하거나 제거하지 못할 것입니다. 그들은 그들의 죄에게 말하는데, 룻이 나오미에게 말하듯 합니다. "어머님이 가시는 곳에 나도 가고……죽음이 어머님과 나를 떼어 놓기 전에 내가 어머님을 떠난다면, 주님께서 나에게 벌을 내리시고 또 더 내리신다 하여도 달게 받겠습니다."룻 1:16-17 죄가 가는 곳에 자신도 가고 죽음이 갈라놓기 전에는 결코 죄를 떠나지 않겠다는 것입니다. 그러니 아무것도 사람을 죄에서 떼어 놓지 못할 것입니다. 오, 악인들이 그들의 악을 고수함에 그토록 굳건한 인내심을 보이고 있는데 우리는 우리의 선을 고수함에 그들만큼의 인내심도 보여주지 못하고 있으니 얼마나 부끄러운 일입니까! 그리스도의 종노릇하는 우리의 지조보다 마귀의 종노릇하는 악인들의 지조가 더 굳으니 정녕 얼마나 부끄러운 일입니까!

3. 우리가 경건을 굳게 지킴은
다른 이들을 굳건하게 하는 수단이 될 수 있습니다

키프리아누스의 청중은 그를 따라 그가 고난받는 현장으로 갔습니다. 거기서 그들은 키프리아누스가 믿음을 굳게 지키는 모습을 보고 외쳤습니다. "우리도 우리의 거룩한 지도자와 함께 죽자." "주님 안에 있는 형제자매 가운데서 많은 사람이 내가 갇혀 있음으로 말미암아 더 확신을 얻어서 하나님의 말씀을 겁 없이 더욱 담대하게 전하게 되었습니다."빌 1:14 바울의 열정과 굳건함으로 인해 방관자들이 활기를 얻었습니다. 역사가 전하는 바에 따르면, 그의 투옥으로 네로의 궁정에서 개종자들이 나왔고,

그 개종자들 가운데 둘은 후일 순교자가 되었습니다.

4. 경건을 굳게 지킴으로써 우리가 손해 볼 일은 없습니다

끝까지 인내하는 성도들에게만 주시는 여덟 가지 영광스러운 약속이 있습니다.

첫째, "죽도록 충성하여라. 그리하면 내가 생명의 면류관을 너에게 주겠다."계 2:10 그리스도인들이여, 여러분은 비록 생명의 숨은 잃을지라도 생명의 면류관은 잃지 아니할 것입니다.

둘째, "이기는 사람에게는 내가 하나님의 낙원에 있는 생명나무의 열매를 주어서 먹게 하겠다."계 2:7 이 생명나무는 주 예수님입니다. 이 나무는 생명을 불어넣고 죽음을 막습니다. 우리가 이 나무의 열매를 먹는 날, 우리의 눈이 진정으로 열려 하나님을 보게 될 것입니다.

셋째, "이기는 사람에게는 내가 감추어 둔 만나를 주겠고 흰 돌도 주겠다. 그 돌에는 새 이름이 적혀 있는데 그 돌을 받는 사람밖에는 아무도 그것을 알지 못한다."계 2:17 이 약속은 다음의 세 부분으로 구성됩니다.

(1) "감추어 둔 만나를 주겠고." 이는 신비입니다. 만나는 하나님의 사랑으로서 감미로움을 뜻하고, 감추어 두었다는 것은 그 만나의 희소성을 뜻합니다.

(2) "흰 돌도 주겠다." 말하자면, 죄 사함입니다. "그것은 원석이라고 할 수 있다"고 제롬은 말합니다.

(3) "그 돌에는 새 이름이 적혀 있는데." 말하자면, 지명한다

는 것입니다. 그는 하늘의 상속자로 평가받을 것이며, 이는 성령의 옥새로 이 사실을 확증받은 사람 외에는 누구도 알 수 없습니다.

넷째, "이기는 사람은 이와 같이 흰옷을 입을 것인데, 나는 그의 이름을 생명책에서 지워 버리지 않을 것이며, 내 아버지 앞과 아버지의 천사들 앞에서 그의 이름을 시인할 것이다."계 3:5 끝까지 견디는 성도는 흰옷을 입을 것입니다. 이는 기쁨의 상징입니다.전 9:8 그는 상복을 벗고 영광스러운 흰옷을 입을 것입니다. "나는 그의 이름을 생명책에서 지워 버리지 않을 것이며." 하나님께서는 믿는 자의 죄는 지워 버리시지만 그의 이름은 지우지 아니하실 것입니다. 하나님의 판결문에는 오자가 없습니다. "그의 이름을 시인할 것이다." 누구든지 이 땅에서 그리스도를 시인하고, 그분의 제복을 입으면 죽음을 각오해야 하는 때에도 그 제복을 입었다면, 그리스도께서는 그를 수치스럽게 여기지 아니하시고 아버지와 거룩한 천사들 앞에서 그의 이름을 시인해 주실 것입니다. 오, 마지막 날에 그리스도께서 우리를 향하여 지으시는 그 선하신 표정을 우리가 볼 수 있다면, 그리고 이보다 더한 것으로, 우리의 이름을 하나하나 호명하시며 이처럼 말씀하시는 그리스도를 우리가 뵈올 수 있다면 그 얼마나 영광스럽고 위로가 되는 일이겠습니까! "이들은 나의 진리를 굳게 지키고, 부정한 시대에도 입은 옷을 깨끗하게 한 사람들이다. 이들은 흰옷을 입고 나와 동행할 터이니, 이들에게는 그만한 자격이 있음이다."

다섯째, "이기는 사람은 내가 내 하나님의 성전에 기둥이 되게 하겠다. 그는 다시는 성전을 떠나지 않을 것이다. 나는 내 하나님의 이름과 내 하나님의 도시……의 이름을 그 사람의 몸에 써 두겠다."계 3:12 이 약속에는 뛰어난 것들이 많이 표현되어 있습니다. "내 하나님의 성전에 기둥이 되게 하겠다." 위선자는 바람에 흔들리는 갈대에 불과하지만, 이기는 성도는 영광스러운 기둥이 될 터인데, 이 기둥은 튼튼한 기둥이며 거룩함을 위한 성전의 기둥입니다. "그는 다시는 성전을 떠나지 않을 것이다." 나는 이 표현을 영광을 입은 상태로 이해합니다. 다시는 성전을 떠나지 않으리라는 것은, 말하자면 이긴 성도는 더 이상 전쟁에 나가지 않는다는 뜻입니다. 그는 이겼으므로 더 이상 죄나 유혹과 맞서 싸우지 않을 것입니다. 전장의 북소리나 대포소리는 이제 들리지 않을 테고, 신자들은 전쟁에서 승리했으니 이제 집에서 전리품을 나눌 것입니다. "나는 내 하나님의 이름……을 그 사람의 몸에 써 두겠다." 말하자면 그는 아드님께서 아버지의 이름을 동일하게 가지고 계신 것과 같이 공개적으로 그분의 자녀로 인정받게 된다는 것입니다. 하나님의 이름이 몸에 씌어 있는 성도는 얼마나 영광스럽겠습니까! "나는 내 하나님의 도시……의 이름을 그 사람의 몸에 써 두겠다." 말하자면 그는 위에 있는 예루살렘의 시민으로 등록될 것입니다. 천사들의 사회에서 자유를 누리는 것입니다.

여섯째, "이기는 사람, 곧 내 일을 끝까지 지키는 사람에게는 민족들을 다스리는 권세를 주겠다."계 2:26 이 구절은 난해해서 두 가지로 해석될 수 있을 것입니다. 우선, 지상에 사는 성도들로 이해할 수 있습니다. 그들은 민족들을 다스리는 권세를 얻을 것입니다. 그들의 열정과 인내가 진리의 대적자들을 이기는 것입니다.행 6:10 혹은, 대체로 이 구절은 천국에서 승리의 노래를 부르는 성도들로 이해할 수 있습니다. 그들은 민족들을 다스리는 권세를 얻을 것입니다. 그들은 그리스도와 함께 그분의 권세의 일부를 나누어 행사하게 되고, 마지막 날에 그분과 함께 세상을 심판할 것입니다. "성도들이 세상을 심판하리라는 것을 여러분은 알지 못합니까?"고전 6:2

일곱째, "이기는 사람은……나와 함께 내 보좌에 앉게 하여 주겠다."계 3:21 여기에 성도들의 위엄이 있습니다. 그들은 보좌에 앉을 것입니다. 또한 그들의 안전함이 있습니다. 그들은 그리스도와 함께 앉을 것입니다. 그리스도께서 그들을 붙들고 계시므로 누구도 그들을 그 보좌에서 끌어낼 수 없습니다. 성도들은 그들의 집에서는 쫓겨날지라도 그리스도의 보좌에서는 쫓겨날 수 없습니다. 사람이 성도를 그분의 보좌에서 끌어내리려 함은 하늘에서 별을 끌어내리려는 시도와 다를 바 없습니다.

여덟째, "나는 그 사람에게 샛별을 주겠다."계 2:28 성도들이 비록 이생에서는 온갖 비난으로 모함을 당하고, 저희들끼리 무리 지어 세상에 불충하는 자들로 낙인찍히겠으나—사도 바울 역시 어떤 자들이 악인으로 모함해 고난을 겪었지만딤후 2:9—하나님께서 이 성도들의 의를 빛처럼 꺼내 보이실 터이니 마침내 그들은 별들 중에서도 가장 밝은 샛별과 같이 빛날 것입니다. "나는 그 사람에게 샛별을 주겠다." 이 샛별은 그리스도를 의미하는바, 그분께서는 이처럼 말씀하신 것 같습니다. "끝까지 견디는 성도에게는 내 아름다움의 일부를 주리라. 나의 찬란한 빛의 일부를 그에게 비추어 주리니, 그는 샛별이 해에 버금가듯 나에 버금가는 영광을 누리리라."

오, 영혼을 이토록 매혹하는 약속들이 있다니요! 경건을 굳건히 지키지 않을 자 누구이겠습니까! 이러한 약속들 앞에서도 마음이 움직이지 않는다면 돌이거나 짐승일 따름입니다.

chapter **10.**

경건한 사람들을 위한 조언

다음으로, 나는 경건의 진정한 효능을 마음에서 체험하고 있는 사람들에게 다음의 세 가지 사항을 말하고자 합니다.

1. 주의

여러분 영혼에 새겨진 이 은혜의 진정한 특징들을 흐리게 하지 마십시오. 하나님의 자녀들이 물론 그들의 은혜를 완전히 훼손할 수는 없겠지만, 적어도 손상을 입히고 효력을 떨어뜨릴 수는 있습니다. 과도한 육체적 방종은 은혜의 증거를 약화시킬 뿐 아니라 그 빛을 가려서 읽을 수 없도록 합니다. 지금까지 설명한 경건한 사람들의 이 특징들은 대단히 귀하니, 금과 수정이 찬란하다 해도 이 특징들에는 비할 바가 못 됩니다. 오, 그러므로 여러분의 마음에 문자와 같이 새겨진 이 특징들을 선명히 유지하면, 죽음의 시간에 살아 있는 무수한 위로를 받을 것입니다. 그리스도인은 육신에 죽음의 징표가 나타난다 해도 영혼에 있는 은혜의 징표를 볼 수 있음에 두려워할 이유가 없습니다. 그러니 그는 시므온처럼 말할 것입니다. "주님, 이제 주님께서는……이 종을 세상에서 평안히 떠나가게 해주십니다."눅 2:29

2. 조언

경건의 보화를 풍성히 가지고 있는 여러분이여, 이로 인해 하나님을 찬양합시다. 이 꽃은 육신의 정원에서는 자라지 않습니다. 이전에 여러분은 마귀의 군대에 입대해서 그가 주는 급료를 받고 여러분 자신의 행복에 대적하여 싸웠습니다. 하지만 그 후로 하나님께서 회개의 은혜를 들고 오셔서 사랑과 온유의 폭력을 행사하심으로, 여러분을 사탄에 대적하는 그분의 싸움에 참여하게 하셨습니다! 여러분은 오랫동안 악에 젖어 살아 지옥행을 예약한 듯 보였지만, 하나님께서 여러분을 그리스도의 피로 적셔 주시고 여러분 마음에 거룩함을 불어넣어 주셨던 것입니다! 오, 그러므로 여러분이 여러분 자신을 값없이 주시는 은혜에 영원히 빚진 자라고 말해야 할 이유가 얼마나 많은지요! 이 같은 은혜를 주신 하나님을 찬양하지 않는 자는 하나님께서 그 은혜의 창조자이심을 부인하는 자입니다. 오, 하나님의 사랑에 감사합시다. 그분의 비길 데 없으신 자비를 찬미합시다. 여러분의 찬양의 면류관을 값없이 주시는 은혜의 머리 위에 씌워 줍시다! 우리가 지상의 열매에 감사한다면 성령의 열매에 대해서는 얼마나 더 큰 감사를 드려야 하겠습니까. 영원이 오고 있음은 좋은 일이니, 그때가 되면 성도들은 하나님 안에서 승리의 노래를 부르며 그분께 드리는 찬양을 영광스럽게 할 것입니다.

3. 위로

진정으로 미약한 경건밖에는 없는 여러분에게 나는 풍성한 위로를 전하고자 합니다. 예수 그리스도께서는 아무리 약한 은혜라 해도 멸시하지 아니하시고 영원에 이르도록 아끼고 보전해 주실 것입니다. 이제 막 싹튼 은혜는 영광에 이르기까지 의로운 해의 빛을 받아 자라며 성숙해질 것입니다. 이 주제에 대해서는 다음 장에서 자세히 다루겠습니다.

chapter **11.**

경건한 사람들에게 주는 위로

정의가 이길 때까지 그는 상한 갈대를 꺾지 않고 꺼져 가는 심지를 끄지 않을 것이다.^{마 12:20}

이 구절은 그리스도에 대한 예언적 진술입니다. 그분께서는 당신 백성들의 약함에 환호하지 아니하시며, 아직 어린 은혜를 짓밟지도 아니하실 것입니다. 먼저 "상한 갈대"부터 시작하겠습니다.

질문 1 여기서 갈대는 어떻게 이해해야 합니까?

대답 갈대는 문자적으로 받아들일 것이 아니라 영적으로 받아들여야 합니다. 이 갈대는 이성적인 갈대, 즉 인간의 영적인 부분인 영혼이며, 장차 천국에서 튼튼한 삼나무로 자라기까지는 이생에서 어리석음에 휘둘리며 흔들리는 까닭에 갈대로 비유되었을 것입니다.

질문 2 상한 갈대는 무엇을 뜻합니까?
대답 죄를 자각하여 겸손해지고 비통해하는 영혼을 뜻합니다. 상한 갈대는 울지만 절망하지는 않습니다. 두려움의 파도에 흔들리지만 희망의 닻마저 없지는 않습니다.

질문 3 그리스도께서 이 갈대를 꺾지 아니하신다는 것은 무슨 뜻입니까?
대답 새로운 탄생의 고통을 겪으며 울고 있는 영혼을 그리스도께서는 결코 멸시하지 아니하시리라는 뜻입니다. 죄의 상처를 자각하면 죽는 일은 없을 것입니다. "상한 갈대를 꺾지 않고." 이 표현은 개략적입니다. 그러므로 그분께서는 상한 갈대를 싸매시고 위로해 주신다는 의미가 이 표현에 들어 있는 것입니다.

이 구절의 전체적인 결론은 가슴을 치며 감히 눈을 들어 자비를 구하지 못하는 불쌍하고 낙담한 죄인에게 향하신 그리스도의 연민을 보여주는 데 있습니다. 주 예수님의 마음은 이 죄인을 불쌍히 여기십니다. 이 상한 갈대를 그분께서는 꺾지 아니하실 것입니다.

이 구절은 두 부분으로 나뉩니다. 첫째는 가정으로서, 회개로 상한 영혼을 다루고 있으며, 둘째는 명제로서, 그 영혼은 꺾이지 아니할 것이라고 진술합니다.

상한 영혼은 꺾이지 아니할 것입니다. "주님은……마음이 상한 사람을 고치시고, 그 아픈 곳을 싸매어 주신다."시 147:2-3 그리스도께서는 이 목적을 위하여 사명과 기름 부음을 받으셨으니, 곧 상한 영혼을 싸매어 주시기 위함입니다. "주님께서 나에게 기름을 부으시니……상한 마음을 싸매어 주고……."사 61:1 그러면 그리스도께서 상한 갈대를 꺾지 아니하시는 까닭은 무엇입니까?

1. 그분의 본성이 아름다우시므로

"주님은 가여워하시는 마음이 넘치고, 불쌍히 여기시는 마음이 크십니다."약 5:11 그분께서는 다른 피조물들에게 불쌍히 여기는 마음을 심어 주시며, 따라서 "자비로우신 아버지"로 불리십니다.고후 1:3 그러니 그분께 연민이 있음은 너무도 확실합니다. 불쌍한 영혼이 영적으로 고통당하고 있을 때 하나님께서는 그 영혼을 엄히 대하지 아니하실 터이니, 이는 그분께서 당신의 온유하신 성품을 제쳐 두신 것으로 여김을 받으시면 안되기 때문입니다.

그러므로 주께서는 언제나 당신의 상한 백성들을 가장 염려하셨다는 뜻이 됩니다. 어머니가 약하고 병든 자식을 가장 염려하듯, 그분께서는 어린양들을 팔로 모으시고 품에 안으십니다.사 40:11 영적으로 상한 이들, 어린양처럼 약하고 여린 이들을 그리스도께서는 값없이 주시는 은혜의 팔로 안아 주실 것입니다.

2. 회개하는 마음은 그분께 드리는 제물이므로

상한 영혼은 귀한 포도주 같은 눈물을 흘립니다.^{시 56:8} 상한 영혼은 거룩한 열정이 가득하니, 그렇습니다, 사랑의 열병을 앓는 것입니다. 그러므로 상한 갈대에 그와 같은 효능이 있을진대, 그리스도께서는 꺾지 아니하실 것입니다. 빻아서 으깨어진 향료가 아무리 진한 향을 낸다 한들, 하나님께는 으깨어져 회개하는 영혼의 향기보다 진할 수는 없습니다.

3. 상한 갈대는 그리스도를 꼭 닮았으므로

예수 그리스도께서도 이전에 십자가 위에서 상하셨습니다. "주님께서 그를 상하게 하고자 하셨다."^{사 53:10} 그분의 손과 발은 못으로 상하셨고, 그분의 옆구리는 창으로 상하셨습니다. 상한 갈대는 상한 구주를 닮았습니다. 아닙니다, 상한 갈대는 아예 그리스도의 지체입니다. 그래서 비록 약하지만 이 지체를 그리스도께서는 잘라 내지 아니하시고, 약할수록 더 아끼고 소중히 여기실 것입니다. 다음을 생각해 봅시다.

첫째, 그리스도께서는 상한 갈대를 꺾지 아니하십니까? 그렇다면 이는 상하지 않은 갈대는 오히려 꺾으신다는 뜻을 암시합니다. 영혼의 고통을 전혀 겪은 바 없으며 회개하지 않고 살다가 죽는 자들은 단단한 갈대, 말하자면 바윗덩어리입니다. 그리스도께서는 상한 갈대는 꺾지 아니하시지만, 이 단단하고 억센 갈대는 꺾으실 것입니다. 상한 갈대가 된다는 것이 무엇인지 모르는 사람들이 많습니다. 그들은 고통과 질고라는 외적인 상처는 겪지만 죄로 인한 내면의 상처는 겪지 않았습니다. 그들은 새로운 탄생의 고통이 의미하는 바를 결코 깨달은 적이 없습니다. 언제나 평온하게 해주셔서, 마음에 근심이 없게 해주셔서 하나님께 얼마나 감사한지 모른다고 말하는 사람들을 여러분을 흔히 볼 것입니다. 이들은 말하자면 그렇게 큰 저주를 내려 주셔서 감사하다고 하나님을 찬양하는 셈입니다. 회개로 상하지 아니한 자는 심판으로 상할 것입니다. 죄로 인해 마음이 부서지지 아니한 자는 절망으로 부서질 것입니다. 지옥에 보이는 것은 산더미같이 쌓인 돌과 망치뿐입니다. 산더미 같은 돌은 회개하지 않은 단단한 마음이요, 망치는 이 돌들을 산산이 부수는 하나님의 권능과 정의입니다.

둘째, 그리스도께서는 상한 갈대를 꺾지 아니하십니까? 그렇다면 예수 그리스도의 은혜로우신 성품을 봅시다. 그분께서는 인정이 많으시고 연민이 넘치십니다. 그분께서는 비록 죄로 인하여 영혼을 상하게 하시겠지만 꺾지는 아니하십니다. 의사는 환자의 몸을 절개해 피를 내지만 그 상처를 다시 싸매 줍니다. 그리스도께는 권능의 광채뿐 아니라 자비의 마음도 있는 것입니다. 그분의 방패에는 사자와 어린양의 문양이 함께 새겨져 있습니다. 악인들을 사납게 대하신다는 뜻에서 사자이며,^{시 50:22} 당신의 백성들을 온유하게 대하신다는 뜻에서 어린양입니다. 그분의 이름은 구주 예수이시며, 그분의 직임은 치유자이십니다.^{말 4:2} 그리스도께서는 당신의 피를 고약으로 만들어 상한 마음을 치유해 주십니다. 그리스도께서는 사랑의 본질이십니다. 어떤 이가 말합니다. "세상 모든 꽃의 향기가 한 송이 꽃에 모여 있다면 그 꽃은 얼마나 향기로울까!" 세상 모든 자비가 모여 있는 그리스도이시니, 그분께 얼마나 자비가 많겠습니까! 그리스도께서는 숙련된 손과 따뜻한 마음을 지니셨습니다. "그분께서는 상한 갈대를 꺾지 아니하실 것입니다."

어떤 이들은 배척과 잔인함의 도가 지나쳐 고통에 고통을 더하니, 이는 죽어가는 사람에게 더 큰 짐을 얹어 주는 격입니다. 하지만 우리의 주 예수님께서는 자비로우신 대제사장이십니다.^{히 2:17} 그분께서는 우리의 약함을 마음 아파 하십니다. 우리 영혼의 모든 상처는 그분의 가슴에 닿습니다. 그분을 모르는 자들만이 그리스도를 거부합니다. 그분께서는 오로지 사랑의 성육신이십니다. 그분께서는 상처 입은 자들을 치유하시고자 친히 상처를 입으셨습니다.

셋째, 그리스도께서는 상한 갈대를 꺾지 아니하십니까? 그렇다면 여기에 믿음에 대한 격려가 얼마나 많은지 봅시다! 그리스도께서 상한 갈대를 꺾으시겠다고 말씀하셨다면, 우리에게 남는 것은 실로 절망뿐일 것입니다. 하지만 그리스도께서 상한 갈대를 꺾지 않으리라 말씀하셨으니, 겸손하고 상한 영혼들에게 소망의 문이 열려 있습니다. 우리가 죄로 인해 상하고 상처 입었노라고 말할 수 있다면, 믿지 않아야 할 까닭이 무엇입니까? 왜 우리는 우리를 위한 자비는 없다는 듯이 낙심한 채 앉아서 두려워합니까? 그리스도께서 말씀하십니다. "내가 마음이 상한 사람을 고치고, 그 아픈 곳을 싸매어 줄 것이다."^{시 147:3} 불신이 말합니다.

"아니, 그분은 나를 고쳐 주지 않을 것이다." 그리스도께서 상한 영혼을 치유해 주시겠다고 말씀하십니다. 불신이 말합니다. "아니, 그분은 상한 영혼을 죽일 것이다." 불신은 우리의 위로를 헛것으로 만들 뿐 아니라 말씀마저 공허한 것으로 여기니, 하나님의 모든 약속이 위조요 속임수라는 식입니다. 상한 갈대를 꺾지 아니하시겠다고 주님께서 말씀하셨습니까? 진실이 거짓말을 할 수 있습니까? 오, 불신은 얼마나 큰 죄인지요! 어떤 이들은 주정뱅이들과 욕설꾼들과 음탕한 자들의 무리에 드는 것을 끔찍하게 생각합니다. 한마디 하겠습니다. 믿지 않는 자들의 무리에 드는 것도 그에 못지않게 끔찍합니다.계 21:8, 개역개정 불신은 여타의 죄보다 악한데, 이는 불신이 하나님을 피조물들의 의심거리로 만들기 때문입니다. 불신은 하나님의 왕관에서 가장 귀중한 보석을 훔쳐 갑니다. 이 보석은 그분의 진실입니다. "하나님을 믿지 않는 사람은 하나님을 거짓말쟁이로 만들었습니다."요일 5:10

오, 그러니 겸손한 모든 죄인들은 예수 그리스도께 갑시다. 그리스도께서는 죄로 상처 입은 자들을 치유하시고자 버림받음으로 상처 입으셨습니다. 여러분이 그리스도께 여러분의 상처를 보여 드리고 믿음으로 그분을 만지면 여러분 영혼의 모든 상처가 치유될 것입니다. 그리스도께서 여러분을 꺾지 아니하십니까? 그렇다면 절망으로 여러분을 파멸시키지 마십시오.

적용 1 예수 그리스도께서는 상한 갈대를 꺾지 아니하십니까? 그렇다면, 어떻게 해서든 상한 갈대를 꺾으려 하는 자들은 비난받아 마땅합니다. 그들은 다른 사람들 안에서 일어나는 회심의 효력을 방해하려는 자들입니다. 그들은 다른 이들이 죄로 인해 상처 입고 괴로워하는 모습을 보면, 쫓아가서 기를 꺾어 놓으며 신앙이란 불쾌하고 우울한 것이니 이전의 즐거움으로 돌아가는 것이 좋다고 말합니다. 다른 이들의 양심에 죄의 자각이라는 화살이 꽂히면, 그들은 얼른 가서 이 화살을 다시 빼내어 뉘우침의 효능이 더 이상 지속되지 못하도록 합니다. 따라서 영혼이 거의 상하는 순간에 그들이 결정적으로 방해하니 사람들의 영혼이 철저히 상하지 못하는 것입니다. 이처럼 사람이 사람에게 마귀 노릇을 합니다. 다른 사람의 육신을 죽임이 죄일진대, 다른 사람의 영혼을 지옥에 빠뜨림은 얼마나 큰 죄이겠습니까?

적용 2 상한 갈대를 꺾지 아니하신다는 이 말씀은 영적인 꿀벌집이니, 모든 상한 마음들 안으로 위로가 뚝뚝 떨어져 내립니다. 우리가 육신이 허약해 실신한 사람에게 각성제를 주듯, 나 또한 죄로 인해 상한 죄인들에게 각성제를 좀 건네 기운을 차리게 하고자 합니다. 이 말씀은 욥처럼 잿더미에 앉아 스스로의 비루함을 곱씹으며 낙담하는 불쌍한 영혼을 위로합니다. 영혼이 말합니다. "아, 나는 자비를 받을 만한 자격이 없구나. 내가 무엇이기에 하나님께서 생각해 주신단 말인가? 나보다 더 큰 은사며 은혜를 가진 자들이야 하나님의 눈길을 받겠지만, 슬프게도 나는 쓸모없구나." 쓸모없어서 괴롭습니까?

상한 갈대보다 더 쓸모없는 것이 무엇입니까? 하지만 바로 그 쓸모없는 처지를 두고 해주신 약속이 있습니다. "그는 상한 갈대를 꺾지 않고." 결실 많은 무화과나 올리브나무가 아니라 상한 갈대를 가리켜 해주신 약속입니다. 여러분의 눈에는 여러분 자신이 비참하게 꺾인 갈대로 보이겠지만, 주님의 눈에는 여러분이 영광스럽게 보일 수 있습니다. 그러니 쓸모없다 하여 낙심하지 맙시다. 여러분이 자신을 가치 없는 존재로 보고 그리스도를 귀하신 분으로 본다면 이 약속은 여러분의 것입니다. 그리스도께서는 여러분을 꺾지 아니하시고, 여러분의 상처를 싸매어 주실 것입니다.

질문 하지만 내가 구원에 합당하도록 상하고 상처 입었는지 어떻게 알 수 있습니까?

대답 여러분은 진정으로 하나님 앞에 굴복했습니까? 여러분의 교만한 마음이 겸손해졌습니까? 여러분은 여러분 자신을 정녕 죄인으로, 오로지 죄인으로 보았습니까? 여러분은 진실로 그리스도를 눈물 어린 눈으로 바라보았습니까?[슥 12:10] 그리고 그 눈물은 믿음의 눈에서 떨어져 내렸습니까?[막 9:24] 이것이 복음적으로 상하고 상처 입은 것입니다. 여러분은 이렇게 말할 수 있습니까? "주님, 내 눈에 당신 모습 안 보이나 당신을 사랑합니다. 지금 나는 어둠 속에 있지만 닻을 던집니다." 이것이 진정으로 상한 갈대가 되는 것입니다.

이의 1 하지만 나는 아무래도 충분히 상한 갈대가 된 것 같지 않습니다.

대답 고통(자기비하)의 정확한 기준을 규정하기는 어렵습니다. 이는 육체의 탄생과 마찬가지로 새로운 탄생에도 동일하게 적용될 수 있습니다. 산고를 심하게 겪는 이들이 있는가 하면 덜 겪는 이들도 있습니다. 그럼에도 여러분은 어느 정도가 돼야 충분히 상한 것인지 알고 싶습니까? 여러분에게 크나큰 즐거움을 주던 그 쾌락을 미련 없이 내던질 정도로 여러분의 영혼이 괴롭다면 충분히 상했다 할 수 있습니다. 죄를 내던질 뿐 아니라 역겨워하기까지 한다면 여러분은 충분히 상처 입고 상한 것입니다. 약은 해당 질환을 완전히 제거해야 충분히 효과가 있다 할 수 있습니다. 영혼은 죄에 대한 사랑을 완전히 제거해야 충분히 상하고 상처 입었다 할 수 있습니다.

이의 2 아무래도 나는 제대로 상처 입고 상한 것 같지 않습니다. 내 마음이 너무 단단하다는 생각이 듭니다.

대답 1 우리는 마음의 단단함과 단단한 마음을 구분해야 합니다. 선하고 뛰어난 마음에도 어느 정도의 단단함은 있습니다. 하지만 어느 정도 단단한 면이 있다 해서 그것이 곧 단단한 마음은 아닙니다. 명칭이란 더 우세한 형질에 따라 부여됩니다. 밭에 나가 보면 밀 가운데 잡초가 섞여 있습니다. 당연히 우리는 이 밭을 잡초밭이라 하지 않고 밀밭이라 합니다. 그러므로 우리 마음에 부드러움은 물론 단단함도 있지만, 더 나은 부분을 보시고 판단하시는 하나님께서는 이 마음을 부드러운 마음으로 보시는 것입니다.

대답 2 악인들의 단단함과 경건한 사람들의 단단함에는 크나큰 차이가 있습니다. 전자는 선천적이고 후자는 우발적입니다. 악인들의 단단함은 돌의 단단함과 같아서, 선천적이고 지속적인 단단함을 말합니다. 반면에 하나님의 자녀들의 단단함은 얼음의 단단함과 같으니, 햇볕에 의해 곧 녹아내립니다. 아마도 지금은 하나님께서 그분의 성령을 거두어들이셔서 여러분의 마음이 얼음처럼 응고되었을 것입니다. 하지만 하나님의 성령께서 해처럼 다시 나와 우리 마음에 빛을 비추시면, 이제 우리의 마음도 은혜의 해빙기를 맞아 사랑으로 녹아내릴 것입니다.

대답 3 여러분은 그 단단함에도 불구하고 슬퍼하지 않습니까? 그렇게 여러분은 탄식이 없어 한탄하고 눈물이 없어 웁니다. 단단하고 억센 갈대는 울 수 없습니다. 여러분이 상한 갈대가 아니라면 여러분에게서 이 모든 울음이 나오기는 불가능할 것입니다.

이의 3 하지만 나는 불모의 갈대이니 열매가 없고, 따라서 꺾일까 두렵습니다.

대답 은혜로운 마음은 그 안에 든 선한 것을 간과하는 경향이 있습니다. 잎에 붙은 벌레는 잘 찾아내지만 열매는 못 봅니다. 왜 여러분은 스스로를 척박하다 합니까? 여러분이 상한 갈대라면 결코 메말랐다 할 수 없습니다. 참포도나무에 접붙인 영적인 갈대는 열매를 맺습니다. 그리스도께서는 수액이 많으니 그분께 연결된 모든 이들은 열매를 내는 것입니다. 그리스도께서는 영혼 위에 이슬방울과도 같은 은혜를 떨어뜨려 주십니다. "내가 이스라엘 위에 이슬처럼 내릴 것이니, 이스라엘이 나리꽃처럼 피고……그 나무에서 가지들이 새로 뻗고 올리브 나무처럼 아름다워지고."호 14:5-6 마른 지팡이에서 꽃을 피워 내시는 하나님께서 마른 갈대도 무성히 자라게 하실 것입니다.

∴

상한 갈대에 관해서는 여기까지 하기로 하고, 다음 표현으로 넘어가겠습니다. "꺼져 가는 심지를 끄지 않을 것이다."

질문 1 꺼져 간다는 것은 무슨 뜻입니까?
대답 꺼져 간다는(연기가 난다는) 것은 죄악을 가리킵니다. 연기는 눈을 자극하고, 따라서 이 연기, 곧 죄는 하나님의 정결하신 눈을 불쾌하게 합니다.

질문 2 꺼져 가는 심지는 무엇을 뜻합니까?
대답 죄악과 뒤섞인 은혜를 말합니다. 시원찮은 불에 연기가 많듯, 미약한 은혜에 죄악이 많을 수 있습니다.

질문 3 그리스도께서 꺼져 가는 심지를 끄지 않으신다 함은 무슨 뜻입니까?

대답 죄는 많고 은혜는 작은 불꽃처럼 미약해도 그리스도께서는 이 은혜의 불꽃을 끄지 않으신다는 뜻입니다. 이 표현에는 수사법이 들어 있습니다. "끄지 아니하실 것이다." 말하자면 그분께서는 불꽃을 살리신다는 것입니다. 꺼져 가는 심지를 끄는 것은 쉽습니다. 살짝만 건드려도 꺼집니다. 하지만 그리스도께서는 꺼져 가는 심지를 끄지 아니하실 것입니다. 은혜의 불꽃을 불어 끄시는 것이 아니라 더 큰 불로 살려 놓으십니다. 그분께서는 이 꺼져 가는 심지를 타오르는 촛불로 만드실 것입니다.

많은 죄악과 뒤섞인 미약한 은혜라 해도 꺼지지 않을 것이라는 이 제안을 예증하기 위해 나는 아래의 세 가지 사항을 설명하고자 합니다.

1. 경건한 사람들 안에 있는 작은 은혜는 종종 많은 죄악과 뒤섞여 있습니다

"내가 믿습니다."—믿음이 조금 있었습니다. "믿음 없는 나를 도와주십시오"막 9:24—미약한 믿음에 죄악이 뒤섞여 있었습니다. 가장 뛰어난 성도들 안에도 죄와 은혜가 얽혀 있습니다. 어두운 면과 밝은 면이, 교만과 겸손이, 세상과 천국이 함께 있는 것입니다. 경건한 사람들의 은혜에 저 오래 묵은 돌능금나무의 그루터기가 아직 남아 있습니다.

아닙니다. 중생한 많은 사람들 안에 은혜보다는 죄악이 더 많습니다. 연기가 너무 많아서 불은 거의 분간할 수 없을 정도입니다. 불신이 너무 많아서 믿음은 눈에 띄지도 않습니다.^{삼상 27:1} 분노가 너무 많아서 온유함은 찾아보기 어렵습니다. 성마른 예언자 요나는 하나님과 말다툼을 하다 못해서 자신의 분노를 합리화합니다. "내가 성내어 죽기까지 할지라도 옳으니이다."^{욘 4:9, 개역개정} 이처럼 은혜를 찾아보기 어려울 만큼 분노가 많았습니다. 이 세상에 사는 그리스도인들은 포도주보다는 거품이 더 많은 술잔, 혹은 활력보다는 무기력이 더 많은 병든 육신과 같습니다. 그러므로 뛰어난 그리스도인이라 해도 그들의 은혜에 많은 죄악이 섞여 있음을 생각하며 겸손해야 합니다.

2. 많은 죄악과 뒤섞인 이 작은 은혜는 꺼지지 않을 것입니다

"꺼져 가는 심지를 끄지 않을 것이다." 처음에 제자들의 믿음은 미미할 뿐이었습니다. "그때에 제자들은 모두 예수를 버리고 달아났다."^{마 26:56} 이처럼 꺼져 가는 심지가 있었지만 그리스도께서는 그 작은 은혜를 끄지 아니하시고 오히려 소중히 여기시며 되살려 내셨습니다. 그들의 믿음은 그 후로 더 강해졌고, 그들은 공개적으로 그리스도를 시인했습니다.^{행 4:29-30} 이와 같이 심지가 타오르고 있었던 것입니다.

3. 그리스도께서는 꺼져 가는 심지를 끄지 아니하실 것입니다

그 이유는 다음과 같습니다. 첫째, 꺼져 가는 심지에 붙어 있는 이 작은 불꽃은 하나님께서 만드신 것이기 때문입니다. 이 불꽃은 빛 되신 하나님에게서 나오는 것이니, 주께서는 그분 자신의 은혜의 역사를 눌러 끄지 아니하실 것입니다. 모든 존재는 자연적인 본능으로 자신의 소유를 보호합니다. 암탉은 부화시킨 새끼들을 보호하고 키웁니다. 알에서 방금 나온 병아리들을 눌러 죽이는 어미닭은 없는 것입니다. 피조물에게 이처럼 새끼들을 보호하는 부드러운 본능을 넣어 주신 하나님이시니 당신 자신의 성령의 역사야 우리 마음 안에서 더더욱 보호하고 증진하실 것입니다. 그분께서 진정 우리의 영혼에 은혜의 등불을 밝히셨다가 다시 끄시겠습니까? 이는 그분의 유익에도 그분의 영광에도 부합하는 일이 아닙니다.

둘째, 그리스도께서는 은혜의 싹을 눌러 없애지 아니하실 터인데, 이는 작은 은혜도 큰 은혜와 마찬가지로 귀하기 때문입니다. 작은 진주도 귀한 법입니다. 믿음의 진주가 비록 작다 해도 그것이 참 진주인 한, 하나님께서 보시기에는 영광스럽게 빛나는 것입니다. 금세공인은 깎고 남은 금 부스러기 한 낱에도 세심한 주의를 기울이며 함부로 버리지 않습니다. 눈동자는 아주 작지만 쓰임새는 커서, 그 광대한 하늘 대부분을 단번에 조망할 수 있습니다. 작은 믿음도 자격이 있습니다. 연약한 손으로도 혼인의 매듭을 묶을 수 있습니다(부부로서 하나가 되었다는 것을 상징하는 행위이다—옮긴이). 연약한 믿음도 강한 믿음과 마찬가지로 그리스도와 연합할 수 있습니다. 작은 은혜도 우리로 하여금 하나님을 닮게 합니다. 큰 동전만 아니라 작은 동전에도 왕의 초상이 들어 있습니다. 미약한 은혜에도 하나님의 형상이 새겨져 있는데 하나님께서 당신 자신의 형상을 눌러 없애겠습니까? 크세르크세스 왕은 그리스의 신전들을 파괴하면서 건축미가 뛰어난 디아나 신전만은 보존했습니다. 하나님께서는 세상의 모든 영광을 멸하고 불사르시되 작은 은혜만은 멸하지 아니하실 터이니, 이는 거기에 그분을 닮은 모습이 새겨져 있기 때문입니다. 꺼져 가는 심지의 그 작은 불꽃은 하나님 자신의 영광의 빛입니다.

셋째, 그리스도께서는 꺼져 가는 심지를 끄지 아니하실 터인데, 이는 이 심지의 작은 불꽃이 점차 커질 수 있기 때문입니다. 은혜는 겨자씨 한 알에 비유됩니다. 겨자씨는 어떤 씨보다도 작지만, 자라면 어떤 풀보다 더 커져서 나무가 됩니다.^{마 13:31-32} 아무리 큰 은혜도 이전에는 작았습니다. 참나무도 한때는 도토리에 불과했습니다. 세상 모두가 인정하는 믿음도 영적인 아기였던 시절이 있었습니다. 화염처럼 거세게 타오르는 열정도 처음에는 꺼져 가는 심지였을 뿐입니다. 은혜는 성전에서 흘러나오는 물처럼 점차 수위가 높아집니다.^{겔 47:1-5} 그러므로 아무리 작은 경건의 씨앗이라도 성숙과 성장의 본능을 지니고 있을진대, 주께서 이 씨앗을 자라지도 못한 채 죽게 하지는 않으실 것입니다.

넷째, 그리스도께서 꺼져 가는 심지를 끄지 아니하실 터인데, 이는 그분께서 많은 연기에 휩싸인 작은 불꽃을 보존하시면 거기서 그분의 권능의 영광이 빛나기 때문입니다. 떨고 있는 영혼은 죄가 자신을 삼키리라고 생각합니다. 하지만 하나님께서는 우리 마음의 그 미약한 은혜를 보존하십니다. 아니, 그분께서는 그 작은 불꽃으로 죄악을 이기게 하시니, 이는 하늘에서 내려온 불이 도랑 안에 있는 물을 모두 말려 버림과 같습니다.^{왕상 18:38} 그러므로 하나님께서는 친히 영광스러운 이름을 얻으시고 영광의 상패를 취하시는 것입니다. "내 능력은 약한 데서 완전하게 된다."^{고후 12:9}

하나님과 사람의 접근 방식이 얼마나 다른지 봅시다. 사람은 연기가 적음에도 큰 불꽃을 눌러 끕니다. 하나님께서는 연기가 많음에도 작은 불꽃을 끄지 아니하십니다. 세상의 방식이 이와 같으니, 곧 다른 이들에게서 작은 흠이 눈에 띄면 바로 그 흠 하나로 인해 가치 있는 많은 것들을 무시할 뿐 아니라 눌러 없애는 것입니다. 다른 이의 작은 결점은 부풀리고 많은 장점은 축소하는 것이 우리의 본성입니다. 우리가 별의 빛보다는 반짝임에 더 주목하듯, 남의 약점은 보면서 장점은 가리는 것입니다. 우리는 다른 이들이 화를 낸다고 비난하지만 그들의 경건에 대해서는 칭찬하지 않습니다. 그러므로 우리는 다른 이들에게서 보이는 적은 연기로 인해 그들의 많은 불꽃을 끄는 것입니다.

하나님께서는 이와 같이 하지 않으십니다. 그분께서는 연기가 많아도 작은 불꽃을 끄지 아니하십니다. 진실함은 보시고 많은 결점은 못 본 체하십니다. 은혜의 작은 불꽃을 소중히 여기시어 당신의 성령의 입김으로 부드럽게 불어 주시니, 돌연 그 불꽃에 불길이 일어나는 것입니다.

그리스도께서 꺼져 가는 심지를 끄지 아니하시면, 우리 또한 우리 안의 꺼져 가는 심지를 꺼서는 안됩니다. 우리의 은혜가 다른 이들의 경우와 달리 큰 불로 자라지 못한다 해서 우리 안에는 성령의 불이 없다는 식으로 결론을 내린다면, 이야말로 꺼져 가는 심지를 끄는 것이요 우리 자신에게 불리한 거짓 증언을 하는 일입니다. 우리는 거짓 증거를 신뢰해서는 안되지만 진실을 부정해서도 안됩니다. 잿속에 불씨가 숨어 있을 수 있듯이, 은혜 또한 영혼의 여러 질환 아래 숨어 있을 수 있는 것입니다. 어떤 그리스도인들은 은혜가 없다고 자신을 비난하는 이 일에 얼마나 능한지, 아예 사탄에게 고용된 변호사처럼 자신들을 비난합니다.

은혜가 약한 것을 두고 은혜가 없다고 주장함은 심각한 오류입니다. 믿음이 약하다는 것과 믿음이 없다는 것은 전혀 별개의 문제입니다. 시력이 약한 사람은 눈에 결함이 있을 뿐, 시력 자체가 없는 것은 아닙니다. 많은 죄 아래 눌려 있어서 그렇지, 작은 은혜도 은혜입니다.

은혜의 작은 불꽃이 꺼지지 않는다면 결국 은혜를 잃는 일은 없다는 크나큰 진실이 도출됩니다. 작은 은혜라 해서 죽어 없어진다면, 꺼져 가는 심지도 꺼질 것입니다. 은혜가 두려움과 의심에 흔들릴 수는 있어도 뿌리째 뽑히는 일은 없습니다. 거짓 은혜가 죽는다는 점은 인정할 수 있습니다. 이 들불도 타오를 수 있지만, 성령께서 붙여 주신 불은 아닙니다. 은혜는 영혼 속에서 자고 있을 뿐 죽지는 않습니다. 뇌졸중에 걸린 사람에게 생명력이 없듯, 은혜 또한 힘을 잃고 쇠잔해질 뿐 소멸하지는 않습니다. 그리스도인은 열매 떨어진 가을 나무처럼 위로를 잃을 수 있지만, 포도나무에는 여전히 수액이 있으며 하나님의 씨가 그 사람 속에 있습니다.요일 3:9 은혜는 영원의 꽃입니다.

이 꺼져 가는 심지는 고통과 질고에 의해 꺼질 수 없으니, 플리니가 소개한 그 나무들과 같습니다. 그 나무들은 홍해에서 자라는데, 거친 파도를 맞아도 우뚝 서 있고 더러는 물에 온전히 잠기지만 무성히 자란다고 합니다. 은혜는 찬란히 빛나며 깨지지 않는 다이아몬드와 같습니다.

은혜는 결코 완전히 폐기되지 않는다는 이 사실이야말로 경이로운 일임을 나는 인정하지 않을 수 없거니와, 다음의 두 가지 사실을 생각해 볼 때는 더더욱 그러합니다.

첫째, 사탄의 악의. 그는 악의에 찬 영이니 우리의 하늘 길에 덫과 같은 장애물들을 놓습니다. 마귀는 유혹의 바람을 일으켜 우리 마음에 있는 은혜의 불꽃을 꺼뜨리고자 애를 씁니다. 그리고 이러한 시도가 여의치 않을 때는 악인들을 선동하고 지옥의 군대를 일으켜 우리와 대적하게 합니다. 이 은혜의 밝은 별이 용의 꼬리에 쓸려 나가지 않음이 얼마나 놀라운 일인지요!

둘째, 우리 마음에 있는 죄의 세계. 우리 그리스도인의 마음은 거의 죄가 차지하고 있다 해도 과언이 아닙니다. 아무리 뛰어난 마음에도 순수한 주정보다는 앙금과 찌꺼기가 더 많습니다. 이렇듯 우리 마음은 죄로 넘실댑니다. 우리 영혼에 교만과 불신이 얼마나 많은지요! 그러니 그토록 빽빽한 가시덤불 속에서도 이 은혜의 백합이 자랄 수 있다는 이 사실이 놀랍지 않습니까? 이 작은 은혜가 그토록 많은 죄악 가운데서도 보존됨은 광풍이 몰아치는 바다 한가운데서도 꺼지지 않고 타오르는 촛불을 보는 일만큼이나 크나큰 경이입니다.

은혜가 비록 갓 태어나 숨을 쉬려고 버둥거리는 아기처럼 무수한 어려움 가운데서 살고 있다 해도, 하나님에게서 난 것이니 죽는 일은 없습니다. 죄악과 싸우는 은혜는 파도와 싸우는 배와 같이 흔들리고 휩쓸리지만 폭풍우를 이겨내고 마침내는 그토록 바라던 천국에 닿습니다. 은혜가 꺼진다면, "꺼져 가는 심지를 끄지 않을 것이다" 하신 이 구절의 진실성이 어떻게 입증될 수 있겠습니까?

질문 하지만 아무리 작은 은혜라 해도 꺼지지 않는 이유는 무엇입니까?

대답 그것은 성령의 강력한 활동 때문입니다. 근원 되시는 하나님의 성령께서는 우리 마음의 은혜를 끊임없이 자극하고 흔들어 깨우십니다. 그분께서는 믿는 자들 안에서 날마다 일하고 계십니다. 그분께서는 은혜의 등불에 기름을 부어 꺼지지 않도록 하십니다. 은혜는 생명수가 흐르는 강물에 비유됩니다.요 7:38 은혜의 강물은 결코 마르지 아니하니, 하나님의 성령께서 이 강에 물을 대는 근원이시기 때문입니다.

다음에 언급하는 은혜의 언약을 보더라도 꺼져 가는 심지가 꺼질 수 없음은 명백합니다. "비록 산들이 옮겨지고 언덕이 흔들린다 하여도, 나의 은총이 너에게서 떠나지 않으며 평화의 언약을 파기하지 않겠다.……주님께서 하시는 말씀이다."^{사 54:10} 은혜를 잃는 일이 있을진대, 그것을 어찌 확고부동한 언약이라 할 수 있겠습니까? 은혜가 죽고 꺼져 가는 심지가 꺼진다면, 그리스도 안에 있는 우리의 상태를 어찌 아담 안에 있었던 상태보다 낫다 할 수 있겠습니까? 은혜의 언약은 "더 좋은 언약"이라고 합니다.^{히 7:22} 은혜의 언약은 어찌하여 아담에게 주신 언약보다 더 좋은 언약입니까? 이 언약을 보증하시는 분이 더 좋고 이 언약에 담긴 특권들이 더 좋을 뿐 아니라 이 언약에 부가된 조건들 또한 더 좋기 때문입니다. "하나님이 나로 더불어 영원한 언약을 세우시고, 만사에 아쉬움 없이 잘 갖추어 주시고 견고하게 하셨으니."^{삼하 23:5} 이 언약에 들어온 이들은 누구나 궤도에 고정된 별과 같으니 결단코 사라지지 아니합니다. 은혜가 죽어 소멸한다면 더 좋은 언약이 아닐 것입니다.

이의 하지만 우리는 성령을 소멸하지 말라는 말을 듣는데,^{살전 5:19} 이는 성령의 은혜도 잃어버릴 수 있고 꺼져 가는 심지도 꺼질 수 있다는 암시가 아닌지요?

대답 우리는 성령의 일반사역과 성화사역을 구분해야 합니다. 전자는 소멸할 수 있으나 후자는 소멸하지 않습니다. 성령의 일반사역은 얼음 위에 그린 그림과 같아서 곧 지워 없어집니다. 성화사역은 금으로 만든 조각상과 같으니 항구적입니다.

성령의 은사는 소멸할 수 있으나 은혜는 그렇지 않습니다. 성령의 조명과 기름 부음이 있습니다. 성령의 조명은 사라질 수 있으나 기름 부음은 남습니다. "그가 기름 부어 주신 것이 여러분 속에 머물러 있으니."요일 2:27 위선자의 불꽃은 꺼져도 믿는 자의 불꽃은 살아서 타오릅니다. 전자는 혜성에서 나온 빛이니 함부로 낭비되어 소멸합니다.마 25:8 후자는 별에서 나온 빛이니 그 광채를 유지합니다.

∴

이제 주님의 성도는 지금까지 언급한 모든 것을 고려하여 다음의 두 가지를 행해야 합니다.

1. 자신의 특권을 믿어야 합니다

자신의 은혜의 불씨가 꺼지지 않는다는 것은 성도의 비길 데 없는 행복입니다.삼하 14:7 그러니 성도의 영혼에 있는 그 작고 여린 은혜는 죽지 않고 생기를 되찾아 자라날 것입니다. 주님께서는 꺼져 가는 심지를 타오르는 등불로 만드실 것입니다. 그리스도인이 중심을 잡지 못하고 늘 이리저리 흔들린다면 얼마나 슬픈 일이겠습니까. 하루는 그리스도의 지체였다가 다음날이면 사탄의 수족이 되고, 오늘은 그의 영혼에서 은혜가 빛나는데 내일이면 그 등불이 꺼져 어두워진다면, 그리스도인의 위로는 사라지고 구원의 금사슬은 끊어져 동강날 것입니다. 하지만 그리스도인들이여, 여러분 가운데서 선한 일을 시작하신 분께서 그 일을 완성하실 것임을 확신합시다.[빌 1:6] 그리스도께서는 정의를 승리로 이끄실 것입니다. 대적하는 모든 죄악을 이기고 영광스러운 승리를 거두시는 것입니다. 은혜가 결국 소멸한다면 꺼져 가는 심지는 어찌 되겠습니까? 그리고 "믿음의 완성자"라는[히 12:2] 이 호칭이 어찌 그리스도께 합당히 부여되겠습니까?

이의 꺼져 가는 심지로서 이제 겨우 은혜의 싹을 가지고 있을 뿐인 이들에게 이것이 의심의 여지없는 특권임은 명백하지만, 아무래도 나는 꺼져 가는 심지가 아닌 것 같습니다. 나는 내 안에서 은혜의 불꽃을 볼 수 없습니다.

대답 나는 꺼져 가는 심지를 위로하고자 하는데 여러분은 어찌하여 이처럼 여러분 자신을 불신합니까? 여러분은 왜 자신에게 은혜가 없다고 생각합니까? 내가 믿기로 여러분에게는 결단코 쉽게 단념해서는 안되는 귀한 것이 있습니다. 여러분은 은혜를 오빌의 정금보다 귀하게 여깁니다. 하나님의 성령께서 여러분의 눈을 열어 주지 않으셨다면, 여러분이 어떻게 이 은혜라는 보석의 가치와 광채를 알아볼 수 있습니까? 여러분은 믿고 싶어 하고, 스스로의 불신을 한탄하며 웁니다. 이러한 눈물은 믿음의 싹이 아닙니까? 여러분은 그리스도를 열망하고, 그분 없이는 만족스러워하지 못합니다. 이처럼 맥박이 뛴다는 것은 살아 있다는 증거입니다. 철은 자석이 끌어올리지 않으면 위로 움직일 수 없습니다. 마음 또한 하늘의 자석이 끌어올리지 않으면 하나님을 향한 거룩한 열망으로 위를 향할 수 없습니다. 그리스도인들이여, 죄는 여러분의 짐이요 그리스도는 여러분의 기쁨이라고 여러분은 말할 수 있습니까? 또한 베드로처럼 "내가 주님을 사랑하는 줄을 주님께서 아십니다."요 21:17라고 말할 수 있습니까? 이것이 꺼져 가는 심지이니 주께서는 이 심지를 끄지 아니하실 것입니다. 여러분의 은혜는 무성히 자라 영광에 이를 것입니다. 하나님께서는 여러분의 마음에 이제 막 피어나기 시작하는 성령의 불꽃을 끄시느니 태양의 불꽃을 끄고자 하실 것입니다.

2. 자신의 의무를 실행해야 합니다

신자들에게 요구되는 두 가지 의무가 있습니다.

첫째, 사랑. 주님께서는 꺼져 가는 심지를 끄지 아니하시고, 마침내는 모든 반대를 물리쳐 승리하게 하십니까? 그렇다면 꺼져 가는 심지는 하나님을 향한 사랑으로 불타올라야 할 것입니다! "주님을 믿는 성도들아, 너희 모두 주님을 사랑하여라."시 31:23 성도들은 하나님께 빚진 것이 그토록 많고 갚을 길은 막막한데, 그분을 사랑하지 못한다면 곤경을 피할 방도가 없습니다. 성도 여러분이여, 하나님께서는 여러분의 영혼 안에서 점진적으로 은혜를 늘려 나가시는 분이십니다. 그분께서는 아들에게 적은 돈으로 장사를 시작하게 하는 아버지와 같으니, 아들이 그 돈으로 작은 거래를 성사시키면 자본금을 더 늘려 주시는 것입니다. 이처럼 하나님께서는 여러분의 자본금을 지속적으로 늘려 주십니다. 그분께서는 여러분의 은혜의 등불에 날마다 기름을 조금씩 채

위 주셔서 불이 꺼지지 않도록 하십니다. 이러하므로 여러분은 하나님을 사랑해야 하거니와, 그분께서는 은혜의 사역을 쇠하게 아니하시고 완성하십니다. "그는……꺼져 가는 심지를 끄지 않을 것이다." 하나님의 백성들은 끊임없이 사랑을 표현하고 찬양의 노래를 부르게 될 천국을 얼마나 사모해야 하는지요!

둘째, 열심. 그리스도께서 꺼져 가는 심지를 끄지 아니하시고 영광의 빛으로 타오르게 하신다면, 우리는 아무런 수고도 할 필요가 없고 모든 일을 하나님께서 하시도록 맡겨 두어도 된다고 생각하는 사람들이 있습니다. 올바른 전제에서 그릇된 결론을 이끌어 내지 않도록 주의하십시오. 내가 지금까지 이야기한 것은 믿음을 격려하기 위함이지 게으름을 조장하려 함이 아닙니다. 우리는 가만히 앉아 있는데 하나님께서 우리의 일을 해주시리라고 생각해서는 안됩니다. 그분께서 당신의 성령으로 은혜의 불꽃을 불어 키우신다면 우리 또한 거룩한 노력으로 이 불꽃을 불어 키워야 합니다. 하나님께서는 잠이나 자고 있는 우리를 천국으로 데려가는 것이 아니라 기도하는 우리를 데려가실 것입니다. 주께서 바울에게 배 안에 있는 모든 사람이 안전하게 해안에 닿으리라고 말씀하셨지만, 그것은 수단의 사용을 전제로 한 것이었습니다. "만일 이 사람들이 배에 그대로 남아 있지 않으면, 당신들은 무사할 수 없습니다."행 27:31 그러므로 성도들은 분명히 구원에 이를 것입니다. 그들은 마침내 해안에 닿겠지만, 그러려면 반드시 배 안에 남아 있어야, 즉 규례를 지켜 행해야 하며 그렇지 않을 경우는 무사할 수 없을 것입니다. 그리스도께서는 제자들에게 이처럼 보증하셨습니다. "아무도 그들을 내 손에서 빼앗아 가지 못할 것이다."요 10:28 하지만 그분께서는 이와 같은 권면도 주셨습니다. "시험에 빠지지 않도록 깨어서 기도하여라."마 26:41 하나님의 씨는 죽지 않겠지만, 반드시 우리가 그 씨앗에 눈물로 물을 주어야 합니다. 꺼져 가는 심지는 꺼지지 않겠지만, 반드시 우리가 우리의 노력이라는 숨으로 그 심지를 불어 키워야 합니다.

경건한 사람들에게 주는 두 번째 위로는 경건이 그들을 높이 올려 예수 그리스도와 친밀하고 영광스러운 연합을 이루게 한다는 것입니다. 이 내용은 다음 장으로 넘기겠습니다.

chapter **12.**

그리스도와 성도들의 신비한 연합

임은 나의 것, 나는 임의 것.^{아 2:16}

이 아가서 구절에서 우리는 그리스도와 그분 교회의 사랑이 서로를 향하여 전속력으로 치닫는 모습을 봅니다. 위 구절은 다음의 세 부분으로 구성됩니다. 첫째, 사랑의 상징: "임은." 둘째, 소유의 표현: "나의 것." 셋째, 거룩한 복종: "나는 임의 것."

그리스도와 신자들 사이에는 혼인의 연합이 있습니다. 사도는 혼인에 관해 전반적인 내용을 다루고 그 장을 이렇게 마무리합니다. "이 비밀은 큽니다. 나는 그리스도와 교회를 두고 이 말을 합니다."^{엡 5:32} 연합으로 하나 됨보다 가까운 것이 무엇입니까? 무엇이 더 감미롭습니까? 그리스도와의 연합에는 두 가지가 있습니다.

1. 선천적 연합

이 연합은 사람들 누구에게나 있는데, 이는 그리스도께서 천사들이 아니라 사람들의 본성을 취하셨기 때문입니다.히 2:16-17 하지만 사람들에게 있는 것이 이 선천적 연합뿐이라면 아무런 위로도 되지 못할 것입니다. 그리스도께서 그들의 본성과 연합하셨음에도 무수한 사람들이 저주 아래 있습니다.

2. 거룩한 연합

이 연합에 의해 우리는 그리스도와 신비하게 연합됩니다. 그리스도와의 연합은 개인적인 것이 아닙니다. 그리스도의 본질이 신자 각 사람에게 개별적으로 주입된다면, 결국 신자 한 사람 한 사람이 하는 모든 행위가 흠이 없고 뛰어난 것이라는 뜻이 됩니다. 그러나 그리스도와 성도의 연합은 첫째, 계약적입니다. "임은 나의 것." 아버지 하나님께서는 신부를 주고, 아들 하나님께서는 신부를 받아들이며, 성령 하나님께서는 혼인의 매듭을 엮습니다. 성령께서는 우리의 의지를 그리스도께 묶고 그리스도의 사랑을 우리에게 묶으시는 것입니다. 둘째, 효과적입니다. 그리스도께서는 당신의 은혜와 영향력으로 신부와 연합하십니다. "우리는 모두 그의 충만함에서 선물을 받되, 은혜에 은혜를 더하여 받았다."요 1:16 그리스도께서는 신부에게 당신의 형상을 전해 주시고 당신의 거룩하심의 인장을 찍어 주심으로 신부와 하나 되십니다.

그리스도와의 이 연합이 비밀스럽고 신비하다는 것은 당연합니다. 연합의 방식을 설명하기는 어렵습니다. 우리의 영혼이 육체와 어떻게 연합하는지, 또한 그리스도께서 우리 영혼과 어떻게 연합하시는지 말하기는 어렵습니다. 하지만 이 연합이 영적이라 해도 실재임은 명백합니다. 자연의 일들은 흔히 알 수 없는 방식으로 작동하지만 실재합니다.전 11:5 우리는 해시계의 눈금판을 지나는 그림자의 움직임을 볼 수 없지만, 그것은 분명히 움직입니다. 태양이 지상의 수증기를 발산시키고 끌어올리는 방식을 우리는 지각할 수 없지만 그것은 실재합니다. 그러므로 그리스도와 우리 영혼의 연합은 이성의 눈으로는 지각할 수 없지만 여전히 실재합니다.고전 6:17

그리스도와의 이 연합에 앞서 분리가 있어야 합니다. 마음은 사랑하는 다른 모든 것들과 결별해야 하는데, 이는 혼인할 때 부모를 떠남과 같습니다. "왕후님의 겨레와 아버지의 집을 잊으십시오."시 45:10 그러므로 우리의 이전 죄들을 떠나보내고 지옥과 맺은 옛 동맹을 파기한 후에야 우리는 그리스도와 연합할 수 있습니다. "에브라임이 고백할 것이다. '나는 이제 우상들과 아무 상관이 없습니다'"(혹은 히브리어의 뜻 그대로 "슬픈 것들과 아무 상관이 없습니다").호 14:8 이전에 연인으로 보이던 죄들이 지금 보니 슬픈 것들이었습니다. 연합에 앞서 분리가 있어야 합니다. 그리스도와 우리의 혼인의 연합에는 두 가지 목적이 있습니다.

첫째, 동거. 이것이 혼인의 한 목적이니, 곧 함께 살기입니다. "그리스도를 여러분의 마음속에 머물러 계시게 하여 주시기를 빕니다."엡 3:17 가끔씩 규례를 지키며 인사치레로 그리스도를 찾아뢰는 것으로는 충분치 않고—위선자들은 물론 이렇게 합니다만—반드시 상호간의 사귐이 있어야 합니다. 언제나 그리스도에 대한 생각이 머리에서 떠나지 않아야 합니다. "그리스도의 계명을 지키는 사람은 그리스도 안에 있고."요일 3:24 혼인한 이들은 떨어져 살지 않습니다.

둘째, 열매 맺음. "그래서 여러분은 다른 분, 곧 죽은 사람들 가운데서 살아나신 그분에게 속하게 되었습니다. 그것은 우리가 하나님을 위하여 열매를 맺게 하기 위함입니다."롬 7:4 신부는 성령의 열매를 맺습니다. "사랑과 기쁨과 화평과 인내와 친절과……."갈 5:22 그리스도의 신부로서 열매 맺지 못함은 부끄러운 일입니다.

그리스도와 혼인으로 이루는 이 연합은 무엇보다 고귀하고 뛰어난 연합입니다. 이 연합의 특징은 다음과 같습니다.

첫째, 그리스도께서는 다수와 연합하십니다. 다른 혼인에서는 한 사람만을 배우자로 맞아들이지만, 이 혼인에서는 무수한 이들을 맞아들입니다. 그렇지 않으면 불쌍한 영혼들이 울며 소리칠 것입니다. "슬프도다! 그리스도께서 저 잘난 아무개와 혼인하셨구나. 하지만 그것이 나와 무슨 상관이란 말인가? 나는 버림받았도다." 아닙니다. 그리스도께서는 다수와 혼인하십니다. 이는 거룩하고 정숙한 일부다처제입니다. 아무리 다수라 해도 이 혼인의 침소는 더럽혀지지 않습니다. 겸손히 믿는 마음으로 오는 불쌍한 죄인은 누구나 그리스도와 혼인할 수 있습니다.

둘째, 이 거룩한 혼인에는 여타의 혼인에서 볼 수 있는 것보다 한층 긴밀한 연합이 있습니다. 다른 혼인에서는 두 사람이 한 몸이 되지만, 그리스도와 신자는 한 영이 됩니다. "주님과 합하는 사람은 그와 한 영이 됩니다."고전 6:17 그래서 영혼이 육체보다 뛰어나고 기쁨의 여지가 한층 크듯이, 이 영혼의 연합 또한 다른 어떠한 혼인 관계에서 얻을 수 있는 것보다 뛰어나고 놀라운 기쁨과 매력을 선사하는 것입니다. 신비한 연합에서 흘러나오는 그 기쁨은 말로 다 표현할 수 없는 기쁨이요 영광이 가득한 기쁨입니다.벧전 1:8

셋째, 그리스도와의 이 연합은 결코 끝나지 않습니다. "끊어지지 않는 인연으로 결합한 사람들은 지극히 행복하여라"(호라티우스). 다른 혼인은 곧 끝납니다. 죽음이 혼인의 매듭을 잘라 버리지만, 이 혼인의 연합은 영원합니다. 한번 그리스도의 신부가 된 이들은 결단코 과부가 될 일이 없습니다. "그때에 내가 너를 영원히 아내로 맞아들이고."호 2:19 정확히 말하자면, 우리와 그리스도의 혼인은 다른 혼인이 끝나는 시점, 곧 죽음의 순간에 시작됩니다.

그러므로 이 세상에 사는 동안에는 약혼만 있을 뿐입니다. 유대인들은 약혼과 혼인 사이에 일 년 정도의 유예기간을 두었습니다. 이생에는 약혼이 있을 뿐이니, 혼인 당사자들 사이에 약속이 이루어지고, 그리스도와 우리 영혼은 은밀히 사랑을 주고받는 것입니다. 그분께서는 웃는 얼굴로 영혼을 바라보시고, 영혼은 그리운 마음을 보내며 사랑의 눈물을 떨굽니다. 하지만 이 모든 것은 혼인에 이르기 위한 예비 단계일 뿐입니다. 영광스럽게 혼인을 거행하고 축하하는 일은 천국에 예비되어 있습니다. 천국에서는 어린양의 혼인 잔치가 있으며,^{계 19:9} 사랑의 향기 가득한 영광스러운 침소가 있으니, 선택받은 영혼들은 거기서 영원히 위로받을 것입니다. "이리하여 우리가 항상 주님과 함께 있을 것입니다."^{살전 4:17} 그러므로 죽음은 우리와 그리스도의 혼인의 시작일 뿐입니다.

적용 1 그리스도께서 신비한 몸의 머리이시면,^{엡 1:22} 이 가르침에 의해 교황의 머리는 떨어져 나갈 수밖에 없습니다. 그 죄악스러운 인간은 교회의 머리라는 대권을 찬탈하고, 결과적으로 그리스도의 혼인의 침소를 더럽히게 될 것입니다. 이처럼 망령된 일이 있다니요! 한 몸에 머리가 둘이면 괴물일 뿐입니다. 그리스도께서는 유일한 남편이시듯 유일한 머리이십니다. 대리 남편이라는 것은 없으니, 누구도 그분의 자리를 대신할 수 없는 것입니다. 교황은 요한계시록에 나오는 그 짐승입니다.^{계 13:11} 그를 교회의 머리로 삼는다는 것, 이것이 사람의 몸 위에 짐승의 머리를 얹는 것이 아니면 무엇이겠습니까?

적용 2 그와 같은 혼인의 연합이 있다면, 우리가 과연 그리스도와 연합했는지 다음과 같이 평가해 봅시다.

첫째, 우리는 우리의 사랑을 온전히 바칠 분으로 그리스도를 선택했으며, 이 선택은 지식에 근거한 것입니까?

둘째, 우리는 이 혼인에 동의했습니까? 그리스도께서 우리를 기꺼이 소유하시는 것만으로는 충분치 않으니, 우리 또한 그분을 기꺼이 소유할 마음이 있습니까? 하나님께서는 우리에게 구원을 강요하지 않으시며, 따라서 우리는 우리의 의사와 상관없이 무조건 그리스도를 소유하는 것이 아닙니다. 우리는 그분을 소유하겠다고 동의해야 합니다. 많은 이들이 그리스도를 좋다고 하면서 동의하지는 않고 있습니다. 그러므로 이 동의는 순수하고 진실해야 합니다. 우리는 오로지 그분 자체의 가치와 뛰어남으로 인해 그분을 소유하겠다고 동의합니다. "사람이 낳은 아들 가운데서 임금님은 가장 아름다운 분."시 45:2 또한 즉각적이어야 합니다. "지금이야말로 은혜의 때요."고후 6:2 우리가 지체와 변명으로 그리스도를 따돌리면, 아마도 그분께서는 더 이상 오시지 아니하시고 우리에게 구애하시는 일도 그만두실 것입니다. "그분의 영은 더 이상 머물지 아니할 것입니다." 그리하면, 불쌍한 죄인들이여, 어찌하렵니까? 하나님의 구애가 끝나면 여러분의 슬픔이 시작됩니다.

셋째, 우리는 그리스도를 맞아들였습니까? 믿음은 연합의 끈입니다. 그리스도께서는 성령으로 우리와 결합하시고, 우리는 믿음으로 그분과 결합합니다. 믿음은 혼인의 매듭을 묶습니다.

넷째, 우리는 그리스도께 우리 자신을 온전히 내어 드렸습니까? 그러므로 아가서 본문의 신부는 말합니다. "나는 임의 것." 이는 거의 이런 뜻의 말 같습니다. "내가 가진 모든 것은 오로지 그리스도를 위한 것입니다." 우리는 항복했습니까? 우리는 우리의 이름도 의지도 그리스도께 내어 드렸습니까? 마귀가 와서 유혹할 때, 우리는 이렇게 말합니까? "우리는 우리의 것이 아니라 그리스도의 것이다. 우리의 혀는 그분의 것이니, 욕설로 그분의 혀를 더럽힐 수 없다. 우리의 몸은 그분의 성전이니, 죄를 지어 그분의 성전을 오염시킬 수 없다." 이와 같이 한다면, 이는 성령께서 그리스도와 우리의 이 거룩한 연합을 만들어 내셨다는 징표입니다.

적용 3 이와 같이 신비한 연합이 있습니까? 그렇다면 그로부터 많은 것들을 추론해 낼 수 있습니다.

첫째, 참된 모든 신자들은 위엄이 있습니다. 그들은 그리스도와 혼인으로 결합했습니다. 이는 동화요 연합이니, 그들은 그리스도를 닮을 뿐 아니라 그분과 하나가 됩니다. 모든 성도가 이 영광을 누립니다. 왕이 거지와 혼인하면, 그 결합으로 인해 그녀는 신분이 높아져 왕족이 됩니다. 악인들이 어둠의 제왕과 결합하고 그 제왕이 그들에게 유산으로 지옥을 물려주듯이, 경건한 사람들은 "왕들의 왕"이요 "군주들의 군주"계 19:16이신 그리스도와 거룩하게 연합합니다. 그리고 이 거룩한 연합으로 인해 성도들은 천사들보다 존귀하게 됩니다. 그리스도께서는 천사들의 주님이시기는 하지만 남편은 아닙니다.

둘째, 혼인한 모든 성도들은 행복합니다. 그들은 가장 좋은 남편이신 그리스도와 연합했습니다. "나의 임은……만인 가운데 으뜸이다."아 5:10 그리스도께서는 비할 바 없는 남편이십니다.

(1) 그토록 친절히 보살펴 주심으로 인해. 신부가 자신의 영혼과 평판에 아무리 마음 쓴다 해도 그리스도께서 신부에게 마음 써 주시는 정도에는 결코 미치지 못합니다. "하나님께서는 여러분을 돌보고 계십니다."^{벧전 5:7} 그리스도께서는 우리 구원의 일을 어떻게 진행하실지 깊이 생각하시며 계획하십니다. 그분께서는 우리의 모든 일을 처리하시며, 우리의 일을 당신의 일처럼 돌보아 주십니다. 진정으로 그분께서는 그 일에 관여하십니다. 그분께서는 신부에게 새 양식을 가져다 주십니다. 신부가 길을 벗어나 헤매면 길을 인도해 주십니다. 비틀거리면 손을 잡아 주시고, 넘어지면 일으켜 주십니다. 기력을 잃을 때는 당신의 성령으로 활력을 주십니다. 고집을 부리면 사랑의 끈으로 잡아끄십니다. 슬픔에 빠져 있을 때는 당신의 약속으로 위로해 주십니다.

(2) 불같은 사랑으로 인해. 어떤 남편도 그리스도처럼 사랑할 수는 없습니다. 주께서 백성들에게 말씀하셨습니다. "나는 너희를 사랑한다." 백성들이 말했습니다. "주님께서 우리를 사랑하신다는 증거가 어디에 있습니까?"^{말 1:2} 하지만 우리는 그리스도께 주님께서 우리를 사랑하신다는 증거가 어디에 있느냐고 말할 수 없습니다. 그리스도께서는 당신의 신부를 향한 사랑의 진정한 증거를 보여주셨습니다. 사랑의 편지인 당신의 말씀을 신부에게 보내셨고, 사랑의 정표인 당신의 성령을 신부에게 주신 것입니다. 그리스도께서는 다른 어떠한 남

편들보다 많이 사랑하십니다. ① 그리스도께서는 당신의 신부에게 더 아름다운 옷을 입혀 주십니다. "주님께서 나에게 구원의 옷을 입혀 주시고 의의 겉옷으로 둘러 주셨으니."사 61:10 우리가 이 옷을 입고 있으면, 하나님께서는 우리가 아무런 죄도 짓지 않은 듯 보아주십니다. 이 옷은 그리스도의 것이지만 우리에게 주셨으니 이제 진정으로 우리의 옷으로서 우리를 의롭게 합니다. 이 옷은 가려 줄 뿐 아니라 빛나게도 합니다. 이 옷을 입고 있는 이상 우리는 의롭다 여김을 받는데, 천사들처럼 의로울 뿐 아니라 아예 그리스도처럼 의롭게 됩니다. "그것은 우리가 그리스도 안에서 하나님의 의가 되게 하시려는 것입니다."고후 5:21 ② 그리스도께서는 신부에게 당신의 빛나는 예복만 아니라 당신의 모습까지 주십니다. 그분께서는 신부를 끝까지 사랑하셔서 마침내 당신의 모습을 닮게 하십니다. 여타의 남편은 아내를 지극히 사랑할 수는 있어도, 아내에게 자신의 모습을 도장처럼 찍어 줄 수는 없습니다. 아내가 추하면, 그는 아마 그것을 가리라고 너울을 줄 수는 있겠지만 자신의 아름다움을 아내에게 덧입혀 줄 수는 없는 것입니다. 하지만 그리스도께서는 신부에게 "거룩의 아름다움"을 나누어 주십니다. "내가 네게 베푼 화려함으로 네 아름다움이 완전하게 된 것이다."겔 16:14 그리스도께서는 우리의 영혼과 혼인하시면 이 영혼을 아름답게 만들어 줍니다. "아름답기만 한 그대, 나의 사랑."아 4:7 그리스도께서는 신부에게서 당신의 얼굴이 보이기까지는 결코 당신의 신부 사랑을 족하다 여기지 아니하십니다. ③ 그리스도께서는 다른 남편들이 갚아 줄 수 없는 빚을 갚아 주십니다. 우리의 죄는 우리가 갚아야 할 악성부채입니다. 모든 천사들이 모금을 한다 해도, 우리가 진 빚 전부는 고사하고 한 건조차 갚을 수 없습니다. 하지만 그리스도께서는 이 모든 빚에서 우리를 벗어나게 해주십니다. 그분은 남편이시며 보증하시는 분이시기 때문입니다. 바울이 오네시모와 관련하여 한 말을 그리스도께서는 정의에게 그대로 이르십니다. "그가 그대에게 잘못한 것이 있거나 빚진 것이 있거든 그것을 내 앞으로 달아 놓아 주십시오."몬 18절 ④ 그리스도께서는 당신의 신부를 위하여 다른 어떠한 남편보다 많은 고난을 당하셨습니다. 그분께서는 가난과 멸시를 겪으셨습니다. 창공의 머리에 뭇별들을 씌워 주시던 이께서 가시관을 쓰셨습니다. 그분께서는 죄인들의 친구라 불리셨으니, 이는 우리를 천사들의 친구로 삼아 주시기 위함이었습니다. 그분께서는 당신의 생명을 돌보지 않으셨으니, 익사해 가는 우리를 구하시고자 당신 아버지의 진노의 바다에 뛰어드셨던 것입니다. ⑤ 그리스도의 사랑은 당신의 생명을 주신 것으로 끝나지 않습니다. 그분께서는 신부를 영원히 사랑하십니다. "너를 [영원히] 아내로 삼겠다."호 2:19 사도가 이 사랑을 일러 "지식을 초월하는 그리스도의 사랑"이라 함은 당연합니다.엡 3:19

셋째, 신자들은 부요합니다. 그들은 혼인으로 천국의 신부가 되었고, 이 혼인의 연합으로 그리스도의 모든 부요는 신자들에게 갑니다. "사귐은 연합에 근거한다." 그리스도께서는 당신의 은혜를 선물로 주십니다.요 1:16 그분께서 부요하시니 신자들은 부족함이 없습니다. 그분께서는 칭의와 영광 같은 특권도 주십니다. 그분께서는 당신의 신부에게 나라를 유산으로 주십니다.히 12:28 이것이 바로 사도가 말한바 "아무것도 가지지 않은 사람 같으나 모든 것을 가진 사람"고후 6:10이라는 역설의 비밀입니다. 성도들은 혼인의 연합으로 그리스도의 모든 부요에 대한 권리가 있습니다.

넷째, 성도들을 핍박함은 무서운 일입니다. 그것은 그리스도께 해를 입히는 일인데, 신자들은 그분과 신비한 방식으로 하나가 되었기 때문입니다. "사울아, 사울아, 네가 왜 나를 핍박하느냐?"행 9:4 몸이 해를 당하니, 천국에 계신 머리 되신 이께서 소리치셨던 것입니다. 이런 의미에서 사람들은 그리스도를 다시금 십자가에 못 박는데, 이는 그분의 지체들에게 행한 것이 곧 그분에게 행한 것이 되기 때문입니다. 기드온이 자신의 형제들을 죽인 자들에게 복수했다면,삿 8:21 그리스도께서야 당신의 신부를 해롭게 한 자들에게 더더욱 복수하시지 않겠습니까? 자신의 보물이 약탈당하고 자신의 왕관이 땅바닥에 굴러 떨어지며 자신의 왕비가 참수당하도록 내버려 두는 왕이 있습니까? 그리스도께서 당신의 신부에게 가해지는 모욕과 상해를 참아 주시겠습니까? 성도들은 그리스도의 눈동자이니,슥 2:8 그분의 눈동자를 치는 자들은 마땅히 책임져야 합니다. "너를 억압하는 자들로 서로 쳐 죽이게 하고, 새 포도주에 취하듯이 저희들끼리 피를 나누어 마시고 취하게 하겠다."

사 49:26

다섯째, 성도들은 말씀과 성찬을 기뻐합니다. 그것은 여기에서 그들의 남편 되시는 그리스도를 만나 뵙기 때문입니다. 아내는 남편이 있는 곳에 있고 싶어 합니다. 규례는 그리스도께서 타고 계신 병거요, 잠시 내다보시며 웃는 얼굴을 보여주시는 격자창입니다. 그리스도께서는 여기에 사랑의 깃발을 내거십니다.^{아 2:4} 주님의 만찬은 성도들이 장차 천국에서 그리스도와 더불어 나누게 될 그 영원한 친교의 약속이요 보증일 뿐입니다. 그때가 되면 그리스도께서는 신부를 안아 주실 것입니다. 우리가 규례를 지켜 행하는 중에 믿음으로 스치듯 희미하게만 뵙는 그리스도의 모습이 그토록 아름다우실진대, 장차 그분의 얼굴을 직접 뵈오며 영원히 그분의 품에 안겨 있게 될 천국에서야 그분의 모습은 얼마나 큰 기쁨이요 열락이겠습니까!

적용 4 이 신비한 연합은 여러 경우에 걸쳐 신자들에게 많은 위로를 줍니다.

첫째, 세상의 멸시와 불친절의 경우. "그들은 나에게……원한 맺힌 마음으로 분노를 터뜨립니다."^{시 55:3} 이렇듯 우리가 불친절하고 위협적인 세상에 살고 있다 해도 우리에게는 친절하신 남편이 계십니다. "아버지께서 나를 사랑하신 것과 같이, 나도 너희를 사랑하였다."^{요 15:9} 천사가 과연 아버지 하나님께서 그리스도를 얼마나 사랑하시는지 알겠습니까? 하지만 그리스도를 향하신 아버지의 사랑은 본이요 바탕이었으니, 여기서 신부를 향하신 그리스도의 사랑이 똑같이 나왔습니다. 그리스도의 이 사랑은, 해가 횃불보다 밝듯, 인간의 모든 사랑을 무궁히 초월합니다. 위로가 되는 일 아닙니까? 세상이 나를 미워하나 그리스도께서는 변함없이 나를 사랑하십니다.

둘째, 은혜가 약한 경우. 떨리는 손이 아니고는 그리스도를 잡을 수 없는 신자들이 있습니다. 그들에게는 열여덟 해나 된 "병마"가 있습니다. 오, 그러나 약한 그리스도인들이여, 크나큰 위로는 이것이니, 혼인의 연합이 있다는 것입니다. 여러분은 그리스도의 신부이며, 그분께서는 여러분을 더 연약한 그릇으로 보시고 참아 주실 것입니다. 아내가 약하거나 병들었다고 버려야 합니까? 아닙니다. 아내가 약할수록 남편은 더 보살펴야 합니다. 그리스도께서는 배신을 싫어하시고 약함은 동정하십니다. 신부가 약해서 쓰러지려 할 때, 그리스도께서는 왼팔로 신부의 머리를 고여 주십니다.^{아 2:6} 이것이 연약한 신부의 위로입니다. 남편께서는 신부에게 힘을 불어넣어 주실 수 있습니다. "주님은 내 힘이 되셨다."^{사 49:5}

셋째, 죽음과 임종의 경우. 신자들은 죽으면 그들의 남편 되시는 분께 갑니다. 이 죽음의 심연을 건너기만 하면 남편 되시는 그리스도를 만날 터인데 죽음을 마다할 자 누구이겠습니까? "내가 원하는 것은 세상을 떠나서 그리스도와 함께 있는 것입니다."^{빌 1:23} 가는 길이 더러우면 어떻습니까? 우리는 친구를 만나러 갑니다. 약혼한 여인은 혼인하는 날을 그리워합니다. 성도들의 장례식이 끝나면 혼인식이 열립니다. 육신은 영혼의 감옥입니다! 감옥을 혼인의 침소로 바꾸어 주겠다는데 싫어할 사람 있습니까? 감옥에서 나와 왕의 궁정으로 들어간 요셉이 얼마나 기뻐했습니까! 하나님은 지혜로우십니다. 여기서 우리에게 온갖 변화와 어려움을 만나게 하시어 세상에 정을 떼고 죽음을 그리워하게 하시니 말입니다. 영혼은 육신과 결별하는 순간 그리스도와 혼인합니다.

넷째, 심판 날에 판결을 내릴 경우. 혼인의 연합이 있으니, 오, 그리스도인들이여, 여러분의 남편 되시는 이께서 여러분의 심판관이 되실 것입니다. 남편이 심판석에 앉아 있다면 그 아내야 법정에 출두하더라도 두렵지 아니할 것입니다. 마귀가 여러분에 대해 무수한 고발장을 제출한들 어떻습니까? 그리스도께서 그분의 피로 여러분의 모든 죄를 지워 없애실 것입니다. 그분께서 말씀하실 것입니다. "내가 나의 신부에게 선고를 내리겠느냐?" 오, 이 얼마나 크나큰 위로입니까! 남편께서 심판관이십니다. 그리스도께서 당신의 신부에게 판결을 내리신다면 당신 자신께 판결을 내림이니, 그리스도와 신자들은 하나이기 때문입니다.

다섯째, 성도들이 고난을 당하는 경우. 하나님의 교회는 이 세상에서 무수한 위협에 노출되어 있지만, 교회의 남편 되시는 이께서 천국에 계시니 언제나 교회를 잊지 아니하시고 교회를 위해 "물을 포도주로 바꾸실" 것입니다. 지금은 신랑이 안 계시므로 신부로서는 울어야 할 때입니다.마 9:15 하지만 신부는 이제 곧 상복을 벗을 것입니다. 그리고 그리스도께서는 신부의 얼굴에 흘러내린 피눈물을 닦아 주실 것입니다. "주 하나님께서 모든 사람의 얼굴에서 눈물을 말끔히 닦아 주신다."사 25:8

그리스도께서는 신부가 고난당한 시간만큼 위로해 주실 것입니다. 사랑으로 달래어 주시며, 취하여 비틀거리게 하는 잔을슥 12:2 거두시고 위로의 잔을렘 16:7 건네실 것입니다. 그러면 신부는 지난 슬픔을 모두 잊고 천국의 잔칫집으로 부름을 받을 터이니, 거기 앉은 신부의 머리 위로는 그리스도의 사랑의 깃발이 내걸릴 것입니다.

적용 5 그리스도와의 이 혼인의 연합 관계에 있는 이들에게 몇 가지 의무를 강권하고자 합니다.

첫째, 다음의 두 경우에는 이 관계를 활용하십시오. (1) 율법이 여러분을 상대로 고발장을 제출할 경우. 율법이 말합니다. "여기에 네가 갚아야 할 많은 빚이 있다." 그리고 율법은 여러분에게 빚 청산을 요구합니다. 이 경우, 빚을 인정하되 그 빚을 모두 여러분의 남편 되시는 그리스도께 떠넘기십시오. 남편이 살아 있는 한 그 아내를 상대로 송사를 벌이지 못한다는 것이 율법의 한 원칙입니다. 사탄이 여러분을 고발하거든 말하십시오. "그 빚이 내 빚인 것은 맞다. 하지만 내 남편 되시는 그리스도께 가라. 그분께서 갚아 주시리라." 우리가 이와 같은 방도를 취하면 아마 한시름 놓을 수 있을 것입니다. 믿음으로 우리는 그 빚을 우리의 남편 되시는 분께 넘깁니다. 신자들은 과부 신세가 아니라 혼인한 상태에 있습니다. 사탄은 결코 그리스도께 가지 않을 것입니다. 이미 정의가 실현되었고 수금장부가 지워졌음을 그는 알고 있습니다. 하지만 그가 그 빚을 들먹이며 우리에게 오는 것은 우리를 혼란스럽게 하기 위함입니다. 그러니 우리는 사탄을 반드시 그리스도께 보내야 하고, 그러면 거기서 모든 송사가 중단됩니다. 이것이 신자들의 승리입니다. 우리가 우리 안에서 유죄를 인정할 때 그리스도 안에서 가치를 인정받습니다. 우리가 우리 안에서 더러워질 때 머리 되시는 이 안에서 정결해집니다. (2) 버림받았을 경우. 그리스도께서는 (그분만이 아시는 어떤 이유들로 인해) 잠시 옆으로 물러나 계실 수 있습니다. "그러나 나의 임은 몸을 돌려 가 버리네."아 5:6 그러니 그리스도께서 아주 가 버리셨다 말하지 마십시오. 남편이 한동안 떠났다 하여 아주 가 버렸다고 생각함은 아내의 질투일 뿐입니다. 그리스도께서 물러나 우리 눈에 안 보일 때마다 우리가 (시온처럼) "주님께서 나를 버리셨고, 주님께서 나를 잊으셨다"사 49:14고 말한다면 잘못입니다. 이는 시샘이며, 그리스도의 사랑과 이 혼인 관계의 아름다움을 저해하는 죄입니다. 그리스도께서는 위안이라는 면에서는 우리를 버리실 수 있어도 연합이라는 면에서는 결코 우리를 버리지 아니하십니다. 아내와 아무리 먼 거리에 떨어져 있다 해도 남편은 남편입니다. 그리스도께서는 당신의 신부와 떨어져 계실 수 있지만, 혼인의 매듭은 여전히 유지됩니다.

둘째, 여러분의 남편 되시는 그리스도를 사랑하십시오.아 2:5

그분께서 비난받고 핍박당한다 해도 사랑하십시오. 아내는 남편이 감옥에 있어도 사랑합니다. 아래의 내용을 생각하며 그리스도를 향한 여러분의 사랑을 불타오르게 합시다. (1) 다른 것들은 여러분이 사랑하기에 합당하지 않습니다. 그리스도께서 여러분의 남편이신데, 여러분이 합당치 않게 다른 연인들을 둔다면 그분의 질시를 불러일으킬 것입니다. (2) 그분께서는 여러분의 사랑을 얻기에 부족함이 없으시며, 비할 데 없이 아름다우십니다. "그에게 있는 것은 모두 사랑스럽다."아 5:16 (3) 그리스도께서 여러분을 얼마나 뜨겁게 사랑하십니까! 그분께서는 어려운 형편에 있는 여러분을 사랑하시고, 고통받는 여러분을 사랑하십니다. 금세공인은 도가니에서 녹고 있는 금을 사랑합니다. 그분께서는 여러분이 겁도 많고 흠도 많아도 사랑하십니다. 성도들의 흠이 아무리 많다 해도 그들 안에 들어온 그리스도의 사랑을 완전히 지워 없애지는 못합니다.렘 3:1 오, 그러니 신부가 그리스도를 사랑한다면 얼마나 귀한 대접을 받겠습니까! 그리스도를 향한 이 완전한 사랑이야말로 천국의 자랑거리일 것이니, 거기서 우리의 사랑은 가장 뜨겁게 타오르는 태양과도 같을 것입니다.

셋째, 여러분의 남편 되시는 그리스도를 기뻐하십시오. 영광스럽게도 그리스도께서 여러분을 혼인 관계로 맞아주시어 그분과 하나 되게 해주시지 않으셨습니까? 기뻐해야 할 이유입니다. 이 연합으로 신자들은 그리스도와 공동으로 그분의 부요를 소유합니다. 아내가 시집을 오면 남편 집의 모든 열쇠를 받아, 이제 집안의 모든 재산과 살림살이가 위임되었음을 알리는 것이 로마인들의 관습이었습니다. 그리스도께서 먼저 가셔서 마련하신 집에요 14:2 당신의 신부를 들이시면, 신부에게 당신의 부요의 열쇠를 넘겨주실 것이고, 신부는 천국에서 더할 수 없이 부요하게 될 것입니다. 그러니 신부로서는 잠자리에 들어서도 기뻐하며 노래하지 않겠습니까?시 149:5 그리스도인들이여, 삶이 아무리 힘들고 슬퍼도 여러분은 영적인 혼인으로 인해 기뻐할 수 있습니다.합 3:17-18 기뻐하지 않음은 죄라고 할 수 있습니다. 여러분은 남편 되시는 그리스도를 욕보이고 있습니다. 아내가 늘 한숨과 눈물로 지낸다면 주변 사람들이 무슨 말을 하겠습니까? "이 여자의 남편은 못된 자 아닌가!" 이처럼 그리스도께 수치를 안겨 드림이 그분께서 여러분을 사랑하신 결과입니까? 우울한 신부는 그리스도의 마음을 슬프게 합니다. 나는 그리스도인들이 날마다 생겨나는 죄를 비통히 여겨야 함을 부인하지는 않습니다만, 아무런 희망도 없는 사람처럼 울기만 한다면 이 혼인 관계에 누를 끼칠 수 있습니다. "주님 안에서 항상 기뻐하십시오."빌 4:4 기뻐함으로 여러분은 남편 되시는 이를 영예롭게 합니다. 그리스도께서는 쾌활한 신부를 사랑하시며, 사실 하나님께서 우리를 슬프게 하심은 오히려 우리를 기쁘게 하시기 위함입니다. 우리는 기쁨으로 거두기 위해 눈물로 씨를 뿌립니다. 경건한 사람들이 지나치게 슬퍼하고 통회하면 다른 이들이 그리스도 받아들이기를 꺼려 할 수 있습니다. 그들은 아마, 저것이 과연 신앙에 있다고 하는 만족할 만한 기쁨이냐며 의문을 품기 시작할 것입니다. 오, 하나님의 성도들이여, 여러분에게 위로가 있음을 잊지 마십시오. 여러분의 선택에 후회가 없음을 다른 이들에게 보입시다. 그리스도인을 살아 움직이게 하는 것은 기쁨입니다. "주님 앞에서 기뻐하면 힘이 생기는 법이니, 슬퍼하지들 마십시오."느 8:10 영혼은 기쁨의 날개를 타고 있을 때 무엇보다 신속히 의무를 행합니다.

넷째, 여러분은 부디 이 혼인 관계를 아름답게 하여, 남편 되시는 이께서 쓰실 왕관이 되십시오. (1) 겉옷을 두르십시오. 성경에 신부의 겉옷이 나옵니다만,아 5:7 이 겉옷은 겸손입니다. (2) 여러분의 보석으로 치장하십시오. 이 보석은 은혜이니, 그 광채로 인하여 구슬목걸이와 금사슬에 비유됩니다.아 1:10 이 귀한 보석이 있으므로 그리스도의 신부는 낯선 이들과 구분됩니다. (3) 그리스도의 신부답게 행하십시오. ① 순결함으로. 생각을 순결하게 하고, 죄로 여러분을 더럽히지 마십시오. 죄는 마음을 불순하게 합니다.딤전 6:5 먼저 생각을 더럽히고 그 다음으로 양심을 더럽히는 것이 사탄의 한 가지 계략입니다. ② 거룩함으로. 그리스도의 신부가 매춘부와 같이 처신해서는 안 됩니다. 가슴을 드러내고 혀를 음란하게 놀림은 성도다운 행실이 아닙니다. 그리스도의 신부는 복음의 순결함으로 빛나서 남편 되시는 이의 흠모를 받아야 합니다. 어떤 신부가 남편에게 줄 혼수는 어떻게 해왔느냐는 질문을 받았습니다. 신부는 혼수를 해오지 않았다고 대답하고는 반드시 순결을 지키겠다고 약속했습니다. 그러므로 우리는 비록 그리스도께 드릴 혼수가 없지만 순결을 지켜 우리의 정결한 가슴을 그 더럽고 수치스러운 죄악으로 더럽히지 않아야 합니다. 이것이 그분께서 기대하시는 것입니다.